Donna Haraway zur Einführung

Für die Studierenden des Fachbereichs 03 –
Gesellschaftswissenschaften der Goethe-Universität Frankfurt

Katharina Hoppe

Donna Haraway zur Einführung

JUNIUS

Junius Verlag GmbH
Stresemannstraße 375
22761 Hamburg
www.junius-verlag.de

Umschlaggestaltung: Florian Zietz
Titelbild: © Rusten Hogness: »Donna Haraway
mit dem Hund Cayenne (2006)« (CC BY-SA 3.0)
Printed in the EU 2024
ISBN 978-3-96060-333-7
2., unveränderte Aufl. 2024

Bibliografische Information der Deutschen Nationalbibliothek
Die Deutsche Nationalbibliothek verzeichnet diese Publikation in der
Deutschen Nationalbibliografie; detaillierte bibliografische Daten
sind im Internet über http://dnb.dnb.de abrufbar.

Zur Einführung ...

... hat diese Taschenbuchreihe seit ihrer Gründung 1977 gedient. Zunächst als sozialistische Initiative gestartet, die philosophisches Wissen allgemein zugänglich machen und so den Marsch durch die Institutionen theoretisch ausrüsten sollte, wurden die Bände in den achtziger Jahren zu einem verlässlichen Leitfaden durch das Labyrinth der neuen Unübersichtlichkeit. Mit der Kombination von Wissensvermittlung und kritischer Analyse haben die Junius-Bände stilbildend gewirkt.

Seit den neunziger Jahren reformierten sich Teile der Geisteswissenschaften als Kulturwissenschaften und brachten neue Fächer und Schwerpunkte wie Medienwissenschaften, Wissenschaftsgeschichte oder Bildwissenschaften hervor. Auch im Verhältnis zu den Naturwissenschaften sahen sich die traditionellen Kernfächer der Geisteswissenschaften neuen Herausforderungen ausgesetzt. Diesen Veränderungen trug eine Neuausrichtung der Junius-Reihe Rechnung, die seit 2003 von der verstorbenen Cornelia Vismann und zwei der Unterzeichnenden (M.H. und D.T.) verantwortet wurde.

Ein Jahrzehnt später erweisen sich die Kulturwissenschaften eher als notwendige Erweiterung denn als Neubegründung der Geisteswissenschaften. In den Fokus sind neue, nicht zuletzt politik- und sozialwissenschaftliche Fragen gerückt, die sich produktiv mit den geistes- und kulturwissenschaftlichen Problemstellungen vermengt haben. So scheint eine erneute Inventur der Reihe sinnvoll, deren Aufgabe unverändert darin besteht, kompetent und anschaulich zu vermitteln, was kritisches Denken und Forschen jenseits naturwissenschaftlicher Zugänge heute zu leisten vermag.

Zur Einführung ist für Leute geschrieben, denen daran gelegen ist, sich über bekannte und manchmal weniger bekannte Autor(inn)en und Themen zu orientieren. Sie wollen klassische Fragen in neuem Licht und neue Forschungsfelder in gültiger Form dargestellt sehen.

Zur Einführung ist von Leuten geschrieben, die nicht nur einen souveränen Überblick geben, sondern ihren eigenen Standpunkt markieren. Vermittlung heißt nicht Verwässerung, Repräsentativität nicht Vollständigkeit. Die Autorinnen und Autoren der Reihe haben eine eigene Perspektive auf ihren Gegenstand, und ihre Handschrift ist in den einzelnen Bänden deutlich erkennbar.

Zur Einführung ist in der Hinsicht traditionell, dass es den Stärken des gedruckten Buchs – die Darstellung baut auf Übersichtlichkeit, Sorgfalt und reflexive Distanz, das Medium auf Handhabbarkeit und Haltbarkeit – auch in Zeiten liquider Netzpublikationen vertraut.

Zur Einführung bleibt seinem ursprünglichen Konzept treu, indem es die Zirkulation von Ideen, Erkenntnissen und Wissen befördert.

Michael Hagner
Ina Kerner
Dieter Thomä

Inhalt

Anhang

Einleitung

Donna Haraway ist heute eine schillernde Referenz in der Theorienlandschaft: Zentrale Thesen ihres Werks und einzelne Begriffe, etwa ihr Postulat einer Situierung von Wissen, die Figur der Cyborg oder ihr berüchtigter Aufruf, sich mit unterschiedlichen Spezies verwandt zu machen, sind aus kultur- und sozialwissenschaftlichen Debatten kaum mehr wegzudenken. Der Kern von Haraways Projekt liegt darin, eine Theorie auszuarbeiten, die nicht-menschliches Anderes systematisch miteinbezieht und diesem einen epistemologischen, politischen und ethischen Stellenwert einräumt. Dies hat vor dem Hintergrund der immer spürbarer werdenden ökologischen Verwerfungen unserer Zeit – von der Erderwärmung über Biodiversitätsverlust, Arten- und Waldsterben bis hin zur Versauerung der Meere – eine besondere Relevanz. Bereits seit den 1980er Jahren hinterfragt Haraway anthropozentrische Denkformen, theoretisiert die Eigensinnigkeit von Natur und denkt darüber nach, was es im jeweiligen Heute überhaupt heißt und heißen könnte, »Mensch« zu sein. Dabei rückt sie sozio-materielle und biologische, natürliche und kulturelle Prozesse ins Zentrum der Betrachtungen und zeigt auf, dass diese sich nicht voneinander trennen lassen, sondern »unsere« Existenz als biosozial und in diesem Sinne durchdrungen von heterogenen Anderen zu begreifen ist. Diese post-anthropozentrische Stoßrichtung von Haraways Arbeiten verspricht eine Öffnung der Kultur- und Sozialwissenschaften, die transdisziplinäre Forschung informieren, aber auch unhinterfragte Prämissen der Theoriebildung und Voraussetzungen in Forschungsdesigns produktiv irritieren kann.

Disziplinäre Grenzen – das wird bereits bei einem Blick auf Haraways Biografie deutlich – sind für sie Konstruktionen, die unterlaufen werden können und sollten. Haraway studierte Ende der 1960er Jahre zunächst am Colorado College Zoologie, Philosophie und englische Literatur, bevor sie nach einem Auslandsaufenthalt in Paris für ein PhD-Programm in Biologie an die Yale University wechselte (vgl. Schneider 2005: 6 f.). Dort arbeitete sie eng mit dem Limnologen und Ökologen George Evelyn Hutchinson (1903–1991) zusammen, der für seine unorthodoxe Haltung und Affinität für breit angelegte interdisziplinäre Forschungen bekannt war. In Haraways Worten: »[I]n seiner Welt war alle Biologie, oder besser, alles Leben, auf welcher Ebene auch immer, dynamisch, hungrig, neugierig, komplex, verbunden und im Prozess.«[1] (Haraway 2004a: xvii) Hutchinson betreute dann auch ihre Dissertation, die erst 1976 bei Yale University Press erschien und in der Haraway metaphorischen Verschiebungen in den Konzepten der Embryologie im 20. Jahrhundert nachging (siehe Kapitel 1.1). Schon zu Beginn der 1970er Jahre führte es Haraway dann zunächst an die University of Hawaii in Honolulu, wo sie Seminare in (Wissenschafts-)Geschichte unterrichtete und auch erstmals einen dezidiert feministischen Kurs anbot (gemeinsam mit Dorothy Stein). Die Jahre in Honolulu hebt sie immer wieder als persönlich besonders wichtig und prägend hervor (vgl. Haraway/Bhavnani 1994: 21). Nachdem Haraway in Honolulu ihre Dissertation abgeschlossen hatte, fand sie eine Stelle an der Johns Hopkins University in Baltimore, wo sie ab 1974 in der Wissenschaftsgeschichte arbeitete. Hier verfestigte sich ihr Interesse für die Geschichte der modernen Wissenschaften und insbesondere eine feministisch-marxistische Perspektive, die sie sich unter anderem in

Kooperation mit der späteren Begründerin der feministischen Standpunkttheorie Nancy Hartsock erarbeitete, die in Baltimore ihre Kollegin war (vgl. M: 100f.). 1980 nahm Haraway eine Professur an der University of California Santa Cruz an, die sie bis zu ihrer Rente innehatte. Die Professur im bis heute bekannten und renommierten interdisziplinären Programm »History of Consciousness« trug die Denomination »Feministische Theorie« – als erste Professur mit diesem Schwerpunkt in den Vereinigten Staaten (vgl. Schneider 2005: 11). Haraway arbeitete am von Redwoods durchzogenen und an der nahen Pazifikküste gelegenen Campus eng mit Kolleg*innen wie James Clifford, Angela Davis, Teresa de Lauretis, Anna Tsing und Hayden White zusammen (zu dieser Zeit vgl. Haraway/Reti 2007). Diese Kooperationen haben Haraways Denken und Theoretisieren nicht nur nachhaltig geprägt, sondern auch ihre von Beginn an widerspenstige und transdisziplinäre Haltung gestärkt. Sie können sicher auch als eine Voraussetzung ihres spezifischen Zugangs zur Theoriebildung verstanden werden.

In einem Interview mit Nicholas Gane hat Haraway den Kernanspruch an Theoriearbeit einmal wie folgt zusammengefasst: »Wir brauchen neue Kategorienarbeit. Wir müssen die Konsequenzen nicht-versiegender Neugier innerhalb von sterblichem, situiertem, unerbittlich relationalem Welten [im Orig. *worlding*; K.H.] leben.« (Haraway/Gane 2006: 143) Denken und Schreiben sind für Haraway in entscheidender Weise Praktiken, die Konsequenzen in der Welt zeitigen, und zwar jeweils spezifische, situierte Konsequenzen. Aus diesem Grund ist Wissenschaft für sie eine politische und ethische Angelegenheit, die sich auch den folgenden Fragen zu stellen hat: Wie können wir die Effekte der eigenen Wissensproduktion verstehen und mit ihnen leben? Wie können wir neugierig bleiben? Wie gelingt es, Tod, Sterblichkeit und Destruktion nicht zu negieren und dennoch nicht zynisch zu werden? Haraway hat in ihren Arbeiten der vergangenen Jahrzehnte unterschiedliche Antworten auf diese Fragen gegeben, die ich in dieser Einführung vorstellen werde; gemeinsam ist all diesen Antworten der Anspruch, darauf zu beharren, dass eine theoretisierende Praxis nie abzuschließen ist: »Es ist unvermeidbar, daß wir immer wieder ins Schleudern geraten. Das Wesen der Materialität, der Sterblichkeit und das Wesen der Sprache verschwören sich heimlich immer wieder, um uns ins Stottern zu bringen. Man stolpert immer genau dann, wenn man glaubt, am Ziel zu sein. Ich denke, das ist eine wichtige anti-dogmatische Haltung, die die eigenen Dogmatismen just in dem Moment zu Fall bringt, in dem sie zu sedimentieren drohen.« (M: 111)

Haraways Anti-Dogmatik und die Fülle der aus dieser Haltung resultierenden Zugänge zur Gegenwart und Begriffsvorschläge haben sie zu einer der meistzitierten feministischen Theoretiker*innen gemacht. Allerdings gestaltet sich die Rezeption ihres Werks nach wie vor selektiv, und es liegen nur wenige monografische, systematisierende Arbeiten zu ihrem Gesamtwerk vor (vgl. zu diesem Befund Grebowicz/Merrick 2013: besonders 147–164).[2] So werden einzelne Texte wie das *Cyborg-Manifest* und *Situiertes Wissen* immer wieder zitiert, selten aber mit späteren oder früheren Arbeiten in ein Verhältnis gesetzt. Häufig wirkt die Zitationspraxis routiniert und wenig vertiefend. Trotz der regen Diskussion einzelner Thesen und Theoreme Haraways gibt es bislang keine Publikation, die ihr Denken einführend erschließt und dabei auch die Arbeiten seit der Jahrtausendwende einbezieht.[3] Diese Lücke möchte der vorliegende Band schließen.

Wer sich schon einmal mit Haraways dichten, oft schwer zugänglichen Texten befasst hat, dürfte allerdings darum wissen, dass ein solches Unterfangen waghalsig ist, weil ihr Schreiben und Denken darauf angelegt ist, in Bewegung zu bleiben, und ihre Arbeitsweise äußerst heterodox ist, also keinesfalls auf etwas wie eine Metatheorie festzulegen wäre. Sie bezieht sich auf feministische, postkoloniale, poststrukturalistische Theorien, auf die philosophische Tradition, aber auch auf Science-Fiction-Literatur, (verhaltens-)biologische, ökologische, indigene Wissensbestände und popkulturelle Artefakte von Comics über Dokumentarfilme bis hin zu Kunstprojekten. Nicht immer erleichtert diese Wissenskulturen hybridisierende Arbeitsweise ein Verständnis der Kernthesen ihrer Arbeiten. Bis zu einem gewissen Grad ist daher jede Systematisierung ihres Werks auch eine Zurichtung. Es ist aber auch eine zentrale Einsicht Haraways, dass epistemischer Respekt darin besteht, die Gewaltförmigkeit und Ausschlüsse der eigenen Wissensproduktion zur Kenntnis zu nehmen, anstatt sie zu verleugnen oder zu glätten. Die vorliegende Darstellung versucht, der eklektischen Arbeitsweise Haraways durch einen systematisierenden Vorschlag einerseits entgegenzutreten, ihr aber andererseits auch gerecht zu werden, indem sie ihre Denkbewegung entlang von Schlüssel*figurationen* nachvollzieht.

Figurationen und Figuren sind ein besonders wichtiges methodologisches Instrument, das Haraway immer wieder nutzt, um sich der Gegenwart zu nähern und zu neuen Thesen und Denkwerkzeugen zu gelangen. Die Cyborg ist von diesen nur die bekannteste – Haraways Werk ist bevölkert von einem »Verwandtschaftssystem an Figurationen als kritischen Figuren« (CCD: 327). Figurationen haben für sie einen doppelten Stellenwert: Einerseits beschreibt Haraway damit Entitäten oder Organismen, die sie als charakteristisch für spezifische historische Zusammenhänge erachtet: Das kann ein Hund sein, aber auch kybernetische Organismen – kurz: Cyborgs –, das Gen oder der Primat. Als Figurationen beschreibt sie diese, weil sie als empirische Gegenstände in ihrer Positivität auch als »performative

Bilder« (M_W: 11) verstanden werden könnten, als »kondensierte Landkarten für umstrittene Welten« (M_W: 11). Figurationen sind auf dieser Ebene Verdichtungen materieller und diskursiver Praktiken, deren Analyse regelmäßig im Zentrum von Haraways Arbeiten steht. Andererseits weist jede Figuration aber auch über sich hinaus, so dass die Auseinandersetzung mit ihnen auch eine spekulative Qualität hat und sich teilweise in verfremdenden Bezeichnungen derselben niederschlägt. Der normative Gehalt der Arbeit an und mit Figuren ergibt sich aus den Möglichkeitsräumen, die diese öffnen und verschließen. In Figurationen fließen Fakt und Fiktion, Materialität und Diskurs zusammen: »Figuren waren für mich immer jener Ort, an dem das Biologische und das Literarische oder Künstlerische mit all der Kraft gelebter Realität zusammenkommen. Mein Körper selbst ist – wörtlich – nur so eine Figur.« (WSM: 4) Deutlich wird hier eine von Haraways Kernthesen, die darin liegt, dass Fakt und Fiktion, Materielles und Diskursives in einem engen und sogar konstitutiven Zusammenhang stehen. Der Begriff der Figuration ist auch ein Versuch, dieses Konstitutive zu denken und dabei weder einen naiven Realismus zu vertreten, der die Welt und Natur einfach als ›uns‹ äußerlich voraussetzt, noch einen radikalen Sozialkonstruktivismus, der dem Sozialen oder der Sprache eine produzierende Übermacht zuschreibt.

Gerade weil Haraway Figurationen in ihrem Werk einen so entscheidenden Stellenwert zuspricht, erscheinen sie mir als guter Kompass, der eine Annäherung an ihr Gesamtwerk informieren kann. Daher werde ich im Folgenden entlang der Schlüsselfigurationen Primat, Cyborg, Hund und Kritter Schlaglichter auf Haraways Arbeiten werfen und wichtige Motive kritisch erschließen, wobei ich auch weitgehend chronologisch vorgehe. Haraway bindet die Figurationen an Imperative, mit denen sie die politischen und theoriestrategischen Implikationen ihrer begrifflichen Vorschläge zuspitzt, weswegen ich diese den Figurationen zur Seite stelle und jeweils am Ende der Kapitel – gleichsam als Verdichtungen ihrer Thesen – aufgreife und diskutiere.

Das erste Kapitel wendet sich Haraways wissenschaftstheoretischen und -historischen Thesen zu: Im Zentrum stehen ihre Arbeiten zur Primatologie mit der Kernfiguration des Primaten. Der Imperativ »Erfindet die Natur neu!« verweist auf ihr werkübergreifendes Ziel, Natur in ihren historisch spezifischen Artikulationen zu analysieren und diese dabei als aktiv an der Wissensproduktion und Konfiguration der Welt beteiligt zu begreifen. Neben ihrer umfassenden Studie *Primate Visions. Gender, Race, and Nature in the World of Modern Science* (1989) ist in diesem Zusammenhang auch ihr viel zitierter, aber selten ausführlich diskutierter Text *Situiertes Wissen. Die Wissenschaftsfrage im Feminismus und das Privileg einer partialen Perspektive* (1988) von besonderer Bedeutung.

Das zweite Kapitel beschäftigt sich mit Haraways wohl bekanntester Figuration der Cyborg, die sie prominent in ihrem ›ersten Manifest‹, dem *Manifest für Cyborgs* (1985), eingeführt hat. Das Bild des kybernetischen Organismus greift sie auf und eignet es feministisch an, um zum einen eine politische Theorie des Subjekts zu entwerfen, die dieses als notwendig heterogen und durchlässig begreift, und zum anderen darauf hinzuweisen, dass die zunehmend technologisch durchdrungene Weltordnung ein Thema ist, das Feminist*innen nicht ignorieren sollten. Der Slogan »Cyborgs fürs weltliche Überleben!« plädiert für eine Politik der Verknüpfung, die auf Affinität statt auf Identität aufbaut. Ausgehend von diesem Text hat Haraway mit ihrer Monografie *Modest_Witness@Second_Millenium. FemaleMan©_Meets_OncoMouse™. Feminism and Technoscience* (1997) die feministische Auseinandersetzung mit Technologie und Wissenschaft nachhaltig geprägt. Ihren spezifischen Zugang zu einer teilweise affirmativen Auseinandersetzung mit den Technowissenschaften skizziert das Kapitel, indem nicht nur die Kernthesen der Monografie vorgestellt, sondern auch angrenzende Texte diskutiert werden, die Aufschluss über Haraways Methode der Diffraktion und den Stellenwert der Spekulation geben.

Im dritten Kapitel rücken dann Haraways Arbeiten seit der Jahrtausendwende in den Fokus. Für einige ihrer Leser*innen überraschend, wendete sie sich hier den Beziehungen zwischen Menschen und Hunden zu. Die Figuration Hund steht nunmehr im Zentrum ihrer Arbeiten. Aus der Analyse der mannigfaltigen Beziehungen zwischen Menschen und Hunden, in denen die Ko-Konstitution und Ko-Evolution unterschiedlicher Spezies sichtbar werde, gewinnt Haraway ihr Konzept der Gefährt*innenspezies (im Orig. *Companion Species*). Hiermit ist weniger eine »Schubladenkategorie« gemeint denn eine relational-ontologische Orientierung, die davon ausgeht, dass Entitäten welcher Art auch immer erst aus Beziehungen hervorgehen. In diesen Arbeiten, vor allem in ihrem ›zweiten Manifest‹, dem *Manifest für Gefährten* (erstmals 2003), und der Monografie *When Species Meet* (2008), wendet sich Haraway zunehmend ethischen Fragen zu. Der Slogan »Der Hund ist mein Ko-Pilot« verweist auf eine enge Kopplung ihrer These radikal gemeinsamen Werdens unterschiedlicher Spezies und einer Ethik, die diese Verwiesenheit aufeinander zum Ausgangspunkt des Denkens macht. Das Kapitel skizziert diese ethische Positionierung, verortet sie in der Traditionslinie von Ethiken des Anderen im Anschluss an Emmanuel Levinas und Jacques Derrida sowie feministische Care-Ethiken und erläutert, warum und in welcher Weise Leben und Töten für Haraway miteinander verknüpft sind.

Das vierte Kapitel greift die zuletzt vorgelegten Arbeiten Haraways mit ihrer Schlüsselfiguration der »Kritter« auf, womit sie in diesen späten Texten menschliche und mehr-als-menschliche

Akteure bezeichnet. In diesen wendet sie sich der prominenten Gegenwartsdiagnose des »Anthropozäns« zu und entwirft mit dem, was sie »Chthuluzän« nennt, Gegengeschichten zu diesem in ihren Augen apokalyptischen Narrativ. In ihren Erzählungen sollen speziesübergreifende Handlungsspielräume und Transformationsmöglichkeiten aufgezeigt werden. Der für diese Arbeiten zentrale – umstrittene – Slogan »Macht euch verwandt, nicht Babys!« verweist auf eine dieser politischen Strategien: nämlich die Notwendigkeit, die speziesübergreifende Verwandtschaft, die menschliches Leben ausmacht, nicht nur anzuerkennen, sondern auch zu gestalten, neue Verbindungen einzugehen und andere Verbindungen zu kappen. Diese Strategien führt Haraway auch als Intervention gegen das ihr zufolge problematische Wachstum der Weltbevölkerung an. Das Kapitel erläutert die Hauptargumente aus *Unruhig bleiben. Die Verwandtschaft der Arten im Chthuluzän* (erstmals 2016) sowie des weniger bekannten Textes *Making Kin in the Chthulucene: Reproducing Multispecies Justice* (2018) und stellt deren Probleme und Ambivalenzen heraus, bevor das Schlusskapitel Potenziale und Grenzen der Haraway'schen Theoriebildung für aktuelle kultur- und sozialwissenschaftliche Debatten auslotet.

Die Einführung verfolgt das Ziel, ein kompliziertes und in seiner Anlage teils eklektisch wirkendes Werk für unterschiedliche Kontexte zugänglich zu machen. Dabei sollen Verkürzungen, die die Rezeption von Haraways Arbeiten bislang prägen, vermieden und demgegenüber ein Begleitwerk für eine ausgewogene, kritische Rezeption und Arbeit mit ihrem Werk vorgelegt werden. Die Systematisierung entlang der Schlüsselfigurationen ermöglicht dabei einerseits einen weitgehend chronologischen Nachvollzug der Haraway'schen Denkbewegung, andererseits ist der Text so angelegt, dass die Leser*innen auch über eine der Figurationen einen Einstieg in ihr Denken finden können. Auch wenn es sich bei dieser Einführung um eine Systematisierungsleistung (und darin wie gesagt auch Zurichtung) handelt, sollte eines nicht vergessen werden: dass Haraways Arbeiten nämlich vor allen Dingen zu einem einladen – zum Weiterdenken und Weiterschreiben, zur Revision und zum Neu-Ansetzen. Dazu möchte auch die vorliegende Einführung ermutigen.

Sollte diese Einladung zum Denken mit und gegen Haraway gelungen sein, ist das selbstverständlich nicht allein mein Verdienst, sondern Produkt einer sorgenden, materiellen und stützenden Ermöglichungskonstellation: Zunächst danke ich Steffen Herrmann dafür, dass er mich ermuntert hat, dieses Buch überhaupt zu schreiben, sowie für die hervorragende Betreuung vonseiten des Verlags. Dem wissenschaftlichen Beirat der Reihe *zur Einführung* danke ich für sein Vertrauen, dass eine (hoffentlich) verständliche und knappe Darstellung von Haraways Arbeiten möglich ist. Folgende Personen haben mir mit kritischen Anmerkungen zu einzelnen Kapiteln und zur Konzeption des Bandes entscheidend geholfen: Josef Barla, Viona Hartmann, Jonas Heller, Thomas Lemke und Ronja Trischler. Ein Kurzzeit-Fellowship bei der Hamburger DFG-Kolleg-Forschungsgruppe »Zukünfte der Nachhaltigkeit« im Frühjahr 2022 hat mir Freiraum verschafft, das Manuskript (fast) abzuschließen. Für die Erstellung des Registers bedanke ich mich bei Nils Richterich. Schließlich bin ich mir sicher, dass ich dieses Buch nicht geschrieben hätte, wenn mir nicht in unzähligen Diskussionen in Seminarräumen das Gefühl vermittelt worden wäre, dass es gut wäre, wenn es diesen Text gibt. Daher möchte ich dieses Buch den Studierenden des Fachbereichs 03 – Gesellschaftswissenschaften der Goethe-Universität Frankfurt widmen, die mich mit ihrer Begeisterung für Soziologie und kritische Theorien seit Jahren motivieren und bestärken.

1. Primaten – Erfindet die Natur neu!

Haraways Frühwerk ist von einem wissenschaftshistorischen Interesse geprägt. Dieses führt sie einerseits zu ihrer eigenen wissenschaftstheoretischen Positionierung – dem Theorem ›Situierten Wissens‹ – und lässt sie andererseits über einen Naturbegriff nachdenken, der Natur in ihrer Historizität und Aktivität begreifen kann. In den 1970er und bis weit in die 1980er Jahre hinein beschäftigt sie in diesem Zusammenhang vor allem die Primatologie (vgl. AS I; AS II; PV; Haraway 1990). Die Forschung an und mit Primaten ist für sie aus drei Gründen von besonderem Interesse. Erstens befassen sich primatologische Forschungen stets auch mehr oder weniger explizit mit der Aushandlung der Grenzen zwischen Natur und Kultur, wobei sie deren historische Wandelbarkeit und Porosität sichtbar werden lassen. Zweitens ist wohl kaum eine Subdisziplin der Biologie so stark von einer Suche nach Ursprungsgeschichten über das Menschsein geprägt wie die Primatologie. Besonders Übersetzungen primatologischer Erkenntnisse in popkulturelle oder pädagogische Kontexte demonstrieren, wie Geschichten über (Menschen-) Affen oftmals zur Legitimation von vergeschlechtlichten, rassifizierten und klassenspezifischen Herrschaftsverhältnissen beigetragen haben. Drittens ist das Feld der Primatologie ein paradigmatisches Beispiel für rege innerwissenschaftliche Konflikte, in denen der Androzentrismus der Forschung schon früh von Forscherinnen aufgedeckt und schließlich auch methodologisch problematisiert wurde (vgl. Fedigan 1997; Strum/Fedigan 2000).

Für Haraways Projekt einer feministischen Perspektive in der Wissenschaftsgeschichtsschreibung ebenso wie in der Wissenschaftstheorie ist die Analyse und Kritik der Primatologie daher ein hervorragender Gegenstand und wichtiger Ausgangspunkt.

Im Folgenden gebe ich zunächst einen Einblick in Haraways wissenschaftshistorische Arbeiten, indem ich ihre ersten Annäherungen an eine Geschichte der Wissenschaften im Feld der Embryologie skizziere und darauf aufbauend Zugänge ihrer kritischen Auseinandersetzung mit primatologischen Forschungen fokussiere (1.1). Ich zeige, dass diese Arbeiten ihr viel zitiertes Theorem ›Situierten Wissens‹ informiert haben. Der für ihr Werk zentrale und immer wieder zitierte Text *Situiertes Wissen. Die Wissenschaftsfrage im Feminismus und das Privileg einer partialen Perspektive* (1988) kann als eine Art methodologisch-theoretische Reflexion früherer Arbeiten begriffen werden, in der Haraway besonders die Implikationen ihres Vorgehens für einen feministischen Objektivitätsbegriff ausformuliert, die im Zentrum des zweiten Unterkapitels stehen (1.2). Schließlich haben diese wissenschaftshistorischen und -theoretischen Überlegungen sie zu einer Revision des Naturbegriffs geführt, der Natur nicht länger als passive Ressource verhandelt. Charakteristisch für ihr Gesamtwerk argumentiert sie, dass ›Objekte‹ und ›Natur‹ aktiver Teil der Wissensproduktion sind und auch als solche theoretisiert werden müssen. Eine postkoloniale und feministische ›Neuerfindung der Natur‹ ist, wenn diese Aktivität ernst genommen wird – so betont Haraway –, immer noch möglich, was sich im Imperativ »Erfindet die Natur neu!« verdichtet (1.3).

1.1 Embryologie und Primatologie: Drei Zugänge zu einer Geschichte der Wissenschaften

Haraways wissenschaftshistorische Arbeiten haben drei Akzentuierungen erfahren, deren Nachvollzug ein Verständnis ihrer Positionierung in der (feministischen) Wissenschaftstheorie unterstützt: Sie erzählt zunächst eine recht ›klassische‹ Wissenschaftsgeschichte der Paradigmenwechsel, zweitens eine marxistisch-wissenschaftskritische Geschichte, die auf Arbeitsverhältnisse fokussiert, und drittens legt sie verknüpfende Analysen vor, die auf die Situierung und Destabilisierung von Wissen zielen. Diese drei wissenschaftshistorischen Annäherungen, die im Zentrum dieses Unterkapitels stehen, führen Haraway zu einer eigenen wissenschaftstheoretischen Positionierung in *Situiertes Wissen*, die für ihr Gesamtwerk entscheidend bleibt und sich besonders durch zwei Aspekte auszeichnet: die Notwendigkeit der Vernetzung von Wissensbeständen und die These eines aktiven Beitrags der ›Objekte‹ in Praktiken der Wissensproduktion.

In ihrer 1976 erstmals bei Yale University Press publizierten Dissertation *Crystals, Fabrics, and Fields. Metaphors that Shape Embryos* beschäftigt sich Haraway mit der Embryologie im 20. Jahrhundert. Sie fragt im Sinne eines an Thomas Kuhn (1962) anschließenden Zugangs zur Wissenschaftsgeschichte danach, inwieweit sich mit dem Organizismus im 20. Jahrhundert ein neues Paradigma in der Biologie herausbildet, welches die Polarisierung zwischen Mechanismus und Vitalismus abgelöst habe. Der Organizismus gilt in der Biologie als eine Position, die Organismen zwar als Ganzheiten begreift, allerdings nicht als Summe ihrer Teile, sondern in dynamischer Beziehung zu unterschiedlichen Kontexten (vgl. Gilbert/Sarkar 2000: 2). Damit richtet er sich gegen eine mechanistische Konzeption von Organismen, die diese oft in der Metapher der Maschine repräsentiert und davon ausgeht, dass sich die Ordnung eines Organismus durch eine relativ harmonische Konfiguration jeweils in sich abgeschlossener Teile auszeichne (vgl. CFF: 27 f.). Aber auch der Vitalismus wird vom Organizismus zurückgewiesen. Vitalistische Positionen hätten Organismen zwar belebter und dadurch auch prozesshafter konzipiert, aber auch diese würden Organismen als Holismen verstehen, die als solche nach Entfaltung strebten, indem sie eine originäre vitale Kraft zur Geltung brächten (vgl. CFF: 23; 31). Im Organizismus würden Organismen hingegen konsequent als prozesshaft, jedoch nicht teleologisch – sondern in ihrer Entwicklung ungerichtet – begriffen. Dieses Verständnis findet Haraway zufolge einen Niederschlag in den zentralen Metaphern der Biologien des Paradigmas: Kristalle, Gewebe und Felder. Anhand der Arbeiten der Biologen Ross G. Harrison, Joseph Needham und Paul Weiss sucht Haraway die Herausbildung des organizistischen Paradigmas auf der Ebene der Metaphern nachzuweisen. Ihre Hauptthese ist, dass es dem Organizismus darum geht, organische Form als Prozess zu begreifen, um damit auch komplexe Einbettungen – etwa ökologische – als Teil von Formierungsprozessen auffassen zu können. Damit unterlaufe das Paradigma die reduktionistische Idee vorgängiger Grenzen von Organismen und hebe demgegenüber ihr Werden hervor. Die Studie argumentiert demnach *für* das Auftauchen eines organizistischen Paradigmas in der Embryologie.

Auf einer methodischen und theoretischen Ebene setzt sich Haraway jedoch auch kritisch mit der Idee des Paradigmenwechsels in Kuhns Theorie wissenschaftlicher Revolutionen auseinander. Es sei Kuhn zwar in bahnbrechender Weise gelungen sei, deutlich zu machen, dass sich Wissenschaften nicht als kumulativer Prozess der Anhäufung von Wissen begreifen lassen und Gruppendynamiken ebenso wie die jeweilige historische Konstellation einen eklatanten Einfluss darauf haben, was sich als

Paradigma durchsetzen kann. Die Rede von wissenschaftlichen Revolutionen suggeriere allerdings relativ klare Brüche und verliere so Überschneidungen und Konflikte aus den Augen. Eine Wissenschaftsgeschichte der Brüche weist Haraway daher zurück und betont: »Wandel ist eine Frage des Graduellen.« (CFF: 192) Sie deutet an dieser Stelle den konfligierenden Charakter unterschiedlicher wissenschaftlicher Paradigmen allerdings lediglich an. Darüber hinaus geht es Haraway in ihrer Auseinandersetzung mit Kuhn um eine Anreicherung der Theorie des wissenschaftlichen Paradigmenwechsels, die eine Perspektive auf dominante Metaphern ermöglicht und sogar ins Zentrum der Betrachtungen rückt (vgl. CFF: 205; vgl. auch Hesse 1965): Wie wirken Wissenschaft und Imagination zusammen? Dies ist eine Frage, die für Haraways Gesamtwerk entscheidend bleiben wird. Rückblickend konstatiert sie in Bezug auf diese frühe Arbeit allerdings selbstkritisch im Vorwort zur Neuauflage des Bandes: »Das Narrativ dieses Buches ist klassisch. Ein Held – die materialistische organische Systemtheorie [der Organizismus, K.H.] – bezwingt die Drachen des Mechanismus und Vitalismus, die das Land der wahren Biologie mit ihrem feueratmenden, binären, reduktionistischen oder idealistischen Beutezug bedrohen.« (Haraway 2004a: xix) Mit dieser Erzählung habe sie also dasjenige reproduziert, was sie an einer linearen Wissenschaftsgeschichtsschreibung kritisiert, nämlich eine Siegerin erkoren. Eine deutlich andere wissenschaftshistorische Perspektive legen dann auch bereits ihre zwei Essays zur »Tier-Soziologie« zugrunde, die in der feministischen Fachzeitschrift *Signs. Journal of Women in Culture & Society* 1978 erschienen sind.

In diesen Texten greift Haraway erstmals auf primatologische Forschungen zu, um leidenschaftlich eine feministische Einmischung sowohl in die Wissenschaftshistoriografie als auch in die Wissenschaften selbst einzufordern. Der kritische Ausgangspunkt dieser Texte liegt in der Annahme, dass in den Wissenschaften und eben besonders in den Naturwissenschaften das Politische und das Körperliche eng miteinander verknüpft sind. Diese ›Körper-Politik‹ müsse zum Untersuchungsgegenstand feministischer Wissenschaft werden, ohne dabei »in unserer Ideologie so anti-natürlich zu werden, dass die Lebenswissenschaften von feministischen Bedürfnissen unangetastet bleiben« (ASI: 23). Haraways zentraler theoretischer Bezugspunkt in diesen Texten ist die marxistische Arbeits-Prozess-Perspektive, die an die Arbeiten Harry Bravermans (1974) anschließt und in deren Zentrum die These steht, dass Natur als sozialer – das heißt interessengeleiteter und ideologisch durchdrungener – Prozess zu begreifen ist (vgl. Young 1977). Vertreter*innen dieser Traditionslinie gehen von einem breiten Arbeitsbegriff aus und verstehen wissenschaftliche Praxis, Laborforschung und Entscheidungen über Forschungsgeldvergaben konsequent als Arbeit. Mit dieser breiten Auffassung sei es möglich, wissenschaftliche Fakten ebenso wie Technologien als durch und durch von Intentionen und Zielgerichtetheit durchdrungen zu begreifen und sie entsprechend zu analysieren (vgl. Young 1985: 209). Haraway macht sich diese Perspektive zu eigen und arbeitet die soziale Überformung naturwissenschaftlicher Forschungen und deren herrschaftsstabilisierende Effekte heraus. Darauf aufbauend fordert sie keine ›neutrale‹ Wissenschaft, sondern vielmehr Verfahren, die Herrschaftsprinzipien als Teil naturwissenschaftlicher Forschung kenntlich machen und dekonstruieren. Feministische Wissenschaftsgeschichtsschreibung könne zu einer revisionierenden Wissenschaft werden, die die herrschaftslegitimierenden Spiegel hegemonialer Wissensproduktion irritiert und aneignet (vgl. AS II: 37). Die Orientierung am breiten Arbeitsbegriff der Arbeits-Prozess-Perspektive zwingt sie jedoch auch dazu, ›Natur‹ in diesen Texten als historisch wandelbares Produkt von Arbeitsbeziehungen zu verstehen. Damit wird allerdings ein Verständnis von Natur zugrunde gelegt, in dem diese von sozialer Herrschaft determiniert scheint.

Da Haraway werkübergreifend darauf abzielt, Natur weder als Ressource für menschliches Handeln noch lediglich als ›soziale Konstruktion‹ zu begreifen, überrascht es daher nicht, dass sie sich in späteren Arbeiten deutlich von der Arbeits-Prozess-Perspektive distanziert. In ihrer umfangreichen Studie zur Primatologie im 20. Jahrhundert *Primate Visions. Gender, Race and Nature in the World of Modern Science* (1989) nennt sie in der Einleitung vier methodologisch-theoretische ›Verlockungen‹, die sie in ihrem Nachdenken anleiten würden. Die Arbeits-Prozess-Perspektive bleibt zwar eine davon, sie beschreibt den dieser zugrunde liegenden Arbeitsbegriff aber nun als »kannibalisch« (PV: 7). Mit dieser Distanzierung stellt Haraway eine wichtige Weiche für ihr weiteres Werk – kannibalisch sei dieser Arbeitsbegriff, weil er mit einem gleichsam übermächtigen Sozialen gleichgesetzt werde, welches Natur formt oder gar hervorbringt: Natur wird dann nur noch durch diese soziale Praxis konstituiert. Eine solche Einbahnstraße bezeichnet Haraway als »Hyper-Produktionismus« (MV: 44). Dieser lege wissenschaftstheoretisch wie ontologisch die Annahme einer »Homogenisierung der Welt zu einer Ressource« (SW: 93) zugrunde, die einen klassischen Realismus ebenso präge wie radikale Konstruktivismen. Im einen Fall werde die Welt als passive Ressource konzipiert, auf die (epistemisch) zugegriffen werden kann (Realismus), im anderen Fall wird die Natur als kulturell konstituiert begriffen und ihr damit jeglicher Eigensinn abgesprochen (Konstruktivismus). Es ist gerade diese Polarisierung, die Haraway überwinden will, weswegen sie die produktionistische Tendenz der Arbeits-Prozess-Perspektive, in der die Welt selbst in Arbeitsbeziehungen aufzugehen scheint, konsequenterweise zurückweist. Den marxistischen Impuls, dass es um die Schaffung von »Science for the People!« gehen müsse, begreift sie indes weiterhin als maßgeblich. Und dies ist auch der Aspekt, den sie in der zweiten methodologischen Orientierung, die *Primate Visions* informiert, vermisst: Die Wissenschaftsforschung habe zwar eindrucksvoll gezeigt, dass wissenschaftliches Wissen in aufwendigen Verfahren hergestellt wird, die nicht losgelöst von gesellschaftlichen Verhältnissen sind. Dabei denkt Haraway vor allen Dingen an ethnografische Laborstudien wie *Laboratory Life* von Bruno Latour und Steve Woolgar (1979), die die Nicht-Linearität, Zufälle und heterogenen Praktiken, die einen wissenschaftlichen Fakt hervorbringen, akribisch beschreiben konnten. Auch diese Einsichten möchte sie aufnehmen, bemerkt allerdings, dass diese Arbeiten sich ihrerseits einen Anstrich der Neutralität geben, also die Geste eines Wissenschaftsverständnisses des neutralen Blicks auf die Welt auf problematische Weise wiederholen (vgl. PV: 6 f.). Demgegenüber geht es Haraway darum, Wissenschaft als positioniertes – in der Welt mit ihren Interessen und Leidenschaften verortetes – Projekt zu begreifen und diese Positionierung auch sichtbar zu machen. Die dritte Orientierung ihrer Studie liegt daher darin, dass sie ihre Perspektive als feministisch und antirassistisch ausweist. Dabei geht es ihr besonders darum herauszuarbeiten, wie Kategorien wie »race« oder Geschlecht in wissenschaftlicher Praxis zuallererst hergestellt werden. Viertens schließlich – und dies unterscheidet Haraway ohne Frage von vielen anderen feministischen Zugängen zu naturwissenschaftlicher Wissensproduktion – ist es ihr wichtig und eines der zentralen Anliegen des Buches, primatologische Forschungen ernst zu nehmen und diese nicht lediglich einer Dekonstruktion zu unterziehen. Vielmehr sollten auch irritierende neue Verbindungen und Kontrastierungen hergestellt werden: »Primatologie scheint eine Wissenschaft zu sein, die aus Geschichten komponiert ist und die Absicht dieses Buches liegt darin, in die Auseinandersetzungen über ihre Konstruktionen einzusteigen.« (PV: 8) Damit führt sie die Idee einer revisionierenden und intervenierenden feministischen Wissenschaft fort, die sich vor biologischem Wissen nicht scheut.

Primate Visions gliedert sich in drei Teile und 16 Kapitel, die teilweise auch als einzelne Essays gelesen werden können. Allerdings weist das Werk freilich auch einen systematischen Charakter auf. Dieser tritt deutlich darin hervor, dass Haraway jeweils eine kapitalismuskritische Stoßrichtung, eine postkolonial-antirassistische Orientierung und eine feministische Dimension miteinander zu verbinden versucht. Die drei Teile des Buches weisen jedoch klare Schwerpunktsetzungen auf. Im ersten Teil fokussiert Haraway die koloniale ökonomische Ausbeutung und die damit verbundene Herstellung von ›Natur‹. Sie beschäftigt sich mit den Ausstellungspraktiken des Natural History Museum in New York (die ich unten noch näher vorstellen werde), den aufkommenden Forschungen zu *Human Engineering* mit ihren Modellierungsfantasien und zuletzt der Geschichte der Soziobiologie. Im zweiten Teil, der sich historisch auf die Nachkriegszeit bezieht, rückt die Auseinandersetzung mit postkolonialen Hintergründen der Primatologie ins Zentrum der Betrachtungen, und Haraway analysiert eine Serie von *National Geographic*, die Arbeiten zur Jäger-Hypothese von Sherwood Washburn und die Laborstudien des Primatologen Harry Harlow. Der dritte Teil akzentuiert die Dimension der Geschlechterverhältnisse und das feministische Potenzial einer Auseinandersetzung mit der und die kritische Intervention in die Primatololgie. Haraway diskutiert die Arbeiten der Primatologinnen Jeanne Altmann, Linda Marie Fedigan, Adrienne Zihlman und Sarah Blaffer Hrdy. In diesem Teil profiliert sie Primatologie und Wissenschaftsgeschichte erneut als wichtigen Bestandteil feministischer Theoriebildung und Wissenschaftskritik, zeigt aber auch, dass feminine Wissenschaft und feministische Wissenschaft nicht ineinander aufgehen. So geht Haraway mit einigen Aspekten differenzfeministischer Positionen durchaus hart ins Gericht: Aus der Beteiligung von Frauen an der Forschung folge nicht automatisch eine feministisch positionierte Wissenschaft. Manche Positionen würden sogar eine Vorstellung von Natürlichkeit als harmonisches Zusammenspiel reproduzieren und damit beispielsweise Naturalisierungen von geschlechtsspezifischer Arbeitsteilung Vorschub leisten (PV: 256–258).

Im Beobachten und Repräsentieren von Primaten entstehen – so Haraways These – Narrative, die herrschaftsstabilisierend wirken können und konstitutiv für soziale Ordnungen und Normvorstellungen sind: Es ist daher wichtig, rassistischen, sexistischen und familialistischen Implikationen dieser Repräsentationen nachzugehen, um sie zu irritieren und andere Wissensproduktionen zu ermöglichen. Besonders charakteristisch für Haraways Zugang zu den mannigfaltigen Materialien, die sie in *Primate Visions* analysiert, ist das bereits erwähnte Kapitel zu dem, was sie »Teddybär-Patriarchat« nennt. Hierin wendet sich Haraway den Ausstellungspraktiken im Natural History Museum in New York zu. Mit dem Schlagwort des ›Teddybär-Patriarchats‹ sind zwei Kerndimensionen von Haraways Analyse angesprochen: Zum einen spielt sie auf Theodore Roosevelt an, der als leidenschaftlicher Jäger und Hobby-Taxidermist bekannt war. Er ist so etwas wie der Schirmherr des Museums, was sich besonders in Form eines Denkmals im Atrium des Museums materialisiert, das Haraway wie folgt beschreibt: »Teddy thront majestätisch als Vater und Beschützer zwischen zwei ›primitiven‹ Männern, einem Amerikanisch-Indianischen und einem Afrikaner, die beide als ›Wilde‹ angezogen sind. [...] Die Wörter WAHRHEIT, ERKENNTNIS, VISION sind darüber eingeschrieben.« (PV: 27) Inszeniert werde damit der *weiße* Mann, Teddy Roosevelt, als Herrscher, Erlöser, Vater und Wissenschaftler. Zum anderen wird mit der Teddybären-Metaphorik die Taxidermie aufgerufen, die Kunst des »Ausstopfens« von Tieren. Denn besonders eindrücklich inszeniere sich die spezifische Spielart kapitalistischen Patriarchats in den Dioramen der African Hall des Museums, die 1936 eröffnet wurde. Eine bestimmte Vorstellung von Männlichkeit und der Gipfel einer Passivierung der Natur werden in der African Hall subtil verwoben.

Die Halle, die federführend der Taxidermist und Biologe Carl Akeley (1864–1926) geplant hat, umfasst 28 Dioramen mit unterschiedlichen Tiergruppen, in denen Szenen der Einheit und Harmonie dargestellt werden. Die Erfahrung von Einheit werde in der Ausstellungspraxis durch ein organizistisch-harmonisches Paradigma evoziert. Die African Hall unternehme den Versuch, eine »Biographie von Afrika, die Lebensgeschichte der Natur« (PV: 38) zu erzählen. »Afrika« wird darin enthistorisiert, homogenisiert und naturalisiert. So kann der Kontinent als Ursprung einer natürlichen Ordnung fungieren, als eine »monumentale Reproduktion des Garten Eden« (PV: 26). Akeley selbst beschreibt die Voraussetzung der Konzeption so eines Projekts als Plan einer ›master mind‹, und Haraway kommentiert: »Der ›Geist‹ ist spermatisch [im Orig. *spermatic*].« (PV: 40) ›Spermatisch‹ ist das Unterfangen gleich in zweierlei Hinsicht: männlich und ursprünglich. Es ist jener Geist moderner Wissenschaften, der gleichsam ›göttlich‹ eine Welt repräsentiert, über die Er einen neutralen und umfassenden Blick hat. Die Dioramen erscheinen wie Schlüssellöcher, durch die eine unverstellte Vision des Natürlichen möglich wird. ›Afrika‹ wird so auch zu einem Sehnsuchtsort, der für das ›Reine‹ und ›Ursprüngliche‹ steht, das die Moderne durch Industrialisierung und Technisierung verloren habe – in der African Hall kann das in dieser Weise Verlorene zurückgeholt, vergegenwärtigt werden.

Ein besonderes Augenmerk von Haraways Analyse liegt auf der Habitat-Gruppe der Gorillas. Wie bei der Aufstellung der meisten Tier-Gruppen in der Halle würden auch in diesem Diorama einige wenige Tiere versammelt, »im Regelfall ein großes und wachsames männliches, ein oder zwei weibliche Tiere und ein Baby« (PV: 30). Der enorme, herrschaftlich inszenierte und männlich markierte Gorilla repräsentiere Individualität und Einzigartigkeit – jene Eigenschaften von Subjektivität, die den modernen Liberalismus im Besonderen prägen. Die Botschaft ist klar: »Hier haben wir den natürlichen Menschen, unmittelbar erkannt.« (PV: 31) Als ›natürliche‹ und ›ursprüngliche‹ Menschen werden die Gorillas in einem Setting zur Schau gestellt, das von den Idealen der bürgerlichen Kleinfamilie und der Idee hierarchisch organisierter Organismen in einem friedlich-harmonischen Zusammenspiel geprägt ist. Das ›Familienoberhaupt‹ muss das starke, souveräne, unabhängige Subjekt ›Mann‹ sein. Die African Hall inszeniert demnach eine Art Fixierung der Essenz des Lebens. Wie Haraway zeigt, haben wir es allerdings eher mit der Essenz einer historisch spezifischen Ausprägung kapitalistischer, sexistischer und hochgradig rassifizierender Vergesellschaftung zu tun (vgl. PV: 30).

Die rassifizierten Dimensionen dieses Ausstellens menschlicher Ursprünglichkeit hat Haraway im Anschluss an Edward Said (1981) als »Affenartigen Orientalismus [im Orig. *Simian Orientalism*]« (PV: 10) bezeichnet, als »ein weiteres Repräsentationssystem, das mit der westlichen Konstruktion des Selbst über die Begriffe ›Tier‹, ›Natur‹, ›Körper‹, ›Primitiver‹, ›Frau‹ befasst ist.« (HLL: 55) Die Primatologie und mit ihr popkulturelle oder pädagogische Übersetzungen des Wissens über Affen dienen also Haraway zufolge einer Schaffung von Selbstverständnissen, die über die Abgrenzung zu spezifischen Anderen erfolgt und sich als normal und souverän setzt. Im Museum mischen sich dazu in komplexer Weise Identifikations- und Abgrenzungsangebote, die jedoch – wie Haraway zeigt – alle dazu einladen, eine spezifische historische Subjektposition als ›normal‹, ›natürlich‹ und darin überzeitlich stabil zu erachten. Es handelt sich um das »heilige Ebenbild des Selben« (PV: 378), welches sich von den als ›anders‹ Markierten absetzen und darin behaupten kann: »Primaten sind in bestimmten historischen Auseinandersetzungen privilegierte Objekte, wenn es darum geht, sowohl den unmarkierten menschlichen Ort in der Natur zu benennen als auch die gleichermaßen unmarkierte Natur der menschlichen Gesellschaft zu beschreiben.« (SNP: 139) Primaten können auf diese Weise dazu dienen, Konfigurationen des »Wir« und »der Anderen« gleichermaßen anzuleiten: Dafür spielen, wie Haraway mit ihrer Analyse des Museums zeigt, Ursprungserzählungen eine wichtige Rolle, weil sie so etwas wie die Idee einer ›reinen‹ Natur ebenso aufrufen können wie jene des ›reinen‹ Menschen.

Enger an den primatologischen Forschungen selbst sind viele der anderen Kapitel in *Primate Visions*. Ich möchte aber an dieser Stelle noch einen Aufsatz näher vorstellen, der auch in deutscher Übersetzung vorliegt und Haraways Arbeitsweise mit biologischen Wissensbeständen besonders gut illustriert. Der Text *Im Streit um die Natur der Primaten. Auftritt der Töchter im Feld des Jägers 1960–1980*, der erstmals 1983 erschien, rekonstruiert die Forschung an Languren ausgehend von den Arbeiten des Primatologen Sherwood Washburn (1911–2000), an die eine Reihe Forscherinnen anschloss. Sie entwickelten dessen Thesen weiter und setzten andere Akzente. Mit der »Töchter«-Metaphorik greift Haraway die Verwandtschaftsterminologie, die ihre Arbeiten immer wieder prägt, bewusst auf, um diese dann auch direkt aus einer harmonistischen Verklärung herauszulösen: Familiengeschichten welcher Art auch immer seien stets »Schauplätze intensiver Konflikte« (SNP: 129). Sowohl dieser konfliktive Charakter der Wissensproduktion als auch die spezifische Ausgestaltung der primatologischen Forschung bei und im Anschluss an Washburn machen die Auseinandersetzung mit dieser Denkschule für Haraway besonders interessant. Washburn gilt in der Primatologie nach dem Zweiten Weltkrieg als einer jener Anthropolog*innen und Biolog*innen, die sich radikal dagegen wendeten, in den eigenen Forschungen rassistische Hierarchien als feste Strukturen darzustellen, geschweige denn nach Rechtfertigungen von Rassismus zu suchen (vgl. SNP: 130f.): »Das wichtigste intellektuelle Vermächtnis der Washburn-Linie in der physischen Anthropologie war der Imperativ, keine festen Strukturen, sondern Lebensweisen zu rekonstruieren [...].« (SNP: 130) Der Akzent der Forschung liege nicht darin, eine letzte Wahrheit über das Primat-Sein zu erzählen, sondern die »konkreten Wissensobjekte waren Anpassung, Funktion und Handlung, nicht geronnene Strukturen« (SNP: 130). In einem anderen Vokabular ließe sich vielleicht sagen, die Forschungen verfuhren eher ethnografisch-praxeologisch denn strukturfunktionalistisch.

Die wichtigste Innovation der Forschungsgruppe um Washburn war neben diesem Zugang zur Biologie und Primatologie die sogenannte ›Jäger-Hypothese‹, mit der eine neue Strategie der Nahrungsbeschaffung beschrieben wird. Jagen wird mit ihr als ermöglichend für soziale Kooperation und die Kohäsion einer Gruppe verstanden (SNP: 130; 137). Während die Forschungen Washburns in dieser Hinsicht bahnbrechend waren, fällt jedoch eine Blindstelle ins Auge – männliche Lebensweisen und Rangordnungen wurden als Dreh- und Angelpunkt gelingender sozialer Kooperation aufgefasst (vgl. SNP: 130; 136f.). Daher untersucht Haraway die Forschungsarbeiten der ›Töchter‹, »die dazu erzogen wurden, in der Öffentlichkeit zu sprechen, Autorität zu erlangen und Geschichten zu verfassen« (SNP: 137). Es geht ihr darum, »ein Schlaglicht auf öffentliche Auseinandersetzungen über die Natur der Frauen und über Elternschaft und Gewalt zu werfen« (SNP: 138). Dafür setzt sie sich besonders mit den Arbeiten von Phyllis (Jay) Dolhinow, Sarah Blaffer Hrdy, Suzanne Ripley und Jane Bogess auseinander. Trotz erheblicher Differenzen in den Details der Analysen, die Haraway in ihrem Text nachzeichnet, ist allen vier Forscherinnen gemein, dass sie den Akzent der Forschung auf die Mutter-Kind-Beziehungen richteten und dadurch die Zentrierung auf die Jagd unterbrachen. Insbesondere Hrdy beobachtete durch die Öffnung der Perspektive bei den Languren das Phänomen der Kindstötung (vgl. SNP: 146). Aus einer soziobiologischen Perspektive interpretierte sie diese und andere reproduktive Mechanismen im Rahmen eines »genetischen Interessenkalküls« (SNP: 147). Ripley hingegen begriff die Kindstötung als »Rückkopplungsmechanismus zur Bevölkerungsregulierung« (SNP: 151). In einem, wie Haraway anmerkt, für die Nachkriegszeit typischen maschinell-kybernetischen Vokabular fasst sie damit eine weiblich kontrollierte Kindstötung als »ausgezeichneten Mechanismus zur Etablierung einer Bevölkerungsregulierung« (SNP: 151). Damit müssten »weibliche Aktivitäten in den Subsistenzinnovationen der Hominiden« (SNP: 151) sehr viel stärker berücksichtigt werden, als dies bislang der Fall gewesen sei und die ›Jäger-Hypothese‹ suggeriere.

Ich konnte an dieser Stelle nur einige Schlaglichter auf Haraways umfangreiche und komplexe Geschichte über den ›Auftritt der Töchter im Feld des Jägers‹ werfen, es sollte aber deutlich geworden sein – und dies ist entscheidend für ein Verständnis von Haraways Zugang zu den Naturwissenschaften und einer historischen Perspektive auf selbige –, dass keine Wissensproduktion, auch keine feminine oder feministische, sich einem Reinheitsgebot verschreiben *kann*. Wissenschaft als öffentliche Praxis des Geschichtenerzählens kann nicht neutral sein, weil sie verwoben ist mit gesellschaftlichen Machtverhältnissen, Konflikten und Verantwortlichkeiten. Aus ebendiesen Gründen ist sie ein so wichtiges Interventionsfeld für Feminist*innen:

> »Es ist unverantwortlich, sich am sozialen Prozeß der Produktion von Wissenschaft nicht zu beteiligen oder diesen zu ignorieren und sich lediglich um den Gebrauch oder Mißbrauch wissenschaftlicher Ergebnisse zu kümmern. Ich halte es unter den gegenwärtigen historischen Bedingungen für noch unverantwortlicher, anti-wissenschaftliche Erzählungen über Natur anzustreben, die Frauen, Fürsorge oder irgendetwas anderes idealisieren, das angeblich nicht vom männlich-kriegerischen korrumpiert ist.« (SNP: 157 f.)

Deutlich wird nicht nur Haraways Kritik an essenzialisierenden differenzfeministischen Motiven in manchen Care-Ethiken (Noddings 1986) und Ökofeminismen (Griffin 1987), sondern auch ihr Appell, sich aktiv in die Wissensproduktion einzubringen, anstatt wissenschaftliche Erkenntnis allein einer Dekonstruktion zu unterziehen.

Haraways Arbeiten zur Primatologie wurden in den Debatten feministischer Wissenschaftsforschung rege diskutiert und teilweise euphorisch aufgenommen (vgl. Fausto-Sterling 1990; Scheich 1991). Ihr Zugang eröffnete neue Möglichkeiten, darüber nachzudenken, wie der Positioniertheit jeder Wissensproduktion Rechnung getragen werden kann, und hob politische Dimensionen der Wissenschaft auch insofern hervor, als sie die Frage stelle, was in einer bestimmten historischen Situation überhaupt zum Wissensobjekt werden könne (vgl. Harding 1990: 331). Der experimentelle Charakter des Buches und angrenzender Arbeiten wurde in der Biologie und Primatologie allerdings skeptischer aufgenommen. Der zentrale Vorwurf lag darin, dass Haraway Objektivitätsansprüche zugunsten einer dekonstruktiven Analyse und damit verbundenen Hybridisierung von Fakt und

Fiktion preisgebe (vgl. Rodman 1990; Outram 1991). Es zeichnet sich hier eine für die Haraway-Rezeption typische Polarisierung zwischen Euphorie und pauschaler Zurückweisung ab.

Die Anglistin Heather Love hat die frühen Arbeiten Haraways einmal nicht zu Unrecht als »ideologiekritische Meisterwerke« (Love 2018: 127) bezeichnet, und Vernon Reynolds spricht mit Blick auf *Primate Visions* von einem »Meisterstück dekonstruktiver Soziologie« (Reynolds 1991: 167). Diesen Einschätzungen ist zuzustimmen: Haraway nähert sich ihren Materialien in diesen Arbeiten in der Tat mit einem dekonstruktiven Interesse, wie etwa ihre Analyse der African Hall zeigt. Es geht ihr darum, die heteronormativen, bürgerlich-kapitalistischen und rassistischen Voraussetzungen sichtbar zu machen, die für die jeweiligen Phänomene und Wissensbestände konstitutiv sind. Der Aspekt der Verknüpfung und Affirmation der (naturwissenschaftlichen) Wissensbestände bleibt oft implizit, ist aber gleichzeitig ein wichtiger Anspruch ihrer Arbeitsweise und wird in späteren Arbeiten stärker akzentuiert.

Darüber hinaus beschäftigt sich Haraway vor allen Dingen mit diskursiven Erzeugnissen und Repräsentationen von Affen. Etwa die Anthropologin Misia Landau hat in ihrer Auseinandersetzung mit *Primate Visions* kritisiert, dass Primaten in Haraways Analyse völlig außen vor blieben – dies verkenne die Realitäten der Tiere ebenso wie die spezifischen Bedingungen der Forschung (vgl. Landau 1991). Diesen Einwand hat Haraway in einem Interview aufgenommen und konstatiert, dass sie »das Gefühl habe, dass die Art Buch, die sie zu schreiben beabsichtigt hatte, einen dichteren ethnographischen Zugang erfordert hätte« (HLL: 56). Haraway wird sich langfristig konkreter mit Tieren und ihren Lebensrealitäten beschäftigen, für ihr Frühwerk gilt jedoch, dass es ihr vor allen Dingen darum zu tun ist, einen feministischen Zugang zur Wissenschaftsgeschichte zu prägen, der sich ernsthaft mit den jeweiligen (Natur-)Wissenschaften involviert und den konfligierenden Charakter von Wissen anerkennt, ja, zur Geltung bringt: »Das wichtigste dabei war, auf die Demystifizierung der in öffentlichen Diskursen auftauchenden wissenschaftlichen Bedeutungen zu insistieren. Es sind Menschen, die innerhalb eines bestimmten historischen Rahmens die Bedeutungen herstellen. Das liegt in der Natur der Primaten.« (SNP: 159) Die Frage, wie diese Bedeutungserzeugung, die nun einmal in der Natur der Primaten liegt, ›besser‹ gelingen kann, beschäftigt Haraway in ihrem berühmt gewordenen Theorem ›Situierten Wissens‹, mit dem sie ihre wissenschaftstheoretische Position systematischer ausarbeitet und das im Fokus des nächsten Unterkapitels steht.

1.2 Die Situierung von Wissen

Das Theorem ›Situierten Wissens‹ ist einer der einflussreichsten und meistzitierten Beiträge Haraways zur feministischen Epistemologie und den Kultur- und Sozialwissenschaften. In der Rezeption ist allerdings auffällig, dass die Komplexität des Textes *Situiertes Wissen. Die Wissenschaftsfrage im Feminismus und das Privileg einer partialen Perspektive*, der erstmals 1988 publiziert wurde, nur selten systematisch erfasst wird. Die routinierte Zitationspraxis des Essays lädt dazu ein, diesen als Aufforderung zur Aufzählung identitärer Marker der jeweiligen Autor*innen und Forschenden zu begreifen. Dies verkennt allerdings, dass Haraways Versuch, einen feministischen Objektivitätsbegriff auszuarbeiten, von einer poststrukturalistischen Subjekt- und Identitätskritik geprägt ist, die sie für eine wissenschaftstheoretische Positionierung produktiv machen möchte. Diese Prämisse schließt die Möglichkeit aus, mit sich selbst identisch zu sein, und gerade diese Einsicht gilt es Haraway zufolge, in der Wissensproduktion zur Geltung zu bringen. Die verkürzte Lesart ihres Textes hat sie selbst wie folgt beschrieben: »Manchmal lesen Leute ›Situiertes Wissen‹ in einer Weise, die mir ein bisschen flach vorkommt; im Sinne von dem Ausweis, was identifizierende Markierungen von jemandem sind und wörtlich, wo jemand ist. ›Situiert‹ in diesem Sinne bedeutet nur an einem Ort zu sein.« (HLL: 71) Demgegenüber geht Haraway davon aus, dass Subjekte in sich gebrochen sind und sich ihrer multiplen Verortungen in der Welt gewahr werden müssen. Um einer ›flachen‹ Lesart zu entgehen, ist es daher wichtig, die diesem Text zugrunde liegende Subjekttheorie und Haraways daraus resultierende Abgrenzung gegenüber ›klassischen‹ Standpunkttheorien zu begreifen, weswegen ich diese Aspekte im Folgenden ins Zentrum der Überlegungen stelle.

Ziel von *Situiertes Wissen* ist »die Konstruktion eines brauchbaren, allerdings nicht unschuldigen Objektivitätsbegriffs« (SW: 82). Und zwar eines Objektivitätsbegriffs für »uns«. Dieses »wir« ist ein feministisches, in sich gebrochenes, verkörpertes Subjekt: »›wir‹ sind die verkörperten Anderen, denen es nicht erlaubt ist, *keinen* Körper zu haben« (SW: 73; Hervorh. im Orig.). Eine feministische Wissensproduktion, so Haraways Annahme, benötigt ein Konzept von Objektivität, welches die Verkörperung jeder Wissensproduktion anerkennt. Die Markierung als weiblich oder queer identifiziert Subjektpositionen als verkörpert. Und es ist die Identifikation mit Körperlichkeit, die in der Geschichte der modernen Wissenschaften zu Diskreditierungen und Ausschlüssen geführt hat, wie Haraway im Anschluss an die feministische Wissenschaftstheorie herausarbeitet (vgl. SW: 73f.; Harding/Hintikka 1983; Keller 1986; Tuana 1989). Einen Körper zu haben bedeutet in dieser Logik immer schon *gebiased* zu sein, ein Interesse jenseits neutraler Wissensproduktion in die Wissenschaft zu tragen – ein Phänomen, das wir heute aus den heftigen Abwehrreflexen gegen Gender Studies oder feministische Forschung kennen (vgl. etwa Hark/Villa 2015; Hoppe 2017). Markierte Körper werden so von der Produktion wissenschaftlichen, rationalen Wissens ausgeschlossen, ihr Wissen als irrational oder interessiert gebrandmarkt. Haraway geht es darum zu zeigen, dass *jede* Vision, jedes wissenschaftliche Sehen verkörpert ist, einen Ort in der Welt hat und aus diesem Grund nicht neutral sein kann. Ebendiese Einsicht hat wichtige Implikationen für ein gesättigtes Verständnis von Objektivität, das Haraway auszuarbeiten versucht. Das Ziel ist es dabei keineswegs, Objektivitätsansprüche zu verwerfen, sondern in der Tat »auf einer besseren Darstellung der Welt« (SW: 78) zu beharren.

Im Konstruktionsprozess eines ›brauchbaren‹ Objektivitätsbegriffs dient Haraway vor diesem Hintergrund die Kritik der Fantasie entkörperter Vision als Ausgangspunkt, das heißt die Kritik eines Blickes von nirgendwo auf die Welt. Es ist der »göttliche Trick« (SW: 81), den sie als anti-feministisch und kolonial ausweist und der dem Projekt einer feministischen Wissenschaft und einer ausgewogenen Wissensproduktion insgesamt zuwiderläuft. Ein solcher Trick kommt in Erkenntnisprozessen immer dann zum Tragen, wenn in diesen die eigene Verortung und Positionalität verleugnet und Wissen hergestellt wird, das sich als losgelöst von der eigenen Subjektposition und der Welt gibt, in die es eingebunden ist. Wichtig ist für Haraway in diesem Zusammenhang, wie bereits erwähnt, die Unterscheidung markierter und unmarkierter Körper (vgl. auch Butler 1997: 237f.). Nur unmarkierte Körper, das heißt vor allem diejenigen »des Mannes und des Weißen« (SW: 80), sind in der machtvollen Position des Sehenkönnens, ohne gesehen zu werden – nur jene Körper können sich gleichsam unsichtbar machen und objektives Wissen im Sinne von unverzerrten Repräsentationen der Welt herstellen (vgl. SW: 80). Gerade weil aber alle Vision, alles Sehen verkörpert ist, kann es keine ›reinen‹ Widerspiegelungen der Welt geben. Die Geste der Neutralität, die unmarkierte Subjektpositionen gerne wiederholen, ist nicht mehr als eine Maske, die die eigene Positioniertheit leugnet (vgl. Haraway 1981). Diese und andere göttliche Tricks bringen eine aperspektivistische Objektivität hervor, die sich als Ideal erst Ende des 19. Jahrhunderts herausgebildet hat (vgl. Daston/Galison 2007).

Haraway weist an diese Erwägungen anschließend – und dies ist entscheidend – sowohl Relativismus als auch die Universalisierung von Perspektiven als ›göttliche Tricks‹ aus, da sie Partialität in der ihnen jeweils eigenen Weise verleugnen:

> »Relativismus ist ein Mittel, nirgendwo zu sein, während man beansprucht, überall in gleicher Weise zu sein. Die ›Gleichheit‹ der Positionierung leugnet Verantwortlichkeit und verhindert eine kritische Überprüfung. In den Objektivitätsideologien ist der Relativismus das perfekte Spiegelbild der Totalisierung: Beide leugnen die Relevanz von Verortung, Verkörperung und partialer Perspektive, beide verhindern eine gute Sicht. Relativismus und Totalisierung sind ›göttliche Tricks‹. Als Versprechen der Möglichkeit einer gleichen und vollständigen Sicht von überall und nirgends sind sie verbreitete Mythen einer die Wissenschaft begleitenden Rhetorik. Die Möglichkeit nachhaltiger rationaler, objektiver Forschung überlebt jedoch gerade in der Politik und Epistemologie einer partialen Perspektive.« (SW: 84)

Während der Universalismus oder die Totalisierung sich mit *einer* gottgleichen Perspektive ganz offensichtlich über die eigene Verortung erhebt, weist Haraway auch jene wissenschaftstheoretische Position zurück, die als Relativismus oder Perspektivismus eine Gleichwertigkeit aller möglichen Positionen in der Welt behauptet. Denn dieser – so Haraways These – ist seinerseits von einer Geste geprägt, die Objektivität verunmöglicht. Der Blick von »überall« pluralisiert lediglich den ›göttlichen Trick‹ – die Subjekte stehen einer Welt gegenüber, die nunmehr aus unterschiedlichen Blickwinkeln repräsentiert wird. Aber es gibt nicht so viele Wahrheiten, wie es Perspektiven gibt, vielmehr muss Objektivität aus partialen Verbindungen in konflikthaften Prozessen immer wieder errungen werden.

Partiale Perspektiven, so das Argument, basieren nie auf einer einheitlichen Subjektposition, ja, sie können gar nicht auf einer solchen aufbauen, denn »[m]an kann nicht Zelle oder Molekül ›sein‹ – oder Frau, kolonisierte Person, ArbeiterIn und so weiter –, wenn man beabsichtigt zu sehen und von diesen Positionen aus kritisch zu sehen. ›Sein‹ ist weitaus problematischer und kontingenter.« (SW: 85) Damit schreibt sich Haraway in poststrukturalistische Dezentrierungsbewegungen ein, die Subjektivität in ihrer Historizität, Fluidität und Heterogenität verstehen (etwa Foucault 2005a; Derrida 1972; Butler 2001). Die Voraussetzung für Objektivität als Praxis der Situierung von Wissen (im Plural!) liegt darin, die Uneinheitlichkeit und Nicht-Identität erkennender Subjektivität nicht als Defizit zu begreifen, sondern diese zur Geltung zu bringen: »Das Versprechen der Objektivität liegt darin, daß wissenschaftlich Erkennende nicht die Subjektposition der Identität suchen, sondern die der Objektivität, d.h. der partialen Verbindung.« (SW: 86) Den Begriff der partialen Verbindungen entlehnt Haraway den Arbeiten der Anthropologin Marilyn Strathern (1991). Den identitätskritischen Impuls der subjekttheoretischen Prämissen nimmt die Formulierung der Partialität auf, indem sie die Uneinheitlichkeit und Gespaltenheit jeder Subjektivität als Ermöglichungsbedingung für Verknüpfungen und Übersetzungen erkennt: *Jede* Wissensproduktion geht Verbindungen mit der Welt und mit Anderen ein. Die Position Erkennender ist also diejenige der Objektivität, wenn sie begreift, dass sie immer schon heterogen und vorübergehend ist. Erkennen ist stets eine Begegnung, die auch transformierend wirkt – ›wir‹ sind nach dem Forschen, Schreiben, Denken an einem anderen Ort (vgl. auch Foucault 1969: 30).

Diesen wichtigen Aspekt des Theorems ›Situierten Wissens‹ hat Haraway in ihrer Kritik der Standpunkttheorie zugespitzt. Feministische Standpunkttheorien gehen davon aus, dass unterdrückte Subjektpositionen mit einem epistemischen Privileg ausgestattet sind (Harding 2004). Besonders einflussreich für feministische standpunkttheoretische Debatten ist die Position Nancy Hartsocks, an der sich auch Haraway abarbeitet. Hartsock bezog sich in ihrer Begründung eines feministischen Standpunkts auf Marx und argumentierte, dass analog dem Standpunkt des Proletariats das Leben von Frauen einen privilegierten Ausgangspunkt mit sich führe, durch den ein Fundament für die Kritik phallogozentrischer Institutionen und einer patriarchalen Gesellschaftsordnung gelegt werden könne (vgl. Hartsock 1983: 283 f.). Zugespitzt liegt Hartsocks epistemologische Grundannahme darin, dass aufgrund von Herrschaftsstrukturen derjenigen Gruppe in einer Gesellschaft eine klarere Sicht auf die Dinge zukommt, die aufgrund von Diskriminierungserfahrungen Standpunkte erkämpfen und darin die realen Verhältnisse zum Vorschein bringen (vgl. ebd.: 285). Für sie ist die geteilte (Sozialisations-)Erfahrung von Frauen der Ausgangspunkt, um einen feministischen Standpunkt zu begründen. Dafür arbeitet sie Effekte geschlechtsspezifischer Arbeitsteilung heraus, die sie unter Bezugnahme auf psychoanalytische und sozialisationstheoretische Thesen konkretisiert. In dieser Weise kämen Unterschiede zwischen weiblichen und männlichen Aktivitäten in den Blick, wobei das Leben von Frauen ein bestimmtes Verständnis sozialer Verhältnisse hervorbringe. Indem sie die geschlechtsspezifische Arbeitsteilung zum Ausgang nimmt, schlägt Hartsock vor, andere wichtige Differenzen wie »Rassen-« und Klassenunterschiede unter Frauen auszuklammern, um stattdessen nach Gemeinsamkeiten zu suchen. Rechtfertigung für diesen Ansatz findet sie in der Fruchtbarkeit der Marx'schen Strategie einer Simplifizierung im Zwei-Klassen-Modell (vgl. ebd.: 290). Hartsock argumentiert differenzfeministisch, dass die spezifisch weibliche Erfahrung des Selbst auf Relationalität beruht, während die Erfahrung von Männern eine abstrakte Maskulinität hervorgebracht hat, die sich in einem dualistischen Denkstil niederschlägt, in dem immer eine Seite der Unterscheidung Dominanz markiert (vgl. ebd.: 297). Der feministische Standpunkt setzt dem einen Sinn für Vielfalt und Verbundenheit entgegen, der es auch ermögliche, Herrschaftsverhältnisse zu dechiffrieren. Die Vision einer besseren Zukunft speist sich aus der epistemisch privilegierten Perspektive unterdrückter Frauen, die basierend auf der Erfahrung geschlechtsspezifischer Arbeitsteilung als Gruppe hinter die Oberfläche der Erscheinungen dringen und die realen Verhältnisse enthüllen könne (vgl. ebd.: 304).

Viele von Hartsocks Thesen scheinen heute – nach jahrzehntelangen Diskussionen um Identitätskritik und Debatten um Intersektionalität – überholt. Besonders Women of Color und Schwarze Feminismen haben auf die problematische Essenzialisierung ›der Frauen‹ als eine homogene Gruppe hingewiesen, die in der Tendenz ein *weißes* Mittelschichtssubjekt voraussetzt und damit andere Diskriminierungslinien nicht in den Blick bekommt (vgl. etwa Collins 1990; Davis 1983; Mohanty 1984). Diese Kritik wurde berechtigterweise auch in Bezug auf Hartsocks Theorem des feministischen Standpunkts vorgebracht (siehe Fraser/Nicholson 1990: 31; Young 1991: 42f.). Und auch Haraway richtet sich mit dem Theorem ›Situierten Wissens‹ gegen die Vorstellung, aufgrund geteilter Unterdrückungserfahrung oder Identität würde sich eine gute Wissensproduktion und einheitliche Sicht unproblematisch begründen lassen: »Unterwerfung ist keine Grundlage für eine Ontologie, sie kann allenfalls ein sichtbarer Anhaltspunkt sein.« (SW: 86) Mit diesem Anhaltspunkt bewahrt Haraway eine schwach standpunkttheoretische

Orientierung; gleichzeitig stellt sie »die ernstzunehmende Gefahr einer Romantisierung und/oder Aneignung dieser Sichtweise« (SW: 83) heraus. Die Metapher des Standpunkts erscheint ihr eine zu starke Einheitlichkeit zu suggerieren, die hinter die subjekttheoretischen Einsichten zurückfällt, welche Haraway zum Dreh- und Angelpunkt ihrer wissenschaftstheoretischen Position macht (vgl. HLL: 71; CCD: 336). Die Kernidee ihrer Reformulierung von Objektivität liegt nämlich gerade darin, dass heterogene Positionen für mögliche Verknüpfungen offenstehen müssen. Für solche Verbindungen sei es aber notwendig, dass sich die Subjekte der Wissensproduktion ihrerseits als unabgeschlossen und transformierbar begreifen. In dieser Weise werde eine Irritierbarkeit bewahrt und auch der intrinsisch konflikthafte Charakter von Wahrheitsansprüchen könne zur Geltung gebracht werden (vgl. Grebowicz/Merrick 2013: 59). Auf Grundlage der Anerkennung der Tatsache, dass ein Standpunkt niemals ein für alle Mal konstituiert sein kann, könne einem Relativismus entgegengetreten werden, weil heterogene Standpunkte nicht identitätsbasiert begründet sind, also nicht einfach als pluralisierte, stabile Perspektiven nebeneinanderstehen: »Die Alternative zum Relativismus ist eine Vielfalt partialen, verortbaren, kritischen Wissens, das die Möglichkeit von Netzwerken aufrechterhält, die in der Politik Solidarität und in der Epistemologie Diskussionszusammenhänge genannt werden.« (SW: 84)

An dieser Stelle wird ein wichtiges werkübergreifendes Haraway'sches Movens deutlich, das sie immer wieder auf die Formel der ›Nicht-Unschuld‹ bringt und das auch für das Theorem ›Situierten Wissens‹ entscheidend ist. Die Behauptung ›göttlicher Tricks‹, reiner oder einheitlicher Sichtweisen und Sprachen ist für sie mit einem Gestus der Unschuld verbunden, den sie entschieden zurückweist. Demgegenüber muss wissenschaftliche Erkenntnisproduktion Haraway zufolge *erstens* darauf beharren, einen Ort zu haben. Dies bedeutet nicht, dass dieser Ort stabil oder einheitlich oder zeitlos wäre. Weder die Welt noch die Subjekte stehen in der Wissensproduktion still. Haraways Versuch, eine poststrukturalistische, feministische Identitäts- und Subjektkritik in die Wissenschaftstheorie einzuführen, sucht vielmehr deutlich zu machen, dass – entgegen der Standpunkt-Metaphorik – den ›kontingenten Fundierungen‹ (Butler 1995) jeder Wissensproduktion Rechnung zu tragen ist: »›Sein‹ fundiert Wissen nicht, zumindest so lange nicht, bis ›Sein‹ zu einem strategischen, konstruierten Ort gemacht wurde, der Befragung statt Identifikation generiert.« (PV: 309) Einen Ort zu haben bedeutet also für Haraway, diesen als fluide und uneinheitlich zu erkennen und trotz und gerade wegen dieser Kontingenz nicht vortäuschen zu müssen, dass es keine Verortung in der Welt gebe. Diese spezifische Auffassung von Situierung ermöglicht es dann *zweitens*, Wissen als konflikthaft und öffnend zu begreifen. Die Situierung von Wissen bedeutet nicht, dieses gleichsam festzunageln, sondern es offenzuhalten für Verknüpfungen und Übersetzungen – das ist, was Haraway mit partialer Verbindung meint. *Drittens* verabschiedet eine solche Wissensproduktion den Gestus der Unschuld, oder in einem anderen Vokabular: den Gestus der Neutralität. Wenn Wissensproduktion einen Ort hat, das heißt in der Welt verwurzelt ist, dann ist alles Wissen positioniert. Das bedeutet für Haraway nicht, dass es keine Rationalität oder Objektivität geben könnte. Im Gegenteil, »positionierte Rationalität« (SW: 91) verspricht der Heterogenität und den Widersprüchen Rechnung zu tragen, die den jeweiligen Gegenständen und Gegenwarten innewohnen, indem Wissensbestände in ihrer Partialität der Debatte und möglichen Übersetzung zugeführt werden. Wahrheit und Objektivität sind nicht leicht zu haben, sie gehen vielmehr aus engagierten und aufwendigen Prozessen hervor. Dies sichtbar zu machen und in die wissenschaftliche Wissensproduktion einzubeziehen ist Haraways Vorschlag, um dem ›göttlichen Trick‹ zu entgehen. Damit macht sie auch deutlich, dass »es möglicherweise stärker um Ethik und Politik geht als um Epistemologie« (SW: 78).

Diese enge Verknüpfung von Politik, Ethik und Epistemologie hat Haraway wiederholt den Vorwurf der völligen Verabschiedung jeglicher Wahrheitsansprüche und des Relativismus eingebracht (vgl. Gross/Levitt 1994: 133; 227). Haraway würde Politik und Wissenschaft engführen und die eigentliche epistemologische Frage – Wie wissen wir? – gar nicht mehr aufwerfen. Stattdessen inkorporiere die feministische Kritik der Wissenschaften Wissenschaft in Gänze in das »moralische und ideologische Universum des militanten Feminismus« (ebd.: 227). Abwehrreflexe dieser Art lassen sich gar nicht erst auf die Prämisse ein, dass wissenschaftliche Wissensproduktion in gesellschaftliche Macht- und Herrschaftsverhältnisse eingebettet ist, und können im Kontext der »Science Wars« der 1990er Jahre verortet werden (Ross 1996; Scharping 2001). Bei diesen handelt es sich um pauschalisierende Angriffe auf »postmoderne« Wissenschaftstheorien, die in den Augen der einem wissenschaftlichen Realismus anhängenden Kontrahent*innen Wahrheitsansprüche zugunsten politischer Programme und Historisierungen aufgeben. Postmodernist*innen wurden mit einer vermeintlichen »akademischen Linken« gleichgesetzt und harsch angegangen (vgl. Gross/Levitt 1994). Feministische Positionen waren in diesem Kontext besonders heftigen Angriffen ausgesetzt, weil in ihnen nicht nur die historische und kontextuelle Relativierung von Wahrheit eine Rolle spielte, sondern dies darüber hinaus mit einem vermeintlichen »Spezialinteresse« verknüpft war, dem feministischen Anspruch. Aus der Perspektive hegemonialer Wissensproduktion muss dies als bedrohlich wahrgenommen werden, eben weil die Infragestellung androzentrischer Forschung und der Ausweis der vergeschlechtlichten Prämissen von Wissensproduktion an Privilegien rühren.

Aber auch ausgewogenere Diskussionen von Haraways Theorem setzen die Pluralität Situierter Wissen mit Relativismus gleich (vgl. Heise 2004). In dieser Lesart unterscheidet sich Haraways Postulat der Verknüpfung partialer Perspektiven nicht von einem simplen Perspektivismus. Allerdings suggeriert diese Interpretation schon mit dem Begriff der Pluralität ein Bild abgeschlossener Wissensbestände, die gleichberechtigt nebeneinanderstehen. Darum geht es Haraway aber nicht: Es gibt bessere und schlechtere, adäquate und inadäquate, angemessene und unangemessene, gesättigte und reduktionistische Darstellungen der Welt. Wissenschaftliche Wissensproduktion, das heißt methodisch kontrollierte und von Fachgemeinschaften diskutierte und kritisierte Herstellung von Wissen, ist darin eine besondere und auch eine besonders wichtige – »Wissenschaft war von Anfang an utopisch und visionär, dies ist ein Grund, warum ›wir‹ sie brauchen.« (SW: 85)

Die problematischste Verkürzung in der Rezeption liegt allerdings in der eingangs erwähnten Rezeption des Theorems als identitäre Verpflichtung, die für Haraway einer Immunisierungsstrategie gleichkommt. Ohne Frage kann die Sichtbarmachung von Identifizierungen als *weiß* oder Schwarz, als Person of Color, als Arbeiter*in oder als queer sinnvoll sein, an und für sich ist damit aber noch keine Objektivität gewonnen:

> »Das Sehen von unten ist weder einfach zu lernen noch unproblematisch [...]. Die Positionierungen der Unterworfenen sind von einer kritischen Überprüfung, Dekodierung, Dekonstruktion und Interpretation keineswegs ausgenommen [...]. Die Standpunkte der Unterworfenen sind keine ›unschuldigen‹ Positionen. Sie werden im Gegenteil gerade deshalb bevorzugt, weil sie prinzipiell weniger anfällig sind für eine Leugnung des kritischen und interpretativen Kerns allen Wissens.« (SW: 83 f.)

Die Privilegien partialer Perspektiven liegen gerade darin, dass die durch sie gewonnenen Erkenntnisse ihre Unabgeschlossenheit nicht verbergen müssen und sie ihre immer nur vorübergehend erlangten Standpunkte zur Disposition stellen. In dieser Weise sind und bleiben sie irritierbar und für Verknüpfungen offen. Objektiv wird Wissen in Verknüpfungen und Konversationen, in denen keine der beteiligten Entitäten unberührt bleibt – auch die ›Objekte‹ des Wissens nicht. Das Verhältnis von Subjekt und Objekt in Erkenntnisprozessen hat Haraway im Zusammenhang mit ihrer Revision des Naturbegriffs thematisiert, die das folgende Unterkapitel skizziert.

1.3 Materiell-semiotische Akteure und Natur als Trickster*in

Ein wichtiges Movens des Theorems ›Situierten Wissens‹ liegt in Haraways am Ende des Textes emphatisch formulierter Forderung nach einer »Revision der Welt als kodierende Tricksterin« (SW: 97). Mit dieser rätselhaften Formulierung sucht sie sich einer Antwort auf die Frage zu nähern, wie die Objekte der Wissensproduktion charakterisiert sind und welche Rolle sie in wissenschaftlichen Praktiken spielen. Haraways Ziel ist es, die Objekte und die Welt nicht als passives Gegenüber zu verstehen, das darauf wartet, erkannt zu werden, sondern ihre Aktivität und Unabgeschlossenheit zu theoretisieren (vgl. SW: 93). Für Haraways post-anthropozentrische Theoriebildung ist die Bestimmung von Objekten als »materiell-semiotische Akteure« (SW: 96; MV: 46) eine wichtige Weichenstellung, weil hiermit eine starre Unterscheidung zwischen Materie und Diskurs, von Objekt und Subjekt, von Natur und Kultur unterlaufen und der Akteurstatus nicht-menschlicher Entitäten konzeptualisiert wird.

Neben dem letzten Abschnitt von *Situiertes Wissen* ist in diesem Zusammenhang Haraways Essay *Monströse Versprechen. Eine Erneuerungspolitik für un/an/geeignete Andere* (1991) von besonderer Bedeutung. Hatte ich im vorangegangenen Unterkapitel gezeigt, wie Haraway das erkennende Subjekt nicht länger als abgeschlossen, stabil und souverän auffassen will, sondern als dynamisch und offen, geht es nun darum, die Konsequenzen dieser These für eine diesen Prämissen entsprechende Konzeption der Welt, der Objekte und der Natur auszuarbeiten. Am Beginn steht ihre Kritik dessen, was sie »Produktionsparadigma« (MV: 44) nennt. Damit wendet Haraway sich erneut gegen einen naiven Sozialkonstruktivismus: Dieser werde der Gewitztheit, den »tricksenden« Qualitäten der Welt und der Natur nicht gerecht. Vielmehr wiederholten viele konstruktivistische Denkfiguren eine Geste, die zutiefst von dualistischen und anthropozentrischen Annahmen geprägt sei. Die konstruktivistische These, der Mensch, die Kultur, die Sprache oder das Soziale brächten die Welt hervor, diene zwar dem Ausweis von Kontingenz und Historizität, gleichzeitig aber würden Körper und Natur darin ›denaturiert‹. Nun sind kritische Strategien der Denaturalisierung ohne Zweifel ein feministisches Anliegen, aber es ist Haraway bei aller Essenzialismuskritik auch wichtig anzuerkennen, dass Körpern und dem, was wir »Natur« nennen, eine ihnen eigene Kraft zukommt. Ein Verständnis von Körpern, Entitäten, Natur als »leeres Blatt für soziale Einschreibungen« (SW: 82) gebe deren Realität letztlich auf, weil ihre Eigensinnigkeit und Aktivität nicht in den Blick kommen. Vor diesem Hintergrund gelte es, den zuvor passiv gedachten ›Objekten‹ Aktant*innen[4]-Status zuzuerkennen. Mit der Anerkennung eines aktiven Status von Wissensobjekten sei es möglich, die produktionistische Logik von Dualismen, das heißt deren Strukturierung über eine aktive und eine passive Seite, zu durchbrechen: Es öffne sich der

Ausstieg aus einer Welt, in der Natur das Rohmaterial von Kultur sei und »Sex nur das Material für das Inszenieren (*act*) von Gender« (SW: 93; Hervorh. im Orig.). Daher hegt Haraway auch – ähnlich der Kritik Judith Butlers (1991) – ein Unbehagen mit der Unterscheidung zwischen *sex* und *gender*, die ebenfalls suggeriere, das ›Biologische‹ (*sex*) sei vorgängig da und das ›Soziale‹ (*gender*) könne historisch kontingent und relativ intentional ausgeformt werden (vgl. Haraway 1987). Wie bereits mit Blick auf die Arbeits-Prozess-Perspektive (vgl. Kapitel 1.1) macht Haraway auch hier eine sozialkonstruktivistische Vereinseitigung aus. Die menschliche Erkenntnis- und Produktionskraft werde ins Zentrum von allem gestellt, was verheerende Folgen für Darstellungen der Welt habe, weil herrschaftsförmige Vorstellungen reproduziert würden: »Natur ist lediglich das Rohmaterial von Kultur: Sie wird angeeignet, bewahrt, versklavt, verherrlicht oder auf andere Weise für die Verfügung durch Kultur in der Logik des kapitalistischen Kolonialismus flexibel gemacht.« (SW: 93)

Diesem Paradigma möchte Haraway in *Monströse Versprechen* einen »unnachgiebigen Artefaktizismus« (MV: 39) entgegensetzen, der Natur weder romantisiert noch passiviert oder homogenisiert. Natur, Körper und Entitäten welcher Art auch immer seien »eine gemeinsame Konstruktion [im Orig. *co-construction*; K.H.] von menschlichen und nichtmenschlichen Wesen« (MV: 43). Haraway löst sich also nicht gänzlich vom Vokabular der Konstruktion. Entscheidend ist vielmehr, dass diese Konstruktionsprozesse weder einseitig noch allein sprachlicher Natur sind, sondern aus dem komplexen Zusammenwirken unterschiedlicher Aktant*innen hervorgehen. Um die heterogenen Gefüge von Praktiken, Diskursen und Technologien zu fassen, hat Haraway den Begriff des »Apparat[s] körperlicher Produktion« (SW: 95) vorgeschlagen. Im Anschluss an Katie King (1988), die »Apparate literarischer Produktion« untersucht und dabei auf die komplexen Emergenzbedingungen von Gedichten hingewiesen hat, will Haraway analog ausweisen, wie Objekte, Organismen und wissenschaftliches Wissen in ebenso vielfältigen Erzeugungszusammenhängen entstehen. Der Bezug zur Literatur ist nicht beliebig, sondern verweist auf Haraways Annahme, dass aller Wissensproduktion auch ein narratives, fiktives oder spekulatives Moment innewohnt. Dieses Moment ist weniger in der Intentionalität der Erkennenden oder klar zurechenbaren Autor*innenschaft zu suchen denn im Zusammenwirken des Menschlichen und Nicht-Menschlichen in der Wissensproduktion: »Ich möchte die ideologischen Dimensionen von ›Faktizität‹ und dem ›Organischen‹ in eine sperrige Entität übersetzen, die ich materiell-semiotischen Akteur nenne.« (SW: 96) Objekte als materiell-semiotische Akteure versteht Haraway demnach als »Axis des Apparats der körperlichen Produktion« (SW: 96). Damit sind die Weichen für eine relationale Perspektive gestellt, welche die Erzeugung von Grenzen, beispielsweise Körpergrenzen, als immer nur lokal und temporär konstituiert begreift: »[...] Körper als Wissensobjekt [sind] materiell-semiotische Erzeugungsknoten. Ihre Grenzen materialisieren sich in sozialer Interaktion. Grenzen werden durch Kartierungspraktiken gezogen, ›Objekte‹ sind nicht als solche präexistent.« (SW: 96) Körpergrenzen, Entitäten, Objekte werden permanent in komplexen Gefügen von menschlicher und nicht-menschlicher Handlungsmacht in Kraft gesetzt (vgl. Barla 2019: 103). Sie sind nicht einfach »da«, um von menschlichem Erkenntnisvermögen dechiffriert zu werden. Wissenschaftliche Wissensproduktion bedeutet stets auch Intervention (Hacking 1996), oder besser: ein Sich-mit-der-Welt-Involvieren. Diese Involvierung hebt die immer schon *verkörperte* Dimension der Wissensproduktion hervor. Solchen Erkenntnisprozessen kann es Haraway zufolge weder allein um die Aneignung einer determinierten Welt gehen, die immer schon besteht, noch um einen entlarvenden Gestus, der überall »maskierte Interessen« (SW: 92) sieht – die Welt ist in ihren stets begrenzten Spezifika aufzusuchen. Den Apparaten, die sie ermöglichen und deren Teil ›wir‹ sind, ist dabei Rechnung zu tragen.[5]

Auch ›Natur‹ wird in dieser Weise historisch spezifisch hervorgebracht und ist nie gänzlich greifbar: Darin liegt ihre tricksende Qualität. Die Trickster-Figur stammt aus der Hopi-Mythologie. Eine ihrer Verkörperungen, auf die Haraway sich bezieht, ist die Coyote, die zugleich einen guten Geist, aber auch Rumtreiber*innen und Gauner*innen beschreibt (vgl. Doty/Hynes 1993). In der Wissensproduktion begegnen wir sodann nicht einer Welt, die sich uns zur Entschlüsselung preisgibt, sondern »coyotisch-proteischen Verkörperungen einer Welt als schlauer Agent und Akteur« (MV: 49). Mit diesen gilt es »Konversationen« (SW: 94) zu führen; es geht darum zu lernen, »ins Gespräch zu kommen« (MV: 49). Während Haraway im Hyper-Produktionismus einen »gewaltsamen und reduktiven Artefaktizismus« (MV: 43) ausmacht, dessen epistemische Gewalt in den oben beschriebenen Vereinseitigungen zu suchen ist, soll der Trickster-Artefaktizismus darauf hinweisen, dass der Kontakt mit dem Anderen, mit den mannigfaltigen Objekten, die die Welt ausmachen, aktiv und in Bereitschaft wechselseitiger Irritation hergestellt werden muss. Für den Naturbegriff bedeutet dies die Notwendigkeit, auch dessen historisch spezifischen technologischen und diskursiven Vermittlungen nachzugehen. Natur ist nicht einfach da: »Die Welt spricht weder selbst, noch verschwindet sie zugunsten eines Meister-Dekodierers. Die Kodierungen der Welt stehen nicht still, sie warten nicht etwa darauf, gelesen zu werden.« (SW: 94) Der Beitrag der Welt zum Kodieren ist es, den Haraways Artefaktizismus betonen will, indem sie »auf dem Ungewohnten, auf der nicht-anthropomorphen und der nicht-substantiven

Qualität unerwarteter Handlungsfähigkeiten« (M: 108) beharrt. Diesen Anteilen gilt es, in Konversationen anstatt Entschlüsselungen epistemologisch gerecht zu werden. Dafür wiederum bedarf es einerseits einer Subjektposition, welche die Positionierung und Partialität ihrer Perspektive zur Kenntnis nimmt, und andererseits einer Konzeption der Wirkmächtigkeit von Objekten und der Natur.

Haraways Vorschlag eines Artefaktizismus ist selbstverständlich nicht unwidersprochen geblieben. So hat etwa die Medienwissenschaftlerin Jutta Weber ihren Versuch, der Welt ein Moment des Aktiven und Unverfügbaren einzuschreiben, für gescheitert erklärt. Ihr Naturbegriff sei »januskopfig« (Weber 2003a: 270), weil Haraway zwar einerseits vehement die Negativität und die nicht gänzlich einzuhegende aktive Materialität von Natur behaupte, andererseits aber permanent den konstruierten Charakter ebendieser Natur hervorhebe. Weber problematisiert vor diesem Hintergrund eine Entmaterialisierungstendenz, durch die Körper, Natur und Welt nur als konstruiert in den Blick kommen und ihre Eigensinnigkeit preisgegeben werde. Aus dieser Ambivalenz des »Netzwerkmodell[s]« (ebd.: 271) der Natur folge eine Nivellierung von Subjekt und Objekt, in der Hierarchien und Asymmetrien in einer Art flachen Ontologie ausgeblendet würden (vgl. ebd.: 277; vgl. Gransee 1998).

Die Terminologie des Artefaktizismus ist nun tatsächlich irreführend und lädt geradezu dazu ein, Haraway ihrerseits eine produktionistische Vereinseitigung vorzuwerfen. Handelt es sich nicht nur um eine weitere Spielart radikaler Konstruktivismen, in der alles artifiziell, also ›sozial‹ hergestellt, ist? Demgegenüber scheint es mir wichtig, Haraways Konzept der materiell-semiotischen Akteure ernst zu nehmen. Denn mit diesem versucht sie, eine Vereinseitigung des Herstellungsprozesses zu umgehen. Nicht ›wir‹ konstruieren die Natur, die Natur braucht ›uns‹ für ihre Konstruktion nicht, aber Wissenschaft involviert sich mit der Welt und verändert Natur auf diese Weise auch: Sie ist dann »eine machtvolle diskursive Konstruktion, die aus den Interaktionen zwischen (menschlichen und nichtmenschlichen) materiell-semiotischen Akteur*innen entsteht« (MV: 46). Die Apparate der körperlichen Produktion sind in sich heterogen und nicht losgelöst von ihren ›Objekten‹. Es geht Haraway entschieden darum, den Diskursbegriff um eine materielle Komponente zu erweitern. Dabei kommen freilich auch Macht- und Herrschaftsverhältnisse in den Blick. Differenzen sollen nicht aufgelöst werden, vielmehr muss zwischen Differenzen unterschieden werden: »Einige Differenzen sind spielerisch, andere bilden eher die Pole eines weltweiten historischen Herrschaftssystems. ›Epistemologie‹ heißt, die Differenz zu erkennen.« (CM: 48)

***

Haraways frühe wissenschaftshistorische und -theoretische Arbeiten finden einen gemeinsamen Fluchtpunkt im Imperativ »Erfindet die Natur neu!« In *Monströse Versprechen* nimmt Haraway eine berühmte Wendung Gayatri Spivaks (Spivak 1996: 28) auf, um zu unterstreichen, dass Natur zu den Dingen gehört, die wir »nicht nicht begehren können« (MV: 37). Mit dieser Formulierung macht Haraway deutlich, dass bei allen dekonstruktiven Impulsen, die mit einer Zurückweisung jeglichen Essenzialismus und jedweder Naturalisierung einhergehen, ›Natur‹ durchaus strategisch-essenzialistisch aufgerufen werden kann und sollte. Für Haraway liegt – und das ist entscheidend – eine wichtige Waffe feministischer Forschung, Wissenschaftskritik und ökofeministischer Revision im Ausweis, dass es immer noch möglich ist, Natur anders zu denken, ein anderes Naturverhältnis zu begründen. Es gilt, politische und Wissenspraktiken zu erfinden, die aus dem selbst-identischen ›göttlichen Trick‹ ausbrechen. In der Konstruktion von und der Konversation mit ›Natur‹ sollen Bilder der Alterität und Differenz eine Rolle spielen, keine Reflexionen des Gleichen. Eine andere Natur zu erfinden heißt, mit dem produktionistischen Paradigma zu brechen, um die Welt nicht verstummen zu lassen und im Blick des Einen einzuebnen:

> »Haben nicht Ökofeministinnen sowie andere multi- und interkulturelle Radikale uns allmählich davon überzeugt, dass die Natur gerade nicht in den Verkleidungen des eurozentrischen Anthropozentrismus und Produktionsparadigmas erblickt werden sollte, von denen die Drohung ausging, buchstäblich die ganze Welt nach dem todbringenden Bild des Immer-Selben, dem Ebenbild, zu reproduzieren?« (MV: 42f.)

Eine ›Neuerfindung der Natur‹ hat demnach mit der kolonialen Geste der Vereinheitlichung zu brechen und die Mannigfaltigkeit der Welt zu betonen. Wie ich gezeigt habe, hat Haraway in ihrem Frühwerk für ein solches Projekt verschiedene Zugänge gewählt: Ihre wissenschaftshistorischen Arbeiten, besonders *Primate Visions*, verfolgen die Strategie, Wissensbestände in ihrer Kontingenz und Historizität zu verstehen, um in dieser Weise den konfligierenden Charakter wissenschaftlichen Wissens sichtbar zu machen. Dieser kritische Zugang ist eher dekonstruktiv und bezieht sich in der konkreten Analyse vor allen Dingen auf diskursive – wissenschaftliche, aber auch popkulturelle – Erzeugnisse. Mit ihren wissenschaftstheoretischen Reflexionen, in denen sie die materiell-semiotische Qualität der Welt und Natur zunehmend ins Zentrum der Betrachtungen rückt, deutet sich jedoch bereits eine Akzentverschiebung an, die Haraway in späteren Arbeiten ausbaut: Das affirmative Moment der Verknüpfung unterschiedlicher Wissen und ein Involvieren *mit* der Welt, die für ihr Theorem ›Situierten Wissens‹ kennzeichnend sind, kommen in ihren Arbeiten zu den Technowissenschaften stärker zum Tragen.

2. Cyborgs – Cyborgs fürs weltliche Überleben!

Während Haraway in *Situiertes Wissen* die Wissenschaftsfrage *im* Feminismus beschäftigte, deutet sich im Untertitel des *Cyborg-Manifests* bereits an, dass diese Auseinandersetzung spannungsreicher ist: »Feminismus *im Streit* mit den Technowissenschaften« (CM: 33; Hervorh. K.H.) heißt es hier. Mit dem Konzept der Technowissenschaften greift Haraway die Beobachtung auf, dass eine Unterscheidung zwischen Wissenschaft und ihrer Anwendung, besonders eine Trennung von Grundlagenforschung und der Entwicklung neuer (Informations-)Technologien, in der zweiten Hälfte des 20. Jahrhunderts immer prekärer wurde. Bruno Latour führte dafür den Begriff der Technowissenschaft ein, um auch jener sozio-materiellen Unübersichtlichkeit Ausdruck zu verleihen, die in seinen ethnografischen Laborstudien experimenteller Praxis sichtbar geworden war: »Ich nutze das Wort ›Technowissenschaft‹ von jetzt an, um all die Elemente zu beschreiben, die wissenschaftlichen Inhalten anhaften, ganz gleich wie schmutzig, unerwartet oder fremd sie scheinen mögen.« (Latour 1987: 174) Mit Technowissenschaften ist also die intensive Verflechtung von Technologie, Wissenschaft und Gesellschaft gegen Ende des 20. Jahrhunderts beschrieben, die auch vor wissenschaftlicher (Labor-)Forschung nicht haltmacht (vgl. M_W: 50f.). Feminismus nun – so suggeriert es der Untertitel von Haraways Manifest – liegt mit dieser Konstellation im Clinch.

Die historische Situierung des *Cyborg-Manifests* ist von besonderer Bedeutung, um zu verstehen, welcher Konflikt aufgerufen wird. Haraway verfasste den Text Anfang der 1980er Jahre als Auftragsarbeit für die *Socialist Review*, deren Redaktion nach ihrer eigenen Aussage Folgendes von ihr forderte: »Schreib fünf Seiten darüber, was sozialistisch-feministische Prioritäten in den Reagan-Jahren sind.« (HLL: 39) Ronald Reagan war im Januar 1981 als 40. Präsident der Vereinigten Staaten vereidigt worden. Neben einer neoliberalen Wirtschaftspolitik stand seine Regierung auch für radikale Aufrüstung, mit der dem ›Reich des Bösen‹, der Sowjetunion, immer wieder der Kampf angesagt und Stärke demonstriert wurde. Militarismus bedeutete in diesen Jahren bereits eine hochtechnologisierte Aufrüstung. Im *Cyborg-Manifest* teilt Haraway den Anti-Militarismus weiter Teile der feministischen Bewegung und Theorie (vgl. CM: 34), gleichzeitig wendet sie sich aus zwei Gründen gegen eine pauschale Ablehnung alles Technischen in manchen Ökofeminismen der 1970er und 1980er Jahre (Griffin 1987; Merchant 1987). Erstens begreife eine verkürzte Technologiekritik das Künstliche oder Kulturelle als Anderes einer ›reinen‹ Natur. Damit werde ein dualistisches Weltbild weitergeschrieben, welches ›das Natürliche‹ passiviert, indem dieses einer aktiven – männlich konnotierten – Kultur gegenübergestellt wird. Zweitens – und eng damit zusammenhängend – verunmögliche die umfassende Zurückweisung alles Technischen eine feministische Einmischung in Technologiekonstruktion und verkenne, dass nicht alle Technologien gleichermaßen herrschaftsförmig seien. Was etwa ist mit der Waschmaschine, die vor allem Frauen weltweit (aber lange nicht überall) von Care-Arbeit entlastet? Sind nicht auch feministisch relevante Technologieentwicklungen denk- und vor allem gestaltbar?

Das Manifest stellt also den Versuch dar, eine ausgewogene feministische Technologiekritik zu informieren. Darüber hinaus wirft der Text aber auch die Frage feministischer Identität auf und diskutiert, wie das Subjekt des Feminismus jenseits essenzialistischer Setzungen begriffen werden kann. Cyborgs – kybernetische Organismen – sind für Haraway dann das Bild, das es erlaubt, die Hybridität, Heterogenität und Unabgeschlossenheit von Entitäten, Körpern und Identitäten zu konzipieren, dabei deren technologische Durchdrungenheiten mitzudenken und diese teilweise auch zu bejahen. Im Folgenden stelle ich zunächst Haraways Argumentation im *Cyborg-Manifest* näher vor und skizziere die durchaus kontroverse Diskussion ihrer zentralen Thesen in der feministischen Theorie und der Wissenschaftsforschung (2.1). Im Anschluss erläutere ich, wie Haraway in Anknüpfung an die im *Cyborg-Manifest* entwickelte Perspektive ein Projekt feministischer Technowissenschaftsforschung näher bestimmt (2.2). In einem dritten Schritt skizziere ich den für Haraways Arbeiten zu den Technowissenschaften charakteristischen analytischen Zugang der Diffraktion, der sich von Doktrinen der Reflexion und Repräsentation abgrenzt. Haraways diffraktive Arbeitsweise hat auch Implikationen für den Kritikbegriff, die sich besonders in einem spekulativen Moment kristallisieren, das auch einer teilweisen Affirmation von Technologien bedarf (2.3).

2.1 Cyborg-Politiken in der ›Informatik der Herrschaft‹

Das *Manifest für Cyborgs* schließt an die identitätskritische Stoßrichtung von Haraways wissenschaftstheoretischen Überlegungen an und schlägt eine Subjekttheorie vor, die sich gegen Fiktionen der Ursprünglichkeit, Reinheit und Einheitlichkeit von Körpern und Subjekten richtet. In einer pointierten Bestimmung der Cyborg heißt es: »Wenn die Cyborg überhaupt irgendetwas ist, ist sie Selbst-Differenz.« (Haraway 1991: 22)[6] Haraway will Subjekte als cyborghaft verstehen, weil sie nicht mit sich selbst identisch, sondern konstitutiv gespalten und in sich heterogen sind. Warum aber bedient sich Haraway ausgerechnet des Bilds eines kybernetischen[7] Organismus, um sich in die poststrukturalistische Traditionslinie einer Dezentrierung des Subjekts einzuschreiben, die »die Jungs in den Humanwissenschaften den ›Tod des Subjekts‹ genannt haben« (SW: 86)?

Cyborgs werden für Haraway in ihrer doppelten Qualität als empirische Entwicklung und imaginäre – und darin theoriebildende – Ressource relevant. Empirisch beobachtet Haraway eine durch die Kultur der Hochtechnologie evozierte Hybridisierung von Organismen und Maschine, eine implodierende Grenze zwischen Physikalischem und Nichtphysikalischem, aber auch eine zunehmende Nähe zwischen Mensch und Tier. Diese Implosion von Grenzziehungen macht sie in der modernen Medizin, den Produktionsverhältnissen, den Kommunikations- und Informationstechnologien, dem modernen Krieg und auch der Science-Fiction aus (vgl. CM: 36–39). Grenzverwischungen dieser Art bergen Haraway zufolge imaginativ-spekulative Ressourcen, die zur Erweiterung unserer Vorstellungskraft beitragen können. Die Hybridität von Entitäten, Subjektivitäten und Körpern in der zunehmend technowissenschaftlich geprägten Konstellation konterkariert durch die Hervorhebung der Unabgeschlossenheit und Unreinheit einen naiven Identitätsbegriff ebenso wie die Vorstellung souveräner Subjektivität. Eine Affirmation dieser Fragmentierung kann – so Haraways argumentativer Einsatz – selbst schon imaginative Kraft entfalten, sofern sie dabei hilft, sich von Ansprüchen auf einheitliche Kollektivsubjektivität – etwa ›die Frauen‹ – zu lösen.

Gewissermaßen führt Haraway mit diesen Erläuterungen eine Geschichte der Selbstverhältnisse weiter, die sich in historisch spezifischen Beziehungen zur Wahrheit, zum Machtfeld und zur

Moral konstituieren: Die technologischen Entwicklungen verändern die »historische Ontologie unserer Selbst« (Foucault 2005b: 759). Haraways These ist dabei, dass Subjektivität zwar nie souverän gewesen ist, diese Nicht-Souveränität in den Maschen der »Informatik der Herrschaft« (CM: 48) aber besonders zur Geltung kommt. Als nicht-souveräne Subjektposition könne die Cyborg produktiv politische Projekte informieren, die anstelle von vereinheitlichender Identitätspolitik für die Schaffung heterogener strategischer Allianzen plädieren: eine Politik der Affinität statt der Identität (vgl. CM: 41).

Die Cyborg ist fragmentiert und unrein, aber gerade deswegen offen für heterogene Verknüpfungen. Dabei ist sie sich ihrer »Nicht-Unschuld« bewusst, das heißt ihrer Einbettung in jene Macht- und Herrschaftsverhältnisse, die zunehmend netzwerkförmig und technologisch vermittelt wirksam werden und die Haraway in ihrem Text analysiert. Besonders wichtig ist es ihr, mit der Cyborg vereinheitlichenden Gesten etwas entgegenzusetzen, die sie in der feministischen Theorie der 1980er Jahre ausmacht und kritisiert: »Die Cyborg ist eine überzeugte AnhängerIn von Partialität, Ironie, Intimität und Perversität. Sie ist oppositionell, utopisch und ohne jede Unschuld.« (CM: 35) Den Ambivalenzen der technologisch und informationswissenschaftlich durchdrungenen Welt ebenso wie der Figur der Cyborg selbst ist sich Haraway dabei nur allzu bewusst. Was das »Cyborguniversum« (CM: 40) werden mag, ist eine offene Frage. Es könne »dem Planeten ein endgültiges Koordinatensystem der Kontrolle aufzwingen, die endgültige Abstraktion, verkörpert in der Apokalypse des im Namen der Verteidigung geführten Kriegs der Sterne, die restlose Aneignung der Körper der Frauen in einer männlichen Orgie des Krieges« (CM: 40). Ebenso könne es aber auch die menschliche Angst vor der Verbundenheit mit und Abhängigkeit von Anderen und Anderem, etwa

Tier und Maschinen, mindern und »dauerhaft partielle Identitäten und widersprüchliche Positionen« (CM: 40) ermöglichen. Attribute, die Haraway als Voraussetzungen für politische Handlungsfähigkeit und die Aneignung und teilweise Affirmation von Technologien begreift.

Die teilweise Bejahung dieser Widersprüche und der Heterogenität würden viele zeitgenössische feministische Positionen verfehlen: Haraway kommt hier einerseits auf ihre Kritik der marxistischen Standpunkttheorie zurück, deren »essentialisierende[n] Zug« (CM: 45) sie in einer Tendenz der Naturalisierung von Arbeit und darin auch der spezifischen Tätigkeiten von Frauen ausmacht. Andererseits diskutiert sie die Position Catharine MacKinnons (1982), die sie als radikalen Feminismus bezeichnet. Auch bei MacKinnon sieht Haraway eine spezifische Form der Essenzialisierung von Frauen am Werk. Bei ihr werde nicht Arbeit zum naturalisierten epistemologischen Ausgangspunkt, sondern die sexuelle Aneignung. Das »Begehren des Anderen« (CM: 46) konstituiere weibliche Subjektivität, womit MacKinnon eine umfassende »Theorie des Bewußtseins [vorlegt], die festlegt, was als Erfahrung von Frauen gelten kann« (CM: 46). Frauen würden als »›essentielle‹ Nicht-Existenz« (CM: 46) gesetzt, weil die Thematisierung ihrer Erfahrungen gefährlich auf die Erfahrung sexueller Aneignung verengt würde. Für die weitere Argumentation im *Manifest* ist es wichtig zu verstehen, dass Haraway in beiden Ansätzen tendenziell totalisierende – das heißt abschließende und vereinheitlichende – Erzählungen ausmacht:

> »Da ich bereits gegen sozialistische/marxistische Standpunkte eingewendet habe, daß sie die in antikolonialen Diskursen und Praktiken sichtbar gewordene, vielstimmige, unassimilierbare, radikale Differenz ungewollt tilgen, ist MacKinnons absichtliche Tilgung jeglicher Differenz mit dem Mittel der ›essentiellen‹ Nicht-Existenz von Frauen nicht gerade beruhigend.« (CM: 46)

Der Cyborg-Mythos will demgegenüber Differenzen betonen. Ein gemeinsamer Standpunkt und eine »gemeinsame Sprache« (CM: 33) bleiben zwar Haraways Ziel, allerdings sollen diese als temporäre Errungenschaften verstanden werden und Differenzen nicht einebnen, sondern zur Geltung bringen: »Einäugigkeit führt zu schlimmeren Täuschungen als Doppelsichtigkeit oder medusenhäuptige Monstren.« (CM: 40)

Für eine anti-essenzialistische und identitätskritische feministische Annäherung an eine gemeinsame Stimme ist es Haraway zufolge außerdem entscheidend, Technologien weder euphorisch noch pauschal verurteilend zu begegnen. Nicht nur ermögliche die Implosion von Grenzen zwischen dem Organischen und dem Technologischen eine affinitätsbasierte feministische Politik, sie mache auch die Notwendigkeit und Möglichkeiten feministischer Einmischung in diese Prozesse deutlich. Das Manifest will daher auch und vor allem ein Verständnis der Konstellationen technowissenschaftlicher Durchdrungenheit im ausgehenden 20. Jahrhundert schaffen. Haraway analysiert dafür die veränderten Herrschaftsverhältnisse und die Arbeitsverhältnisse der »Hausarbeitsökonomie« (CM: 54), um die spezifische Verortung von Frauen, anderen weiblich gelesenen Personen sowie den Stellenwert feminisierter Arbeit in dieser Situation näher zu bestimmen. Ihre zentrale These ist, dass die Veränderungen in Wissenschaft und Technologie weitreichende Folgen für die historischen Artikulationen von Herrschaft haben. Der »Übergang von einer organischen Industriegesellschaft in ein polymorphes Informationssystem« (CM: 48) zeichne sich aus durch eine Verschiebung von relativ klaren hierarchisch strukturierten »Formen der Unterdrückung zu den unheimlichen, neuen Netzwerken, die ich als Informatik der Herrschaft bezeichnet habe« (CM: 48). Die technologischen Entwicklungen unterminieren die Einheitlichkeit von Subjektivität und Körpern, was für Haraway allerdings nicht allein die subjekttheoretische Einsicht in deren Nicht-Souveränität unterstreicht, sondern freilich auch Zugriffe auf Körper, ihre Regierung und Kontrolle verändert: »Man wird die Kontrollstrategien in Begriffen wie Wachstumsrate, Kosten und Freiheitsgrade formulieren. [...] Kein Objekt, Raum, Körper ist mehr heilig und unberührbar.« (CM: 50) Kommunikations- und Informationswissenschaften hätten zur »Übersetzung der gesamten Welt in ein Problem der Kodierung« (CM: 52) beigetragen, was nur unterstreiche, wie sehr »Wissenschaft und Technologie neue Quellen der Macht darstellen« (CM: 54).

In Bezug auf Arbeitsverhältnisse bedeute dies eine besonders von Kommunikationstechnologien ermöglichte zunehmende Dezentralisierung und Ortsungebundenheit vieler Tätigkeiten, die Haraway zufolge auch deren Feminisierung vorantreibt und damit zu ihrer systematischen Abwertung beiträgt. Im losen Anschluss an die These einer »Hausfrauisierung der Arbeit« (Werlhof et al. 1983), die beschreibt, dass weiblich konnotierte Hausarbeit als unproduktiv von der produktiven Arbeit in der Öffentlichkeit unterschieden und entsprechend ausgebeutet wird, macht Haraway darauf aufmerksam, dass die Heimarbeit sich ausweitet. Aufgrund »struktureller Unterbeschäftigung infolge der neuen Technologien [...] intensiviert sich die Feminisierung der Arbeit« (CM: 57). Haraway antizipiert hier einige Entwicklungen der Ausweitung des Niedriglohnsektors und die damit einhergehende Prekarisierung (vgl. etwa Boltanski/Chiapello 2006). Die Verortung von »Frauen im integrierten Schaltkreis« (CM: 59) solcher Arbeitsverhältnisse lasse sich in dieser Konstellation nicht länger entlang der Achsen ›privat‹ und ›öffentlich‹ bestimmen. Haraway bedient sich demgegenüber des »ideologischen Bild[s] des Netzwerks, weil es in der Lage ist, die Verschmelzung verschiedener Räume und Identitäten sowie die Durchlässigkeit der Grenzen des Körpers wie der Körperpolitik auszudrücken« (CM: 60). Mit der Nutzung des Ideologiebegriffs unterstreicht sie, dass es ihr wichtig ist, die eigenen Positionierungen mitzudenken und dabei die ›Nicht-Unschuld‹ der Denk-Instrumente zu betonen: »›Vernetzung‹ ist nicht nur eine multinationale Unternehmensstrategie, sondern auch eine feministische Politikform – das Weben von Netzen ist die Praxis oppositioneller Cyborgs.« (CM: 60)

Haraway besteht entschieden darauf, dass den neuen Formen der Herrschaft und Unterdrückung mit einer »ambivalente[n] Haltung« (CM: 61) zu begegnen sei. Denn bei allen problematischen Entwicklungen berge das Bewusstsein für die Verschmelzungen mit Technologien und die Unterminierung abgeschlossener Identitäten auch Potenziale. Aus der »je persönlichen wie politischen ›technologischen‹ Verunreinigung« (CM: 63) lasse sich etwas lernen. Cyborghafte Umgänge mit irreduzibler Differenz skizziert Haraway dann abschließend in Arbeiten Schwarzer Feminist*innen und der Science-Fiction-Literatur. Beide Genres könnten Cyborg-Politiken informieren, weil sie der Verlockung einer totalen und abschließenden Sprache widerständen und »monströse Selbstkonstruktionen« (CM: 63) bejahten. Die Kategorie der *Women of Color* begreift Haraway hierbei selbst als »Cyborg-Identität« (CM: 63). »Sister Outsider« (Lorde 1984) würden paradigmatisch Sprachen entwickeln, die »vom Willen zum Überleben [handeln], nicht auf der Grundlage ursprünglicher Unschuld, sondern durch das Ergreifen eben jener Werkzeuge, die die Welt markieren, die sie als Andere markiert hat« (CM: 64). Die Affirmation so verstandener Cyborg-Identität erlaube es, »›uns selbst‹ als etwas vollkommen Innerweltliches« (CM: 66; Übers. korrigiert K.H.) anzuerkennen und damit Politiken nicht länger in »Identifikation, Avantgarde-Parteien, Reinheit oder Mütterlichkeit zu begründen« (CM: 66), sondern in und durch Differenz(en) strategische Allianzen herzustellen. Dieses Argument führt Haraway zu den berühmt gewordenen letzten Zeilen ihres Textes: »Wenn auch beide in einem rituellen Tanz verbunden sind, wäre ich lieber eine Cyborg als eine Göttin.« (CM: 72) Einem feministisch-sozialistischen Projekt könne es nicht darum gehen, die ambivalenten Technologieentwicklungen anderen zu überlassen und eine natürliche oder ursprüngliche Reinheit und Identität zur Grundlage politischer und epistemologischer Praktiken zu machen. Als Cyborgs ginge es ihnen vielmehr um die Affirmation heterogener Identitäten und Verkörperungen, die heterogene affinitätsbasierte Zusammenschlüsse ermöglichten.

Haraways *Cyborg-Manifest* hat eine ganze Reihe von Kritiken und leidenschaftlichen Debatten hervorgerufen, die sich entlang dreier Schwerpunkte systematisieren lassen: Kritiken an der Ausweitung abweichender – markierter – Identität; Zurückweisungen ihrer These einer Implosion der Grenzen in den Hybriditätsrelationen der ›Informatik der Herrschaft‹; und Thematisierungen von Haraways Optimismus und Technologieaffinität.

Die Cyborg-Identität als umfassende heterogene, oppositionelle, markierte Kategorie der »Superinklusivität« (Crosby 1989: 208) ist dafür kritisiert worden, dass die ›unreine‹ und technologisch vermittelte Körperlichkeit zur Norm erklärt werde (vgl. Doane 1989). Nicht nur in den *Disability Studies* wurde dies insofern problematisiert, als die Spezifizität der Lebensrealitäten von Menschen mit Behinderungen verkannt werde (vgl. Betcher 2001; Reeve 2011), auch viele Autor*innen of Color und aus dem Kontext des Chicana-Feminismus haben eingewendet, dass eine derart starke Ausweitung hybrider Identität spezifische intersektionale Unterdrückungserfahrungen tendenziell ausblende (vgl. Lugones 1994; Moya 1997). Etwa Chela Sandoval argumentiert, dass Haraway trotz ihrer Affinität zum Schwarzen Feminismus und zu Theorien der Intersektionalität, also Arbeiten, die die Verschränkungen von vergeschlechtlichter, rassifizierter und klassenspezifisch differenzierter Diskriminierung in den Blick nehmen, mit der Analogie der Kategorie *Woman of Color* und jener der Cyborg eine folgenschwere Verwechslung zwischen realer Unterdrückung und allgemein hybrider Identität unterlaufe. Damit unterschlage sie die Besonderheit der Methodologien und Politiken Schwarzer Feminismen. Die Behauptung einer Hybridisierung aller Identitäten habe eine Vereinheitlichung und schlimmstenfalls Unsichtbarmachung der Spezifität rassifizierter und mehrfachdiskriminierter Positionen zur Folge (vgl. Sandoval 2000: 170 f.). Diese Einwände sind äußerst wichtig, allerdings gehen sie von der Annahme aus, dass Cyborgs als »unsere Ontologie« (CM: 34) eine einheitliche Kategorie seien: Verkörperungen von Cyborg-Identitäten müssen aber gerade als heterogene Materialisierungen innerhalb von Machtverhältnissen verstanden werden, die keineswegs ahistorisch, universal oder in diesen Positionalitäten ›gleich‹ sind. Einfache Analogieschlüsse werden diesen Differenzen und unterschiedlichen historischen Artikulationen jedoch – darin ist diese Kritik mehr als berechtigt – keinesfalls gerecht (vgl. Schueller 2005).

Eine stärker gesellschaftstheoretische kritische Perspektive auf Haraways *Cyborg-Manifest* werfen Positionen, die die Evidenz der empirisch fundierten These einer umfassenden Implosion dualistischer Grenzziehungen – etwa zwischen Organischem und Technischem – und deren politisches Potenzial gleichermaßen zurückweisen. Von diesen wurde problematisiert, dass Haraways Theorie eines Vermittlungsbegriffs entbehre, was weitreichende analytische Verkürzungen zur Folge habe (vgl. Braun 1998; Gransee 1999; Knapp 2001). So argumentiert beispielsweise Regina Becker-Schmidt, dass die von Haraway behauptete These einer umfassenden Einebnung von Grenzziehungen im Sinne der Hybridisierung aus einer »Weigerung [resultiere], Menschheits- und Gesellschaftsgeschichte als Bezugspunkte von

Kritik anzuerkennen« (Becker-Schmidt 1998: 116). Ihre Erläuterung, der Dualismus von privat und öffentlich büße Erklärungskraft in Bezug auf die Organisation von Arbeitsverhältnissen ein, ignoriere die immer noch reale Wirkmacht der »Trennung zwischen markt-vermittelter Arbeit und Privatleben« (ebd.: 120). Eine Nivellierung aller Grenzen zwischen Natürlichem und Sozialem vergesse die historische Sedimentierung und Beharrlichkeit von dualistisch strukturierten Herrschaftsstrukturen und zeichne ein zu optimistisches Bild technologischer Innovation und ihres subversiven Potenzials. Diese Lesart suggeriert allerdings, dass Haraway eine Art ›flache‹ Welt ohne Differenzen und Unterschiede herbeischreibt, was den Thesen ihres Manifests jedoch nicht gerecht wird. Um dieser Kritik zu begegnen, ist es wichtig, die genuine Ambivalenz ernst zu nehmen, die Haraway der Cyborg-Figur zuschreibt. Weder ist es so, dass sich Probleme durch die Implosion von Grenzen und die netzwerkförmige Verschaltung von Identitäten und Entitäten einfach lösen, noch geht mit Haraways These einher, dass herrschaftsförmige Dualismen verschwinden. Feminist*innen seien vielmehr dazu angehalten, differierende Differenzen genau zu analysieren und sich an ihrer Gestaltung und Transformation zu beteiligen.

Der dritte Diskussionskomplex dreht sich um die Rolle, die Haraway Technologien, der Informationswissenschaft und den politischen Potenzialen der historischen Konstellation Mitte der 1980er Jahre zuschreibt. Ihr Text wird überwiegend als technikoptimistisch verstanden und darin einmal affirmativ aufgegriffen, einmal scharf zurückgewiesen, wobei diese Polarisierung typisch für die Bearbeitung der Technologiefrage in der feministischen Debatte der 1980er und auch noch der frühen 1990er Jahre ist. Affirmativ wurde besonders die These einer Textualisierung der Welt im Zeichen der aufstrebenden Informationswissenschaften und -technologien aufgenommen, an die cyberfeministische Projekte anschlossen. Ihren Ausgang nahm diese Denkbewegung vor allem von den Arbeiten Sadie Plants (1995; 1998), die Haraways Manifest als technophilen und textualismusaffinen Text interpretiert und aufgreift. Plants zentraler Einsatzpunkt liegt darin, auf Basis der Idee informationstechnisch und maschinenhaft durchdrungener Subjektivität eine feminisierte Handlungsfähigkeit zu begründen. Während Handlungsfähigkeit historisch Männern vorbehalten war, weil es ihnen erlaubt war, sich als souverän zu setzen und von ihren körperlichen Bedürfnissen zu abstrahieren, erlaube die Entkörperung im informationstechnischen Zeitalter es auch weiblich gelesenen Personen, keinen Körper zu haben, sich zu vernetzen und neue Formen der Lust und des Begehrens zu erkunden (vgl. Sofoulis 2002; Kuni/Reiche 2004). Der an Plant, Haraway und andere anschließende Cyberfeminismus der 1990er Jahre war immer auch ein aktivistisches Projekt, das eine ganze Reihe nicht nur theoretischer, sondern auch künstlerischer Interventionen hervorgebracht hat. Bekannt wurden vor allem das australische Künstler*innenkollektiv »VNS Matrix« und im deutschen Sprachraum das »Old Boys Network« (OBN). Beide arbeiteten mit Entmaterialisierung als politischer Strategie, mit Entkörperung als feministischer Waffe: »Im Land der ultimativen Textproduktion wird alles schreibbar und damit machbar. Ziel ist es, die Unkontrollierbarkeit, Widerständigkeit und Fragilität des physisch verankerten Lebens [...] hinter sich zu lassen.« (Draude o.J.) Das Spiel mit Ideen der Entkörperung und Re-Kodierung hat interessante Projekte und teilweise transnationale Vernetzungen in den feministischen Aneignungen des »Cyberspace« hervorgebracht. Die Fantasie einer Welt jenseits konkreter Verkörperungen und materieller Einbettung ist allerdings nicht, was Haraway sich unter den Potenzialen der Re-Kodierung und Vernetzung vorstellt. Wie ich mit Blick auf ihren Naturbegriff gezeigt habe (siehe Kapitel 1.3), geht es ihr vielmehr darum, die Materialität von Körpern und Natur in ihrer Eigensinnigkeit zu theoretisieren, die gerade nicht in diskursiver Konstruktion und unendlicher Gestaltbarkeit aufgeht.[8]

Während cyberfeministische Anschlüsse an Haraways Text der Aufforderung folgen, sich feministisch mit Technologien zu involvieren, sie anzueignen und darin die positiven Potenziale der Entkörperung tendenziell überstrapazierten, finden sich am anderen Ende des Spektrums Positionen, die Haraway einen naiven Technikoptimismus unterstellen. In diesem Zusammenhang wurde kritisch angemerkt, dass fragwürdig sei, ob sich die Cyborg-Figur tatsächlich aus ihren männlich-militaristischen Konnotationen – der »Phallotechnologie« (Alaimo 1994: 148) – herauslösen lasse. Der Cyborg-Mythos sei eine postmoderne »Tragödie« (Christie 1993), weil der emanzipatorische Stellenwert einer Aneignung von Technologie überschätzt und die positiven Potenziale der Postmoderne überhöht würden. Haraway gehe eine Komplizenschaft mit »den buchstäblichen und figuralen Codes eines außerordentlich erfolgreichen postmodernen Kapitalismus« ein (Christie 1993: 196; vgl. auch Stabile 1994; Munster 1999). Julia R. DeCook (2020) hat die verwandte These vertreten, dass Haraway mit der Cyborg eine weitere Figur geschaffen habe, die westlichen Vorstellungen von Technologien und Subjekten entspreche. In dieser Weise würden die in Technologien eingeschriebenen rassifizierten Ausschlüsse wiederholt, die Artefakte und Programme immer schon mit ausmachen (vgl. Benjamin 2019). Haraway gehe dabei einem »Cyber-Liberalismus« auf den Leim, der sich speise aus der »Verbreitung der ›Kalifornischen Ideologie‹, die alle Facetten der Tech-Industrie durchdrungen hat und dies auch weiterhin tut« (DeCook 2020: 1165). Damit setzt DeCook allerdings das Konzept der Cyborg mit Technologien im Allgemeinen gleich und begreift sie als universale und homogene Kategorie. In dieser Weise erscheinen Technologien und Menschlichkeit dann allerdings als voneinander abgetrennt: »Technologie wird uns nicht retten. Cyborgs werden uns nicht retten. Aber vielleicht gibt es Hoffnung, dass unsere Menschlichkeit uns retten wird, wenn wir diese Begriffe hinterfragen.« (Ebd.: 1166) So eine dualistische Trennung von Technologie und Menschlichkeit hinterfragt Haraways Text entschieden. Eine wie auch immer geartete ›Menschlichkeit‹ ist in ihren Augen nicht auf ein Reinheitsgebot angewiesen, das Technologien ausschließt und als Anderes des Menschen begreift. Ganz im Gegenteil: Cyborgs seien aufgrund ihrer Heterogenität, Nicht-Identität und ›Innerweltlichkeit‹ – und darin eben auch Verwobenheit mit Technologien – offen für strategische Allianzen und potenziell progressive Zusammenschlüsse. Das Ziel von Cyborg-Politiken liegt in der Schaffung und Unterstützung »erdumgreifende[r] Projekte mit einem begrenzten Maß an Freiheit, angemessenem materiellen Überfluß, einer Verminderung der Bedeutung von Leiden und einem begrenzen Maß an Glück« (SW: 78 f.).

Haraway hat immer wieder betont, dass sich die Kämpfe um bessere Zukünfte »außerhalb der Heilsgeschichte« (CM: 35) abspielen. Dass Cyborgs oder technologische Entwicklungen die ultimative Rettung seien, suggeriert ihr Text an keiner Stelle. Solchen verkürzten Lesarten ist daher zu entgegnen, dass es Haraway um die Erfassung einer spezifischen historischen Situation geht, die zu gestalten ist, nicht aber darum, die Informatisierung und damit einhergehende Machbarkeitsfantasien als Befreiung an sich zu begreifen. Auch ausgewogenere Auseinandersetzungen mit dem Manifest haben allerdings auf die Gefahren einer Wiederholung der entgrenzenden technowissenschaftlichen Strategie der Entmaterialisierung von Körpern im Sinne eines Traums »unendlicher Rekombination« (Weber 2003a: 271) hingewiesen. Mona Singer (2001) konstatiert, dass das Cyborg-Essay es vermochte, der Abkehr feministischer Theorie von technologischen Fragen entgegenzuwirken. Die Reichweite des emanzipatorischen Potenzials einer Implosion der Grenzen im Zeichen technologischer Entwicklung sei jedoch fragwürdig. Die (materielle) Unterscheidungsbasis etwa mit Blick auf Geschlechterdifferenzen sei aufgrund technologischer und wissenschaftlicher Verschiebungen noch lange nicht aus dem Weg geräumt. Daher kritisiert auch Singer die optimistischen »Cyborgphantasien« (ebd.: 28) feministischer Aneignung und Verschiebung von Grenzen. In einem Interview hat Haraway über diese Verkürzungen in den Diskussionen um ihren Text einmal konstatiert, »die Rezeption des Cyborg-Manifests als Plädoyer für endloses Freispiel und Grenzüberschreitung [habe ihr] das Blut in den Adern gefrieren lassen« (M: 111), weil es ihr um den Ausweis von Ambivalenzen gegangen sei. Der Frage, wie eine feministische Involvierung mit Technologien sinnvoll denkbar ist und wie eine ausgewogene Technologiekritik verfahren könnte, hat Haraway vor diesem Hintergrund in den Folgejahren weiterhin intensiv beschäftigt.

2.2 Feministische Technowissenschaften: Mutierte Praktiken des Bezeugens

Für kein Forschungsfeld wird die begründende Rolle Haraways so stark anerkannt und immer wieder hervorgehoben wie für jenes der feministischen Technowissenschaften oder *Feminist Technoscience Studies* (vgl. Weber/Bath 2003; Weber 2006; Åsberg/Lykke 2010). Im Anschluss an Haraways konzeptuelle Vorschläge sind zahlreiche Forschungsarbeiten entstanden, die sich der mannigfaltigen Verflechtungen von Technologie, Wissenschaft, Gesellschaft und Geschlecht annehmen. Arbeiten aus unterschiedlichen

Disziplinen wenden sich biotechnologischen Entwicklungen, der Bedeutung von Genetik und genetischen Testverfahren in der medizinischen Praxis, Möglichkeiten und Problemen der Reproduktionsmedizin, aber auch der Robotik und Artificial-Life-Forschung, den Neurowissenschaften, dem Einsatz von Kampfdrohnen und der Digitalisierung der Finanzmärkte zu (vgl. Adam 1998; Saupe 2002; Weber 2003b; Ihde/Selinger 2003; Nordmann 2005; Wajcman 2006).

Zentral für diese fundierende Rolle Haraways ist neben dem *Cyborg-Manifest* ihre Monografie *Modest_Witness@Second_Millenium. FemaleMan©_Meets_OncoMouse™. Feminism and Technoscience* (1997). Über zehn Jahre nach Erscheinen des Manifests – und ein Jahr vor der Gründung von Google – hat Haraway in diesem Buch das Programm feministischer Technowissenschaften weiter ausgearbeitet. Die 1990er Jahre stehen im Zeichen des Humangenomprojekts und der Hoffnungsszenarien, die mit der Dekodierung des menschlichen Genoms verbunden waren – Gen- und Biotechnik und mit ihnen neue Formen des Determinismus florieren (vgl. Keller 2001; Kay 2005). Haraway nimmt diese Trends auf und wendet sich ihnen in der ihr eigenen Arbeitsweise zu. Die Monografie ist – wie schon *Primate Visions* – materialreich und gespickt mit ›dichten Beschreibungen‹ (Geertz 1973) sowie umfangreichen Analysen. Neben biotechnologischen Wissensbeständen und Artefakten, feministischen Theorien und Arbeiten aus dem Feld der *Science Studies* zieht Haraway Malereien, Werbungen, Comics und belletristische Erzählungen hinzu. In diesem Rahmen entwickelt sie eine ganze Reihe neuer Figuren und interveniert in Debatten der Wissenschaftsforschung, der feministischen Theorie und der *Cultural Studies*. Der rätselhafte Titel des Buches macht die Dichte figurativer Innovationen bereits deutlich. Die bescheidene Zeug*in[9], FemaleMan©, OnkoMaus™ – sie alle helfen Haraway dabei, ihre wissenschaftstheoretische Position zu reformulieren, diese zuzuspitzen und über die Anforderungen an eine feministische wissenschaftliche Wissensproduktion im ausgehenden 20. Jahrhundert nachzudenken, das sie als Zeitalter der Technowissenschaften charakterisiert und hier auch als »New World Order« (M_W: 4) bezeichnet.

Ein erster wichtiger Einsatzpunkt der Monografie liegt in Haraways kritischer Auseinandersetzung mit der Studie *Leviathan and the Air-Pump. Hobbes, Boyle, and the Experimental Way of Life* (1985) der Wissenschaftssoziologen Steven Shapin und Simon Schaffer. Vor dem Hintergrund von deren Analyse der Herausbildung und Spezifität moderner Experimentalwissenschaft geht Haraway der Frage nach, welche Subjektpositionen historisch dazu ermächtigt waren, als »wahr« oder »objektiv« anerkanntes Wissen zu produzieren. Shapin und Schaffer zeichneten in ihrer Untersuchung die Kontroverse zwischen Robert Boyle und Thomas Hobbes nach, die sich in den 1660er Jahren zutrug. Darin charakterisierten sie die Akteure der modernen Wissenschaften als »bescheidene Zeugen [im Orig. *modest witnesses*; K.H.]« (Shapin/Schaffer 1985: 65): Anerkannte Wissenschaftler waren in der frühen Phase moderner Wissenschaft diejenigen, die sich im Prozess wissenschaftlicher Forschung zwar zurückhielten, aber Zeugnis ablegten. Für Haraway wird die Untersuchung vor allen Dingen aufgrund der Beschreibung der Experimentalwissenschaft Boyles interessant, in der eine spezifische bezeugende Praxis – wie Shapin und Schaffer zeigen – von hoher Bedeutung ist (vgl. ebd.: 55–60).

Boyles experimentelle Praxis beruhte maßgeblich auf der Vorstellung, dass empirische Wissenschaft auf Validierung durch das Zeugnis einer Wissenschaftsgemeinschaft angewiesen sei: »Experimentelle Vorführungen [im Orig.: *performances*; K.H.] und ihre Produkte mussten durch das Zeugnis von Augenzeugen bestätigt werden.« (Ebd.: 56) Diese Praxis des Bezeugens, so die Autoren weiter, war auch ein kollektives Unterfangen, und die Existenz einer Vielzahl an Zeugen galt als Qualitätskriterium, das Boyle immer wieder hervorgehoben habe (vgl. ebd.: 56 f.). Die für diese Zeugenschaft geeigneten Männer mussten sich durch Bescheidenheit auszeichnen, die als eine bestimmte Form des Sich-Zurücknehmens beschrieben wird. Diese könne Transparenz herstellen, beispielsweise dadurch, dass Fehler und Unwegsamkeiten im Verlauf eines Experiments offengelegt werden, was sich auch in den wissenschaftlichen Narrationen Boyles niederschlage. Vor allen Dingen aber handle es sich bei dieser Bescheidenheit – und hier setzt Haraways Gegenerzählung zu dieser Figur an – um eine historisch spezifische Entkörperlichung der Wissensproduktion, die eng mit einer männlich, *weiß* und bürgerlich konnotierten Vorstellung von Neutralität verknüpft ist, die die Zeugen verkörpern und vermitteln mussten, um als integer zu gelten (vgl. M_W: 23–28). So heißt es bei Shapin und Schaffer: »Ein Mann, dessen Narrative als Spiegel der Realität gelten konnten, musste ein *bescheidener Mann* sein: Seine Berichte mussten diese Bescheidenheit sichtbar machen.« (Shapin/Schaffer 1985: 65; Hervorh. im Orig.)

Diese notwendige Sichtbarmachung von Bescheidenheit, Zurücknahme und Anspruchslosigkeit nimmt Haraway in ihren Überlegungen zu der Frage auf, wie eine *»mutierte* bescheidene Zeug*in« (M_W: 11; Hervorh. K.H.) beschaffen sein müsste: Sie geht von dem Paradox aus, dass die beschriebene Bescheidenheit als Technik des Sichtbarmachens ebendieser Eigenschaft eigentlich eine Technologie des Unsichtbarmachens ist – und als solche ist sie Haraway zufolge einer der fundierenden Werte der Moderne (vgl. M_W: 23 f.). Eine Technologie des Unsichtbarmachens ist diese Bescheidenheit, weil der bescheidene Zeuge seine historische und soziale Situiertheit aufgeben *muss*: »Er legt Zeugnis ab: Er ist objektiv; er garantiert die Klarheit und Reinheit von Objekten. Seine Subjektivität ist seine Objektivität. Seine Narrative haben magische Macht – sie verlieren alle Spuren ihrer Geschichte als Geschichten [im Orig.: *history as stories*; K.H.]; als Produkte von Partisan-Projekten; als bestreitbare Repräsentationen oder als konstruierte Dokumente in ihrer potenten Kapazität, Fakten zu definieren.« (M_W: 24) Um als glaubwürdiger Zeuge zu gelten, war es notwendig, eine souveräne Subjektivität zu behaupten, unabhängig zu sein und öffentlich bezeugen und sprechen zu können (vgl. M_W: 27). Beide Voraussetzungen erfüllten Frauen, andere weiblich gelesene ebenso wie rassifizierte Personen und Arbeiter*innen im 17. Jahrhundert freilich nicht.

Haraway geht es nun aber nicht allein darum, die vergeschlechtlichten, rassifizierten und klassenspezifisch differenzierten Exklusionsprozesse zu beschreiben, die die moderne Abtrennung der Wissenschaft von Körperlichkeit und Politik hervorgebracht haben und für die Boyles Experimentalwissenschaft in besonderer Weise steht (siehe auch Latour 2008: 22–66). Vielmehr vertritt sie die These, dass mit dem Auftauchen der bezeugenden Praxis in den modernen Wissenschaften eine tiefgreifende Rekonfiguration der Geschlechterverhältnisse stattgefunden hat, die zunehmend an bürgerlichen Idealen ausgerichtet sei und auch rassifizierte Ausschlüsse provoziert habe (vgl. M_W: 27). So ist die von Shapin und Schaffer skizzierte Experimentalwissenschaft Haraway zufolge eng verknüpft mit einer Trennung von feminisierter Privatheit und maskulin konnotierter Öffentlichkeit. Bürgerliche Männlichkeit und die Objektivitätsideale moderner Naturwissenschaften bilden sich demnach in einem Prozess der Ko-Produktion heraus, in dem die Objektivierung der »Frau« eine Verschiebung und Radikalisierung erfährt. Paradoxerweise geschieht diese Objektivierung über die Zuweisung von Subjektivität, die deswegen sichtbar und sozusagen ›unbescheiden‹ ist, weil sie einen Körper hat:

»Diese Spielart der Sichtbarkeit, die Frauen aufweisen – diejenige des Körpers –, verschiebt sich in eine Wahrnehmung als ›subjektiv‹, das heißt als nur über das Selbst berichtend, gebiased, opak, nicht objektiv. Die epistemologische Handlungsmacht der Gentlemen zeichnete sich durch eine spezifische Form der Transparenz aus. Rassifizierte, vergeschlechtlichte und arbeitende Personen müssen immer noch sehr viel mehr Arbeit leisten, um ähnlich transparent zu werden und als objektiv zu gelten, um bescheidene Zeug*innen der Welt zu werden anstatt solche ihres ›Bias‹ oder ›besonderen Interesses‹. Das Objekt des Sehens zu sein, anstelle der ›bescheidenen‹, selbst-unsichtbaren Quelle des Sehens, bedeutet, von Handlungsmacht evakuiert zu sein.« (M_W: 32)

Während den bescheidenen Zeugen Transparenz immer schon zugeschrieben wird, sie ihren Körper also nicht gewaltvoll verbergen oder verleugnen müssen, ist es für als ›anders‹ markierte Subjektpositionen mit einigem Aufwand verknüpft, Objektivität zu behaupten. Haraway macht also erneut deutlich, dass der moderne Objektivitätsbegriff auf einer Verleugnung der Eingebundenheit der Wissenschaftler*innen in gesellschaftliche Verhältnisse, die eigene Körperlichkeit und Verbundenheit mit menschlichen wie nicht-menschlichen Anderen beruht. Dieses Erbe der wissenschaftlichen Revolution ist bis heute wirkmächtig, und es ist Haraways Ziel, diese Narrative und Vorstellungen nicht einfach hinzunehmen, wie es ihr auch *nicht nur* darum geht, sie zu dekonstruieren, sondern sie potenziell zu transformieren. Die machtvollen Maschen der Technowissenschaften »müssen von anderen Praktiken des Bezeugens neu vermessen und anders bewohnt werden« (M_W: 269).

Feministische Technowissenschaft kann und soll für so ein Projekt einen Beitrag leisten – und zwar nicht nur mit einer dekonstruktiven Wissenschafts- und Technologiekritik, sondern auch mit Einmischungen und Analysen, die über sich hinausweisen und sich teilweise affirmativ auf ihren Gegenstand beziehen. Im zweiten Kapitel von *Modest_ Witness* expliziert Haraway, wie sie sich ein solches Projekt vorstellt, indem sie FemaleMan© und OnkoMaus™ aufeinandertreffen lässt. Bevor die beiden Figurationen näher eingeführt werden, stellt Haraway in Kontinuität mit dem *Cyborg-Manifest* zunächst verschiedene Grenzüberschreitungen als allgemeines Kennzeichen des Zeitalters der Technowissenschaften vor. Im Zuge von Entwicklungen in der Gentechnik, den Informationswissenschaften und der Atomphysik seien Prozesse der Transgression zu einem entscheidenden Merkmal des Zusammenlebens geworden. Die tödliche Innovation der Atombombe – das Transurane – habe »Menschen dazu gezwungen, ihre problematische geteilte Verwandtschaft als fragile Erdbewohnende [im Orig. *earthlings*; K.H.] anzuerkennen« (M_W: 55). Darüber hinaus würden Praktiken genetischer Manipulation Fantasien organischer Reinheit konterkarieren. Der Organismus sei »materiell und semiotisch umgerüstet« (M_W: 57) worden, weil ihre biotechnologische – ›kulturell‹ induzierte – Veränderung die Grenzziehung zwischen Natur und Kultur unterlaufe. In hybridisierenden Transformationen sieht Haraway zumindest teilweise Potenziale, weil sie es ermöglichen, aus starren Trennungen und Kategorien auszubrechen.

Manche kritischen Diskurse über Biotechnologien hält sie allerdings für problematisch, gerade weil die destabilisierende Kraft von Transgressionen verkannt oder gar als gefährlich angesehen werde: »Ich kann mir nicht helfen, aber in vielen Biotechnologie-Debatten höre ich nicht-intendierte Untertöne der Angst vor dem Fremden und eines Argwohns gegenüber dem Vermischten heraus.« (M_W: 61) Erneut betont Haraway, dass Reinheitsgebote gefährliche Konnotationen und verkürzende analytische Konsequenzen haben, weswegen es notwendig sei, die Effekte der technowissenschaftlichen Konstellation in ihren Ambivalenzen zur Geltung zu bringen. Disharmonie und Unreinheit könnten dabei geradezu Hinweise darauf sein, an welchen Stellen hegemoniale Vorstellungen von ›Kultur‹ Ausschlüsse und Diskriminierungen provozieren: »Diskussionen über disharmonische Überschreitungen zwischen organischen Wesen und implantierten fremden Genen kann ich nicht hören, ohne auch eine rassifizierte und xenophob gefärbte Symphonie zu hören.« (M_W: 62) Die wichtigste Prämisse für an Haraway orientierte feministische Analysen der Technowissenschaften liegt demnach darin, diese bewusst aus dem »Bauch des Ungeheuers« (M_W: 62) heraus vorzulegen; das heißt, sich den ambivalenten, unübersichtlichen, auch unklaren Verhältnissen zu stellen und sich darin zu verorten. Transgressionen sind dabei kein Selbstzweck oder Ziel, sondern eher die technowissenschaftlich vermittelte Realität, mit der zu arbeiten ist.

Zwei grenzüberschreitende Figuren, die besonders exemplarisch für machtvolle Materialisierungen im ausgehenden 20. Jahrhundert stehen und in ihren heterogenen Verkörperungen Haraways Perspektive in *Modest_Witness* prägen, sind FemaleMan© und OnkoMaus™: »Ihr Blickkontakt strukturiert meinen Blickwinkel; wir wurden kommerziell, biologisch, textuell und politisch in die gleichen öffentlichen und privaten Familiennetzwerke gerufen [im Orig. *interpellated*; K.H.].« (M_W: 69) Beide Figuren versteht Haraway als ›Geschwister‹, als Entitäten, die mit ihr zu tun haben, sie angehen und konstitutive Bestandteile der Wissensproduktion – also von Praktiken des Bezeugens – sind.

Die Figur des FemaleMan© greift Haraway aus einem Science-Fiction-Roman von Joanna Russ (1975) auf und versieht sie mit dem Copyright-Zeichen, um diese Übernahme zu kennzeichnen und gleichzeitig ein charakteristisches Signum des technowissenschaftlichen Zeitalters zu de-platzieren. In dem Roman von Russ treffen vier geklonte Schwestern aus unterschiedlichen historischen Kontexten aufeinander und verhandeln Fragen von Identität, Sexualität und Gender. Eine der vier bezeichnet sich als FemaleMan, weil sie davon überzeugt ist, ihre Weiblichkeit aufgeben zu müssen, um Respekt zu erfahren. Haraway führt sie an, um die imaginative Kraft der Science-Fiction hervorzuheben, wobei sie den Roman als eine Unterwanderung von gewohnten Genres wie Dystopie oder Utopie begreift. Die Figur leitet Haraway in ihrer Analyse der Technowissenschaften an, »nicht weil sie eine unmarkierte feministische utopische Lösung für eine vermeintlich universale maskuline Herrschaft ist, die in einem kohärenten und universalen maskulinen Subjekt wurzelt« (M_W: 70), sondern gerade weil Uneindeutigkeiten zugelassen würden, was auf notwendige Friktionen von Geschlechtsidentitäten verweist und für Haraway eine entscheidende Voraussetzung auch für queere und feministische Aneignungen der Technowissenschaften ist (vgl. Soper 1999). Die Science-Fiction-Charaktere des FemaleMan gehören für Haraway ebenso zur »historischen Ontologie« (Hacking 2004) bzw. den Verwandtschaftskonstellationen der Technowissenschaften wie das Gen oder andere technowissenschaftliche Artefakte. Viele dieser heterogenen Artikulationen der Technowissenschaften verweisen auf die transgressive Kraft dieser Figurationen, weil sie den irritierenden und imaginativen Charakter des Realen zur Geltung bringen: »Figuren müssen wenigstens irgendeine Form von Dislokation aufweisen, die Identifikationen und Gewissheiten hinterfragen kann.« (M_W: 11)

OnkoMaus™ ist ein transgener Modellorganismus für Brustkrebs. Die Tiere wurden durch gentechnische Manipulation mit Krebszellen gezüchtet und kommen in der ›Natur‹ nicht vor: Ihr ›natürliches‹ Habitat ist das Labor. Vertrieben wurde Onko-

Maus™ – deren Produktion bereits in den 1990er Jahren eingestellt wurde (vgl. HLL: 140) – durch die Firma DuPont, die eine Exklusivlizenz auf das Patent hielt, das ursprünglich auf Forschende aus Harvard ausgestellt war (vgl. M_W: 80). Sie war der erste patentierte Organismus der Welt, weswegen Haraway neben der offensichtlichen Kommodifizierung vor allem die Frage der Eigentumsrechte interessiert. Die Voraussetzung für die Patentierung macht sie in einer spezifischen Zurechenbarkeit aus: »Um etwas zu patentieren, muss es erfunden worden sein. Es ist verfasst [im Orig. *authored*; K.H.], es ist der Sprössling, das Eigentum von jemandem oder eines Unternehmens, und es ist aus diesem Grund gänzlich veräußerbar, gänzlich besitzbar.« (HLL: 140) OnkoMaus™ ist also ausbeutbar, weil sie vergegenständlicht ist. Dabei führt sie ein christlich eingefärbtes – jedoch säkulares – Heilsversprechen mit sich, das neben der Objektivierung der Rechtfertigung der Forschung und des Zugriffs auf den Organismus dient. Versprechen dieser Art erachtet Haraway als charakteristisch für das technowissenschaftlich durchdrungene Zeitalter: »Diese Maus ist eine Figur in der säkularisierten christlichen Heilsgeschichte und in den mit dieser verknüpften Narrativen der Wissenschaftlichen Revolution und New World Order – mit ihren Versprechen auf Fortschritt; Heilungen; Profit; und wenn schon nicht ewiges Leben, so doch zumindest auf das Leben selbst.« (M_W: 47) Vor dem Hintergrund solch hoffnungsvoller Fortschrittsgeschichten, die als Erlösungsnarrative präsentiert werden, kann die Maus der Logik des Opfers unterworfen werden. Ihre Existenz ist gerechtfertigt durch ihre Aufopferung für das ›Wohl der Menschheit‹ – so kann sie auch problemlos ausgebeutet und angeeignet werden.

Haraway wirft darauf aufbauend die Frage auf, welche spezifischen Formen der Ausbeutung die Patentierung des Organismus ermöglicht. Das Patent wirkt ihr zufolge wie eine Fetischisierungsmaschinerie. Mit Fetischisierung meint Haraway im Kontext ihrer Analysen der Technowissenschaften all jene Praktiken und Apparate, die dazu beitragen, dass die Genese und vor allem die Arbeit, die Objekte wie OnkoMaus™ oder auch ›Gene‹ konstituieren, unkenntlich, verleugnet oder unsichtbar gemacht werden (vgl. Haraway 2001). Um Fetischisierung in den Technowissenschaften zu theoretisieren, bezieht Haraway sich auf Marx, Freud und Whitehead und arbeitet ihre unterschiedlichen Dimensionen heraus. Die *ökonomische* Komponente von Fetischisierungen bestimmt Haraway im Anschluss an Marx und seine Analyse des Fetischcharakters der Warenform (vgl. Marx 1972: 85–98). Ähnlich Marx, weist auch Haraway auf die Verleugnung sozialer Beziehungen hin, die für die Hervorbringung eines Produkts und dessen Wert konstitutiv waren. Der Fetischbegriff erfährt aber auch eine Öffnung, da nicht nur menschliche Arbeitsbeziehungen als konstitutiv für die Illusion eines wertschöpfenden Dings angenommen werden, sondern auch die Arbeit nicht-menschlicher Akteure – wie eben OnkoMaus™ – einbezogen werde (vgl. M_W: 143 f.). Haraway schließt darüber hinaus an Freud an, um die Wirkmächtigkeit der Verleugnungsleistungen auch *psychoanalytisch* zu beschreiben. Bei Freud ist der Fetisch dasjenige Objekt oder Körperteil, das als Ersatz für den Phallus der Frau fungiert. Wenn Jungen entdecken, dass die Mutter eines Penis entbehrt, wird nach Freud die Kastrationsangst akut. Der Fetisch, der jedes beliebige Objekt sein kann, tritt an die Stelle dieses fehlenden Phallus der Frau und lindert so die Angst. Entscheidend ist, dass an dieses Surrogat *geglaubt* wird, auch wenn man genau *weiß*, dass es sich um ein solches handelt (vgl. Freud 1975). Ein autotelisches, das heißt in sich geschlossenes, unabhängiges Objekt, das als Fetisch an die Stelle des Penis tritt, wirkt als Abwehr und Ausflucht aus den komplexen Zumutungen der (sozialen) Welt (vgl. M_W: 146). Der Glaube an die

Einheit und Reinheit des Surrogats ist eine Abwehrstruktur gegenüber der Komplexität und Undurchdringlichkeit des Realen (einschließlich des Selbst), die der Fetisch zu verdrängen erlaubt. Die Prozessphilosophie Whiteheads schließlich erlaubt es Haraway, Fetischisierungen *philosophisch* auch als »kognitiven Fetischismus« (M_W: 146 f.) zu begreifen. Whitehead weist darauf hin, dass die Abstraktionsleistung von Begriffen in der Metaphysik der Neuzeit nicht ausreichend reflektiert wird, sondern Begriffe mit dem Konkreten verwechselt würden: In seinem Vokabular handelt es sich um ›Irrtümer deplatzierter Konkretheit‹ (im Orig. *fallacies of misplaced concreteness*) (vgl. M_W: 146). Mit seiner prozesshaften Auffassung des Realen geht auch das Verständnis konkreter Entitäten als Ereignisse einher (vgl. Whitehead 1979: 66 f.). Entitäten als Ereignisse seien nicht unabhängig oder in sich geschlossen und es sei eben ihr prozesshafter Charakter, der in Fetischisierungen vergessen werde.

Patente können mit Haraway als fetischisierende Systeme verstanden werden, weil sie es ermöglichen, komplexe Konstitutionsbedingungen unsichtbar zu machen, und so die Voraussetzung dafür schaffen, Gebühren für die Nutzung von Wissen zu erheben, das sich in vermeintlich abgeschlossenen und isolierbaren Artefakten oder Stoffen materialisiert. Durch Patentierungen kann dann beispielsweise ausgespart werden, welche öffentlichen Gelder und Forschungsanstrengungen in die Produktion von Wissen geflossen sind. Nicht allein das Tier – die Maus – wird also zu einer Ressource, die ausgebeutet werden kann, sondern auch das Wissen selbst: »Wissen ist in solch ›natürliches‹ Material auf jeder Ebene des Spiels eingebaut.« (HLL: 144) Es handelt sich also nicht nur um die Ausbeutung von menschlicher und nicht-menschlicher Arbeitskraft – sowohl von Forschenden als auch der Maus –, sondern auch um epistemische Ausbeutung. Diese schlägt sich in der Ausbeutung von Wissensbeständen ebenso nieder wie in der Unsichtbarmachung der am Forschungsprozess Beteiligten und der Ausbeutung des Wissens, das Organismen und Artefakte verkörpern und als Patent zum Fetisch gemacht wird.

Ein wichtiger Einsatzpunkt für eine veränderte und weniger ausbeuterische Forschungspraxis mit Organismen und Modellorganismen liegt Haraway zufolge darin, die heterogenen, auch nicht-menschlichen Entitäten und ihre Arbeit als Teil erkennender Subjektivität zu begreifen und zu verstehen, dass Wissensproduktion in bedeutsamer Weise von ihnen abhängt. Mutierte bescheidene Zeug*innenschaft, die mit einer Vorstellung souveräner epistemischer Subjektivität bricht, würde also den mannigfaltigen – auch nicht-menschlichen – Beteiligten systematisch Rechnung tragen: »Gültiges Zeugnis hängt nicht nur von Bescheidenheit ab, sondern auch davon, Allianzen mit einer lebhaften Menge anderer zu stärken und anzuerkennen. Anderer, die ähnlich und unähnlich, menschlich und nicht-menschlich sind und die innerhalb und außerhalb der verteidigten Grenzen hegemonialer Selbstvorstellungen [im Orig. *selves*; K.H.] und machtvoller Orte liegen.« (M_W: 269) Während der Akt des Patentierens das Konglomerat an Beziehungen, das etwas wie OnkoMaus™ ermöglicht, gleichsam auslöscht, muss es einer veränderten Zeug*innenschaft darum gehen, Wissensproduktion als verteilte Praxis heterogener Kollektive zu verstehen. Sie involviert sich aktiv mit anderen und versteht Wissenschaft auch als Ort potenzieller Transformation. In diesem Zusammenhang spricht Haraway auch von der Notwendigkeit einer Demokratisierung der Technowissenschaften. Während die Wissenschaftspolitik in den USA Fragen der Partizipation als hoffnungslos naiv und nostalgisch degradiert habe, plädiert sie für eine Demokratie, die kritische Wissenschaftspolitik ermöglicht. Eine solche Politik solle evaluativ, öffentlich, an Gleichheit und an heterogenem Wohlbefinden orientiert sein (vgl. M_W: 95). Besonders zentral seien neue Formen der Partizipation in Bezug auf Fragen der Entwicklung von Wissenschaft und Forschung (vgl. M_W: 95 f.). Feministische Technowissenschaftsstudien wollen diese Entwicklungen unterstützen. Sie basieren dabei auf einem demokratischen Ethos der Nicht-Abgeschlossenheit und sind ein umstrittenes Vorhaben. Ihre Forschungen und Involvierungen sind angewiesen auf Begegnungen als immer wieder zu gestaltende Aufeinandertreffen verschiedener (Sub-)Disziplinen und theoretischer Positionen. Diese konstruktiven Impulse einer feministischen Technowissenschaft hat Haraway immer wieder mit dem Bild des Fadenspiels in Verbindung gebracht, das im nächsten Unterkapitel näher erläutert wird.

2.3 Fadenspiele: Affirmation, Spekulation, Diffraktion

Als eine spekulativ-affirmative kritische Praxis figuriert in Haraways Werk das Faden- oder Abnehmespiel – englisch »String Figures« oder »Cat's Cradle«. Das Spiel kennen sicher viele Leser*innen: Es wird mit einem kreisförmig geschlossenen Faden gespielt; zu Beginn eines Spiels wird der Faden für ein Ausgangsmuster oft zwischen Daumen und Zeigefinger beider Hände gespannt – daraufhin werden durch Abnehmen, Weitergeben und Neuspannen des Fadens Muster entworfen. Die Schwierigkeit besteht darin, sich nicht zu verheddern; in Varianten des Spiels können auch mehrere Fäden verwendet werden. Kaum ein Motiv ist für Haraways Arbeiten so wichtig geworden wie dieses Bild und ein Denken mit der Praxis des String Figuring. Im Spielen mit Fäden als String Figuring fällt auch der Signifikant ›SF‹ auf, der in Haraways Arbeiten bereits seit den 1980er Jahren auftaucht. Schon in *Monströse Versprechen* führt sie mit dem Reigen

»SF – Science-Fiction, spekulatives Futurum, szientifische Fantasie, spekulative Fiktion« (MV: 53) geeignete Modi für die Erkundung der Techno-Gegenwart an. In Haraways zuletzt vorgelegter Monografie *Unruhig bleiben* wird diese Liste erweitert – konstant bleibt ›SF‹: »Science-Fiction, spekulative Fabulation, Spiele mit Fadenfiguren (*string figures*), spekulativer Feminismus, science fact (wissenschaftliche Fakten), *so far* (bis jetzt).« (UB: 11; Hervorh. im Orig.) Neben der Markierung ihrer kontinuierlichen Faszination für Science-Fiction drückt sich in SF ein spekulatives Moment aus, welches die Analyse und Kritik der Technowissenschaften stärker konstruktiv wendet. In dieser Weise wird eine allein destruktive Kritik, die technowissenschaftliche Fetischisierungen aufdeckt und die Kontingenz von Wissensbeständen ausweist, um ein affirmatives und über sich hinausweisendes Moment erweitert. Im Fadenspiel materialisieren sich Praktiken des Verknüpfens, die für Haraways Vorstellung von Objektivität als einer Situierung von Wissen ebenso wichtig sind wie für Cyborg-Politiken des Allianzenschmiedens. Verstrickungen sind es auch, die Haraway zufolge in Spiegelmetaphern und Doktrinen der Reflexion unsichtbar gemacht werden, weswegen sie kritischen Theorien vorschlägt, sich eher an der optischen Metapher der Diffraktion zu orientieren, wie ich weiter unten erläutern werde.

Besonders systematisch hat Haraway den spekulativ-affirmativen Faden ihrer Arbeiten trotz der werkübergreifenden Relevanz mit Bezug auf die Analyse der Technowissenschaften in dem Essay *Das Abnehme-Spiel. Ein Spiel mit Fäden für Wissenschaft, Kultur und Feminismus* (1994) verfolgt. Sie geht hier von der Beobachtung aus, dass die unwiederbringlich technowissenschaftlich durchdrungene ›Natur‹ im ausgehenden 20. Jahrhundert häufig in Terminologien des Kampfs, des Kriegs und mit militärischen Metaphern beschrieben wird. Sie fragt: »Muss die

Technowissenschaft [...] unaufhörlich als Anordnung ineinandergreifender Kampffelder beschrieben werden, wo militärische Auseinandersetzung, sexuelle Herrschaft, Sicherheitsdenken und Marktstrategien als Modelle für Praxis gelten? Wie ginge es anders?« (SF: 244) Im Versuch, einen anderen Modus zu skizzieren, bedient sich Haraway des Bildes des Fadenspiels, mit dessen Hilfe sie eine Gegengeschichte zum Militaristischen entwerfen möchte.

Zwei Stränge führt Haraway als zentral für »[f]eministische, multikulturelle, antirassistische Projekte in der Technowissenschaft« (SF: 245) an. Der erste Faden führt in die Richtung der Anerkenntnis und Gestaltung von ›Unreinheit‹, Heterogenität und Hybridität in der Gegenwart. Die Projekte unterliefen »Grenzen zwischen Disziplinen, Institutionen, Nationen oder Genres« (SF: 245). Damit verweist Haraway auf ihre Präferenz für transdisziplinäre Einlassungen im Forschungsprozess ebenso wie auf den Versuch, unterschiedlichste Materialien als empirisch wertvoll zu begreifen und der Analyse zuzuführen. Was sie indes nicht im Sinn habe, sei die unkritische Affirmation von »Grenzüberschreitungen an sich« (SF: 245). Technowissenschaftliche Praktiken »respektieren für gewöhnlich keine Grenzen zwischen und innerhalb geheiligter Kategorien wie Natur und Gesellschaft oder Menschliches und Nicht-Menschliches« (SF: 245). Daher liegt Haraways Fokus auf der Analyse ebendieses »vermischten Verkehrs [im Orig. *mixed traffic*; K.H.]« (Haraway 2000: 407) oder solchen »Zonen der Implosion« (SF: 246), aus denen heraus Visionen besser lebbarer Welten möglich werden sollen: »Welche Lebensformen überleben und gedeihen in jenen dichten, implodierten Zonen?« (SF: 246) Der erste Faden weist also darauf hin, dass kritische Arbeiten zu den Technowissenschaften aus der Implosion der Grenzen heraus zu operieren haben.

Mit dem zweiten Faden bezieht Haraway sich auf ihren in *Situiertes Wissen* erstmals eingeführten Begriff des ›Apparats der körperlichen Produktion‹ und ruft ihr Paradigma des Materiell-Semiotischen auf (vgl. Kapitel 1.3). Mit diesem Denkmuster betont sie, dass nicht Diskurse und Sprache allein die Welt (aus-)machen. Sie unterstreicht vielmehr, dass »[t]extuelle Relektüre« (SF: 246) ungenügend sei, um in die machtvolle Konstellation der Technowissenschaften zu intervenieren. Materielles und Sprachliches seien aufs Engste miteinander verknüpft und dies müsse auch in deren Analyse und Kritik zur Geltung kommen. Es stelle sich die Frage, in welcher Weise die Praktiken und das Zusammenwirken heterogener Aktant*innen Phänomene entstehen lassen, »wie Welten gemacht und rückgängig gemacht werden, damit wir an den Prozessen teilnehmen können« (SF: 246). Dabei sei auch eine Positionierung vonnöten, die Haraway nicht allein als Verortung in der Welt begreift, sondern explizit in ihren politischen Konnotationen aufgreift:

> »Wenn die Technologie, der Sprache vergleichbar, eine Lebensform ist, können wir im Hinblick auf ihre Verfasstheit und Erhaltung keine Neutralität wahren. Es kommt nicht nur darauf an, das Gewebe der Erkenntnisproduktion zu entziffern, sondern neu zu gestalten, was – im Interesse der Neukonstituierung der generativen Kräfte von Verkörperung – als Erkenntnis zählt. Ich nenne diese Praxis *materialisierte Neugestaltung (materialized refiguration)*; beide Wörter sind wichtig.« (SF: 246; Hervorh. im Orig.)

Haraway macht deutlich, dass es kritischen Projekten in den Technowissenschaften nicht nur darum gehen dürfe, die Wissensproduktion als eingebunden in soziale Praktiken und damit auch in Macht- und Herrschaftsverhältnisse aufzudecken. Vielmehr unterstreicht sie, dass es *auch* einer teilweise affirmativen Einmischung bedarf – bestehende Fäden werden aufgenommen, zerschnitten, neu verknüpft und so fort.

Der so angedeutete kritische Modus, der durch das Fadenspiel figuriert wird, zeichnet sich vor diesem Hintergrund dadurch aus, die »bestimmte ›Negativität‹« (SF: 247) der Kritischen Theorie – und an dieser Stelle referiert Haraway durchaus auf die Frankfurter Schule – zu erweitern. Während der Ausweis, »dass die etablierte Unordnung nicht notwendig, ja vielleicht nicht einmal ›wirklich‹ ist« (SF: 247), ein kritisches Projekt auch für Haraway wesentlich prägt, wendet sie sich gegen Formen von Ideologiekritik, die entlarvend verfahren (vgl. CM: 61). Haraways These der unweigerlichen Einbettung in den ›Bauch des Ungeheuers‹ fasst zwar freilich einen ganz ähnlichen Aspekt wie Adornos (2003: 465) Vorstellung von Ideologie als »objektiv notwendiges und zugleich falsches Bewußtsein«; allerdings beharrt Haraway stärker darauf, dass es aus dieser Situation heraus darum gehen müsse, »dem Glauben an besser lebbare Welten Möglichkeiten aufzubrechen« (SF: 247). Dafür bedürfe es auch eines teilweise affirmativen Modus der Kritik, um zur Geltung zu bringen, dass eben auch Wissenschaftler*innen nicht aus den Verhältnissen aussteigen können. Die Verstrickungen mit Herrschaftsverhältnissen ließen sich nicht – auch nicht ›(selbst-)reflexiv‹ – überwinden oder gänzlich einholen: Kritischer Theorie, so konstatiert Haraway, gehe es daher »letzten Endes nicht um Reflexivität« (SF: 247) – und das solle es auch nicht. Reflexivität könne ein Mittel sein, um die gröbsten Verblendungen und Zurichtungen »zu entschärfen« (SF: 247), kritische Theorien müssten sich aber auch anderen Praktiken zuwenden und Reflexion als »Allheilmittel« wissenschaftstheoretisch und politisch hinterfragen (vgl. Flick/Hoppe 2021).

Haraway hat in ihren Arbeiten zu den Technowissenschaften eine Kritik der Reflexion als leitender Metapher für wissenschaftliche Forschungen und kritische Theorien formuliert und diese mit einer Problematisierung epistemologischer und politischer Repräsentation verknüpft. Sie argumentiert, dass die Doktrin der Reflexivität wissenschaftstheoretisch darauf hinauslaufe, eine originäre – stabile – Wahrheit über die Erkennenden ebenso wie über das Erkenntnisobjekt vorauszusetzen. Damit werde die Produktivität von Wissenspraktiken verkannt: »Reflexivität, wie auch Reflexion, versetzt nur das Gleiche woanders hin und stiftet damit erst die Sorgen um Kopie und Original und die Suche nach dem authentischen und wirklich Realen« (M_W: 16). Um die intervenierenden Aspekte der Wissensproduktion zu betonen, bedarf es Haraway zufolge einer anderen optischen Metapher, die erfasst, dass Wissenspraktiken einen Unterschied in der Welt machen und keine reinen Widerspiegelungen, sondern Differenzfelder produzieren: Dafür bezieht sie sich auf das Konzept der Diffraktion (vgl. M_W: 16; 34; 273 f.). Diffraktion beschreibt das physikalische Phänomen der Überlagerung von Wellen und steht einem spiegelnden, distanzierten Verhältnis entgegen, weil nicht länger Beziehungen zwischen vorgängigen Entitäten Ausgangspunkt der Analyse sind wie in reflektierenden Prozessen. Eine diffraktive Aufmerksamkeit für das Wellenschlagen der Analyse, die sich auch an Hindernissen bricht, steht einer spiegelnden, distanzierten – reflektierenden – wissenschaftlichen Praxis entgegen. Erkenntnisprozesse kommen in der Perspektive der Diffraktion nicht als Beziehungen zwischen vorgängigen Entitäten in den Blick, sondern als Felder der Beugung und Brechung, die sie zugleich produzieren.

> »Im Gegensatz zu Reflexionen versetzen Diffraktionen nicht das Gleiche in mehr oder weniger verzerrter Form woanders hin und beschwören so Industrien der Metaphysik herauf. Vielmehr kann Diffraktion eine Metapher für eine andere Art kritischen Bewusstseins am Ende dieses eher schmerzhaften Jahrhunderts sein, eines, das sich verpflichtet, einen Unterschied zu machen und nicht das Heilige Bild des Gleichen zu wiederholen.« (M_W: 273)

Das kritische Bewusstsein der Diffraktion kartiert Differenzen in ihrem Aufeinandertreffen und ihren Verschränkungen. Differenzen müssten darin »nicht als das Andere des Einen, sondern als Effekt eines relationalen Gefüges« (Deuber-Mankowsky 2011: 89) verstanden werden. Diffraktion kann demnach die Involviertheit mit der Welt besser zum Ausdruck bringen als die Metapher der Reflexion, die eine naive Vorstellung von Einsichtigkeit sowohl mit Blick auf die eigene Identität als auch auf die Repräsentierbarkeit der Welt mit sich führe (vgl. HLL: 102–104; Barla 2021a). Während Reflexivität sich auf das Bild der Spaltung des Subjekts in Subjekt und Objekt bezieht, umschreibt Diffraktion die heterogenen Verwobenheiten des Subjekts mit menschlichen und nicht-menschlichen Anderen im Erkenntnisprozess.

Dieser epistemologischen Kritik der Reflexion korrespondiert Haraways Problematisierung der »politischen Semiotik der Repräsentation« (MV: 76), der sie eine »politische Semiotik der Artikulation« (MV: 76) entgegensetzen möchte, die sie vor allen Dingen in *Monströse Versprechen* entwickelt hat. In Praktiken der Repräsentation, als Praktiken des Sprechens *für* etwas oder jemanden, werde das jeweils Repräsentierte passiviert und von seinen konstitutiven Beziehungen abgelöst. Paradigmatisch hierfür diskutiert Haraway die Problematik der in ihren Augen verwandten Fragen »Wer spricht für den Jaguar?«, die in einem populärwissenschaftlichen Buch über den Amazonas aufgeworfen wurde, und »Wer spricht für den Fötus?« (vgl. MV: 82–84), die gerne von Gegner*innen des Schwangerschaftsabbruchs aufgerufen wird. Die gemeinsame Verhandlung beider Fragen hat nur auf den ersten Blick etwas Provokantes, auf den zweiten Blick unterstreicht sie Haraways Postulat der »Nicht-Unschuld«: So wirkt die umweltaktivistische Frage danach, wer den Jaguar schützt und seine Interessen vertritt, vielleicht zunächst weniger problematisch als die im Vokabular von Gegner*innen des Schwangerschaftsabbruchs verbreitete Frage nach dem Fötus. Haraway will aber deutlich machen, dass beide Fragen auf reduktionistischen und politisch problematischen Prämissen beruhen, in denen sich epistemologische und politische Fragen treffen: In beiden Fällen müsse nämlich das Repräsentierte »aus den es umgebenden und konstituierenden diskursiven wie nicht-diskursiven Zusammenhängen herausgelöst und in den Herrschaftsbereich des Repräsentanten verbracht werden« (MV: 83). Bei diesen Operationen handle es sich um »Distanzierungsmaßnahmen«, die »die Entmächtigung gerade derjenigen – in unserem Falle: der schwangeren Frau und der Regenwaldbewohner*innen – [bewirken], die dem nunmehr repräsentierten ›natürlichen‹ Objekt ›nahe‹ sind« (MV: 83).

In der Repräsentation wird also eine falsche Distanz hergestellt, die nur durch die Herauslösung von ›Jaguar‹ und ›Fötus‹ aus ihren Konstitutionszusammenhängen möglich wird – sie werden entäußert. Als isolierte Objekte werden beide »dauerhaft auf den Status dessen reduziert, der Handlungen entgegennimmt, nicht (und niemals) zum Ko-Akteur in einer artikulierenden Praxis einander unähnlicher, aber miteinander verbundener sozialer Partner wird« (MV: 83). Diese Passivierung ist mit einer Expert*innenkultur der Neutralität verknüpft, in der die Repräsentant*innen möglichst abgetrennt vom eigentlichen Geschehen erscheinen müssen. Nicht die schwangere Person oder die Aktant*innen, mit denen der Jaguar lebt, sind dabei allzu oft deren Fürsprecher*innen, sondern vermeintlich neutrale, nicht durch Betroffenheit verunreinigte Expert*innen:

»In der liberalen Logik der Repräsentation müssen Fötus und Jaguar gerade vor denen geschützt werden, die ihnen am nächsten sind, vor den sie ›Umgebenden‹. Die Macht über Leben und Tod muss an den epistemologisch unbeteiligten Bauchredner delegiert werden, und wir dürfen nicht aus dem Blick verlieren, dass es hier überall um die Macht über Leben und Tod *geht.*« (MV: 84; Hervorh. im Orig.)

Zu den Repräsentant*innen der Natur seien im »Mythos der Moderne« (MV: 84) Wissenschaftler*innen und Expert*innen auserkoren, die im besonderen Maße Neutralität verkörpern könnten.

Wie Haraway bereits in *Situiertes Wissen* betonte, leistet eine solche Repräsentationsdoktrin dem Verstummen der Welt und der ›Objekte‹ Vorschub. Dem Projekt feministischer Technowissenschaft müsse es demgegenüber darum gehen, Welt(en) zu artikulieren. Damit meint Haraway sowohl die Verknüpfung von Wissensbeständen als auch die konsequente Stärkung einer Wissensproduktion, die die Welt nicht als passiv wahrnimmt oder selbst passiviert, sondern deren eigenständige und eigenwillige Artikulationen ernst nimmt und mit anderen – auch mit ›unseren‹ auf die Sprache zurückgeworfenen – Artikulationen verknüpft: Darin »können wir uns mit nicht/menschlichen Wesen in einer sozialen Beziehung ›artikulieren‹, die für uns immer sprachlich vermittelt ist« (MV: 86). Dass sich ›unserer‹ Erkenntnis dabei etwas entzieht, dass es zuletzt nicht gelingt, der Welt gänzlich habhaft zu werden, ist für Haraway weniger ein Problem denn ein Moment, das sich für eine veränderte Wissensproduktion nutzbar machen lässt. Nicht zufällig bedient sie sich in diesem Zusammenhang erneut des Vokabulars der Negativität: »Es ist der leere Raum, die Unentscheidbarkeit, die Gerissenheit anderer Akteure, die ›Negativität‹, die mich auf die Wirklichkeit und damit die letztliche Nicht-Repräsentierbarkeit der sozialen Natur vertrauen lässt [...].« (MV: 86) Die Anerkenntnis dieser Irreduzibilität und »Nicht-Identität« (Adorno 1970) könne ein spekulatives Moment in der Erkenntnisproduktion mobilisieren, das sich ernsthaft gegen die Vorstellung wende, »irgendein völlig überholtes ›Zurück zur Natur‹ und zum philosophischen

Realismus« (MV: 87) sei der bessere Zugang zur Wissensproduktion. Dies rückt das Haraway'sche Projekt durchaus in die Nähe der Positivismuskritik der Frankfurter kritischen Tradition, etwa wenn auch Adorno geltend macht: »Das spekulative Moment ist keine Not der gesellschaftlichen Erkenntnis, sondern ihr als Moment unentbehrlich.« (Adorno 1969: 134)

Die Unentbehrlichkeit des Spekulativen kommt in Haraways Arbeiten zu den Technowissenschaften besonders zum Tragen, ist aber auch werkübergreifend wichtig. Spekulation bedeutet für sie, im Schreiben, Denken und in der Praxis demjenigen, was noch nicht ist, aber sein könnte, zur Artikulation zu verhelfen. Im ›spekulativen Fabulieren‹ gelte es, was immer noch möglich ist, im Hier und Jetzt aufzuspüren. So eine Praxis ist radikal rückgebunden an die Welt, oder besser noch: *von* dieser Welt. Es geht Haraway weniger darum, die Gegenwart zu transzendieren und etwas ›Neues‹ und ›ganz Anderes‹ zu imaginieren (wie es utopisches Schreiben tendenziell verlangt); vielmehr geht sie davon aus, dass das ›Anderswo‹ bereits in dieser Gegenwart angelegt ist, die immer auch belastend, herrschaftsförmig und destruktiv ist. Auch ›das Neue‹ wird nicht frei von Ambivalenzen sein, denn es kann nur mit dem arbeiten, was ist: »die ›Unreinheiten‹ von SF sind wohl nicht utopisch; sie sind zutiefst beunruhigend [im Orig. *troubling*; K.H.] und zugleich versprechend« (Haraway 1991c: 24).

Haraway geht es also nicht darum, in Praktiken des Spekulierens ein festgeschriebenes Ziel zu entwerfen, auf das hingesteuert werden kann. Es steht nicht fest, was die Welt werden kann und soll: »Wir brauchen kein ›Happy End‹, sondern ein Nicht-Ende. Darum sind die von männlich-patriarchalen Apokalypsen handelnden Narrationen unbrauchbar. Das System ist nicht geschlossen, das heilige Ebenbild [im Orig. *sacred image of the same*; K.H.] wird nicht kommen. Die Welt ist nicht erfüllt.«

(MV: 120) Fadenspiele sind ein Bild dafür, dass es sich bei so einem Modus des Erzählens und der kritischen Analyse auch um kollektive Anstrengungen handeln kann, die Welt zu verstehen. Eine Welt, die zwar nicht er-füllt ist, aber voll ist mit Verbindungen und Beziehungen, die neu zu verweben sich kritische Cyborgs anschicken. Ziel der Spekulationen sind keine Grenzüberschreitungen an sich, sondern ein Ringen um weniger gewaltvolle und starre Kategorisierungen und die Problematisierung von Naturalisierungen: »Mein kategorischer Imperativ lautet: alles, was als Natur gilt, zu verqueren/zu verkehren, spezifische normalisierte Kategorien zu durch/kreuzen, nicht um des leichten Schauders der Überschreitung willen, sondern in der Hoffnung auf lebbare Welten.« (SF: 244). Geschichtenerzählen (im Plural) ist in diesem Zusammenhang eine wichtige Praxis, in der »wissenschaftliche Fakten und spekulative Fabulation« (UB: 11) – so Haraways These – einander *brauchen*. Der Kreativität und Eigensinnigkeit der Welt und Natur müsse sich mit einer nicht vereinnahmenden, neugierigen Haltung genähert werden, die ernsthafte Einlassungen mit den Artikulationen der Welt ermöglicht. So können spekulative Momente zur Geltung gebracht werden, die ihrerseits andere Weltverhältnisse und Zukünfte artikulieren (vgl. Grillmayr 2020).

Dabei geht es nicht darum, Heilsversprechen auszumalen, sondern sich dem Fortbestehen der Welt zuzuwenden und dieses sicherzustellen: »SF ist eine Praxis und ein Prozess, ein Werden-mit-anderen in überraschender Aufeinanderfolge, eine Figur des Fortdauerns [im Orig. *ongoingness*; K.H.]« (UB: 11). Als Figur des Fortdauerns verweist SF auch auf die Bescheidenheit und Alltäglichkeit von Fadenspielen. Wie auch die Terminologie des ›Nicht-Endes‹ bringen diese Topoi die dezidiert anti-apokalyptische und anti-zynische Stoßrichtung von Haraways Arbeiten zur Geltung, die sie der Alternative von apokalyptischen

Narrativen oder – oft technologieoptimistischen – Erlösungsfantasien entgegensetzt. Haraways Ziel ist es, spekulativ Transformationspotenziale aufzuspüren und grundlegende Hinterfragungen und Neuausrichtungen von Denkgewohnheiten und Handlungsweisen anzustoßen. Dies ist ein dauerhaft neu zu gestaltender Prozess; eine Aufgabe, die nicht abschließbar ist. Weder Verzweiflung noch Hoffnung sind für Haraway daher geeignete Modi, um sich den drängenden Problemen der Gegenwart zu stellen, weil sie nicht »auf Sinnlichkeit, auf von Geist erfüllter Materie, auf materielle Semiotik oder auf sterbliche Erdlinge in dichter Kopräsenz gestimmt sind« (UB: 13). Dieser Relationalität und komplexen Verwobenheit wird man eher mit Praktiken des Verknüpfens gerecht, in denen neue Verbindungen entstehen können und andere gekappt werden. Ein daran anschließender kritischer Modus affirmiert das gemeinsame In-der-Welt-Sein, das nicht immer friedlich ist, und erkennt es als gemeinsames Projekt, in dem andere Welten erfunden werden können. Dabei geht es »nicht um neue Repräsentationen, sondern um neue *Praktiken*, andere Lebensformen, in denen sich menschliche und nicht-menschliche Wesen zusammenfinden« (Haraway 2017a: 173; Hervorh. im Orig.). In partialer Affirmation muss demnach in *dieser* Welt und aus *dieser* Gegenwart heraus Neues ermöglicht werden.

***

Haraways Arbeiten zu den Technowissenschaften drehen sich um die Frage, was Cyborgs – verstanden als technologisch-durchdrungene, nicht mit sich selbst identische Subjekte – zum ›weltlichen Überleben‹ beitragen können. Die vorgestellten Texte fügen ihren wissenschaftstheoretischen Überlegungen politisch-theoretische Erwägungen hinzu, die eine (teilweise) affirmative Stoßrichtung fordern. Einige ihrer Thesen haben feministische Debatten um die Frage der Technologie nachhaltig geprägt: Haraways Ansatzpunkt, dass eine pauschale Ablehnung von Technik als androzentrisch verkürzt ist und wichtige Impulse für deren (queer-)feministische Aneignung verschenkt, ist bis heute eine wichtige Referenz von Studien im Bereich der feministischen Wissenschafts- und Technikforschung, die sich in den vergangenen Jahren beispielsweise mit Potenzialen und Problemen von Reproduktionstechnologien (Kalender 2012; Dionisius 2021) und der Robotik (Treusch 2020) beschäftigt haben. Besonders charakteristisch für eine feministische Technowissenschaft im Anschluss an Haraway ist darüber hinaus eine Aufmerksamkeit dafür, wie in Praktiken und Diskursen der Technowissenschaften humanistische Konzeptualisierungen des Körpers, von Natur und Geschlecht verschoben und unterlaufen werden (vgl. Weber 2006: 399). Diese Verschiebungen gilt es zu analysieren und in ihren Ambivalenzen zu erfassen.

Zu einem übertriebenen Optimismus in Bezug auf technologische Entwicklungen besteht indes keineswegs Anlass: Haraways These der Implosion von Grenzen und Grenzziehungen im technowissenschaftlich geprägten Zeitalter kann zwar dabei helfen, Dualismen zu unterlaufen und in dieser Weise anregend für die feministische Theorie und Forschung sein, die Nivellierung von Grenzen ist aber kein Selbstzweck – sie kann ebenso gefährlich sein. Für Haraway geben die grenzüberschreitenden Tendenzen und die zunehmende Netzwerkförmigkeit des Zusammenlebens Anlass dazu, über (queer-)feministische Aneignungen von Technologien zu spekulieren. Besonders wichtig ist aber die subjekttheoretische Neujustierung, die die Cyborg-Figur anzeigt. Haraway führt das Motiv einer Dezentrierung des Subjekts weiter, das besonders poststrukturalistische Autor*innen wie Foucault, Butler und Derrida betont haben, und wendet sich der Spezifität der historischen Ausprägung dieses Subjekt-Seins zu, wobei sie die identitätskritische Stoßrichtung dieses Motivs ins Zentrum der Überlegungen stellt. Cyborgs ist es nicht möglich, eine Position der Selbstidentität einzunehmen; vielmehr ist ihre Identität porös und im Fluss – aus diesem Grund sind Cyborgs offen für Andere. Und auch aus diesem Grund plädiert Haraway für Politiken der Affinität statt der Identität. ›Weltliches Überleben‹ wird weder ohne ›gute‹ Technologien möglich noch in Politiken, die sich abschließen, sondern in solidarischen Verbindungen, die als Errungenschaften begriffen werden und nicht auf identitäre Marker rückführbar sind.

In den Topoi der Hybridität, Unreinheit und technologischen Durchdrungenheit der Subjekte deutet sich außerdem eine Dezentrierung des Menschen an, die Motive einer Dezentrierung des Subjekts radikalisiert. Mit der Hinwendung zur Gefährt*innenspezies in ihren späteren Arbeiten verschiebt sich dann auch besonders Haraways Theoretisierung von Relationalität. Terminologien des Netzwerks und des Verschaltens von Entitäten werden abgelöst von Motiven der Ko-Habitation, Ko-Evolution und Ko-Konstitution. Haraway erweitert dafür erneut die Gruppe der Figuren, die sie begleiten, um die Hunde und Gefährt*innenspezies. Dabei fordert sie aber auch, dass Cyborgs und Gefährt*innenspezies, Cyborgs und Hunde in einem Zusammenhang verstanden werden. Diese Verwiesenheit macht sie in deren gemeinsamer Kapazität aus, (menschliche) Selbst-Sicherheiten zu erschüttern und solchermaßen mit der menschlichen Kränkung zu spielen, dass das Organische und das Technische, das Menschliche und das Tierliche sich nicht voneinander trennen lassen. Die konstitutive Verflechtung mit Technologien ist dabei aber ebenso ambivalent wie das gemeinsame Werden der Spezies:

»[I]ch [wünsche] mir, dass meine Leute, also diejenigen, die durch die Figuren sterblicher Bezogenheit versammelt sind, noch einmal zurückgehen zu dem alten politischen Button der späten 1980er Jahre ›Cyborgs fürs weltliche Überleben‹, zu dem sich nun mein neuerer Autoaufkleber vom *Bark* Magazin gesellt hat, ›Der Hund ist mein Ko-Pilot.‹« (WSM: 12)

Mit Hunden als wichtigsten Ko-Pilot*innen hat Haraway seit der Jahrtausendwende zunehmend über gute Bedingungen des Lebens und Sterbens auf einem »beschädigten Planeten« (Tsing et al. 2017) nachgedacht und die ›sterbliche Bezogenheit‹, die ihre Figuren aneinander bindet, stärker in ihren ethischen Implikationen beleuchtet, wie ich im folgenden Kapitel zeigen werde.

3. Hunde – Der Hund ist mein Ko-Pilot.

Haraways »zweites Manifest« mit dem Titel *Das Manifest für Gefährten. Wenn Spezies sich begegnen – Hunde, Menschen und signifikante Andersheit* (2016)[10], das im englischsprachigen Original bereits 2003 erschien, setzt in ihrem Werk eine Reihe neuer Akzente. Es geht ihr weiterhin um die Ausarbeitung der Implikationen der wechselseitigen Durchdrungenheit von ›Kulturellem‹ und ›Natürlichem‹, die sie nun stärker als Prozess des ko-konstitutiven Werdens von Körpern, Spezies, Entitäten mit Anderem und durch Anderes fasst. Mit der Ausarbeitung der Ontologie der Gefährt*innenspezies verschiebt sich ihr Fokus von den epistemologischen und politisch-theoretischen Motiven hin zu einer *ontologisch-ethischen* Problematisierung. Neben dem Manifest ist Haraways Monografie *When Species Meet* (2008) in diesem Zusammenhang von besonderer Bedeutung. In diesen und angrenzenden Arbeiten (Haraway 2003; 2006) nimmt Haraway eine Neuverortung und -bewertung der Cyborg-Figur vor, wenn sie konstatiert: »Ich sehe Cyborgs mittlerweile als jüngere Geschwister in der viel größeren, queeren Familie der Gefährt*innenspezies.« (MG: 17) Mit diesen Überlegungen geht sie auf die Zuspitzung ökologischer Krisen ein und wendet sich Fragen des guten speziesübergreifenden Zusammenlebens im 21. Jahrhundert zu; zugleich finden sich in diesen Texten aber weniger Bezugnahmen auf tagespolitische Problemlagen als etwa im *Cyborg-Manifest.*

Mit dem Topos einer ›größeren Familie‹ der Gefährt*innenspezies ist eine Ausweitung und Radikalisierung der These einer grundlegenden Verwobenheit von Natur und Kultur angesprochen: Beschrieb die Cyborg-Figur etwas wie eine »historische Ontologie« – eine historisch spezifische Artikulation des Mensch-Seins und der Verfasstheit der Welt –, führt Haraway mit der Gefährt*innenspezies eine relationale Ontologie des »Mit-Werdens« (*becoming-with*) ein.[11] Diese bringt historisch spezifische Materialisierungen hervor, aber das gemeinsame, konstitutive Werden unterschiedlicher Spezies, Entitäten, Körper begreift Haraway durchaus als überhistorische Notwendigkeit. Die Spezifität dieser Notwendigkeit sucht sie in diesen Arbeiten zum einen zu verstehen und beschreibbar zu machen und zum anderen Wege zu finden, wie man mit und in dieser Relationalität gut leben kann. Ausgangspunkt ihrer Überlegungen ist die Begegnung mit ihrer Hündin – Ms. Cayenne Pepper, ein Australian Shepherd, mit der Haraway viele Jahre gemeinsamen Lebens, Spielens und (Wett-)Kämpfens verbinden. Es geht ihr in den Begegnungen mit ihrer Hündin um Erkundungen der Beziehungen, die diese ermöglichen und formen – jener Beziehungen, die beide zu Ko-Pilot*innen machen. Dabei rücken die ethischen Implikationen sterblicher Bezogenheit und Begegnungen mit Andersheit ins Zentrum der Betrachtungen und nicht mehr so sehr die herrschaftskritische Analyse von deren technologischen Bedingungen. Worin allerdings eine starke Kontinuität liegt, ist die Annahme, dass im materiell-semiotischen gemeinsamen Werden Nischen für veränderte Praktiken aufgetan werden können, die sich besonders durch das Erzählen von Geschichten erschließen lassen: »Wir leben zudem im Fleische miteinander, auf Weisen, die von unseren Ideologien nicht ausgeschöpft werden. Geschichten sind viel größer als Ideologien. Darin liegt unsere Hoffnung.« (MG: 23)

In einem Interview hat Haraway bemerkt, beide Manifeste seien aus einer jeweils anderen Stimmung heraus entstanden: »In einem gewissen Sinne wächst das ›Manifest für Gefährt*innenspezies‹ stärker aus einem Akt der Liebe und das ›Cyborg-Manifest‹ stärker aus einem Akt der Wut.« (CiC: 219) Gleichwohl ist es wichtig zu betonen, dass Haraway mit der Gefährt*innenspezies die Cyborg als kritische Figur nicht gänzlich verabschiedet; es handelt sich um eine Neuverortung von letzterer vor dem Hintergrund veränderter historischer Bedingungen, die immer stärker von den Konsequenzen der globalen Erderwärmung, des massenhaften Aussterbens von Spezies und immer intensiverer Fleischproduktion und Agrarwirtschaft geprägt sind. Nur aufgrund von Haraways Orientierung an Hunden sollten diese ethischen Erwägungen also keineswegs allein als Theoretisierung harmonischer Beziehungen verstanden werden. Ganz im Gegenteil hat Haraway immer wieder betont, dass es der »Liebe *und* Wut« (Haraway 2004b: 3; Hervorh. K.H.) bedarf, um gesättigte und kritische Analysen der Gegenwart vorzulegen. Die Destruktivität weltlicher Relationen rückt sogar an manchen Stellen ihrer Arbeiten zu Gefährt*innenspezies expliziter in den Fokus als in den Arbeiten zu den Technowissenschaften.

Wie Haraway diese doppelte – wütende und liebende – Bewegung zu vollziehen versucht, erläutern die folgenden drei Unterkapitel. In einem ersten Schritt zeichne ich nach, wie Haraway die relationale Ontologie der Gefährt*innenspezies konzipiert, und stelle die zentralen Thesen des zweiten Manifests vor (3.1). Darauf aufbauend expliziere ich Haraways Alteritätsethik, die ich als Ethik des Antwortens begreife. Besonders wichtig ist ihre Revision des Verantwortungsbegriffs als Fähigkeit des Antwortens (*ability to respond* oder *response-ability*) (3.2). Das dritte Unterkapitel erläutert die destruktive Dimension des gemeinsamen Werdens in der Welt der Gefährt*innenspezies: Für Haraway bedeutet In-der-Welt-Sein – Leben – immer auch ein gleichzeitiges differenzielles Töten. Aus diesem Grund ist die zentrale ethische

Frage auch jene nach dem guten Leben *und/als* Töten. Ich thematisiere Haraways tentative Gedanken zu einer affirmativen Biopolitik ebenso wie ihr Postulat der Notwendigkeit von Praktiken ›verantwortlichen Tötens‹ (3.3).

3.1 Die relationale Ontologie der Gefährt*innenspezies

Das *Manifest für Gefährt*innenspezies* verfolgt ausgehend von Mensch-Hunde-Beziehungen konsequent die Fragestellung, was es heißen kann, mit heterogenen, radikal andersartigen Anderen gut zu leben. Diese Frage hat für Haraway ontologische und ethische Implikationen, wobei der »Modus der Aufmerksamkeit, mit dem wir uns dem langen Zusammenleben von Menschen und Hunden nähern können« (MG: 31), noch systematischer und umfassender in *When Species Meet* ausgearbeitet wird. Dieses Unterkapitel skizziert zunächst die zentralen Thesen des Manifests und geht auf dessen Rezeption ein. Dabei wird auch deutlich, in welchem Verhältnis Gefährt*innenspezies und Cyborgs zueinander stehen.

Zu Beginn des Manifests versucht Haraway zu plausibilisieren, warum sie »das Schreiben über Hunde [im Orig. *dog writing*; K.H.] als einen Zweig feministischer Theorie« (MG: 10) begreift. Die ernsthafte Beschäftigung mit Hunden eröffne für sie einen Zugang zu einer Theorie der Ko-Konstitution, die auch deswegen feministisch sei, weil sie »einer sehr alltäglichen und fortwährenden Erzählung voller Missverständnisse, Errungenschaften, Verbrechen und erneuerbaren Hoffnungen« (MG: 12) Ausdruck verleihe. Einerseits könne also die Beschäftigung mit Hunden das Motiv einer feministischen Aufwertung des Alltäglichen betonen. Andererseits figuriere das gemeinsame Werden mit Hunden – prozessphilosophisch gewendet – jene relationale Ontologie, die Haraway mit der Gefährt*innenspezies beschreibt. Dabei handelt es sich um eine Ontologie, in der, was ist, aus Beziehungen hervorgeht:

> »Hunde erzählen die unausweichliche, widersprüchliche Geschichte von Beziehungen, in denen keine der Partner*innen vor dem Verhältnis der Bezugnahme existiert; und das Bezugnehmen ist nie ein für alle Mal abgeschlossen. Historische Spezifizität und bedingte Veränderlichkeit bestimmen Natur und Kultur durchweg, sie bestimmen Naturkulturen.« (MG: 18)

Mit dem Begriff der Naturkulturen kommt die antidualistische Stoßrichtung von Haraways Theoriebildung zum Tragen, die schon frühere Arbeiten geprägt hat. Anders als noch im *Cyborg-Manifest*, verschiebt sich ihr Fokus von Technologien und der Verwischung der Grenzen zwischen Organischem und Anorganischem hin zur »irreduziblen Multiplizität von lebenden Wesen, *Homo sapiens* und anderen Spezies, die miteinander verwoben sind« (WSM: 79; Hervorh. im Orig.). Es gibt kein ›Sein‹ des Körpers jenseits des Werdens heterogener Anderer: »Eins zu sein heißt immer mit Vielen zu werden.« (WSM: 4; Hervorh. entfernt) Körpergrenzen, Entitäten, Subjekte und Objekte müssen demnach als temporär und lokal spezifische Materialisierungen verstanden werden, die nicht ein für alle Mal feststehen.

Diese »Verweigerung typologischen Denkens« (MG: 13) kennzeichne die relationale Ontologie der Gefährt*innenspezies und mache es möglich, umfassend zu beleuchten, wer und was an Handlungen und Konstitutionszusammenhängen beteiligt ist. Auch darin deutet sich Haraway zufolge eine dezidiert feministische Praxis und Theorie an, die keine romantisierenden Geschichten über Mensch-Tier-Verhältnisse ins Zentrum stellen, sondern die Wege eines besseren Zusammenlebens öffnen möchten, ohne dessen Ambivalenzen zu verleugnen:

»Keine dieser Arbeiten [von feministischen Autor*innen; K.H.] will süße, nette – weibliche – Welten und Wissen finden, die frei sind von Verheerungen und Produktivitäten der Macht. Vielmehr will feministisches Fragen verstehen, wie Dinge funktionieren, wer Teil der Handlung ist, welche Möglichkeiten es gibt und wie weltliche Akteur*innen weniger gewaltvoll Verantwortung und Liebe füreinander aufbringen können.« (MG: 13 f.)

Weder sind die Beziehungen zwischen Menschen und Hunden schlicht friedlich und niedlich, noch sind ko-konstitutive und ko-evolutionäre Prozesse es. Es ist diese relational-ontologische Einsicht in die komplizierten, machtvollen und auch destruktiven Qualitäten der Beziehungen, welche die Welt ausmachen, die Haraway anhand der Beschäftigung mit Hunden demonstrieren will. Ihre Annahme ist, dass die genaue Beschreibung der Beziehungen des gemeinsamen Lebens, Werdens und Gewordenseins unterschiedlicher Spezies Aufschluss darüber gibt, wie die Welt sich gestaltet und wie sie anders gestaltet werden kann. Sie macht aber auch deutlich, dass eine situierte und partiale Perspektive auf die Beziehung zwischen Menschen und Hunden, die deren Komplexität und Historizität gerecht wird, diese Beziehung immer schon übersteigt: »Hunde und Leute figurieren ein Universum.« (MG: 28; Übers. korrigiert K.H.) Die Begegnung mit Anderen entpuppt sich sodann als Spurensuche, als Praxis des Auffindens überraschender Verflechtungen, die ›uns‹ und ›das Andere‹ konstitutiv ausmachen und die weit über die jeweilige Situation hinausweisen.

Die Ontologie der Gefährt*innenspezies geht demnach auch nicht in dem auf, was Haraway mit »Gefährtentieren [im Orig. *companion animals*; K.H.]« umschreibt (MG: 21). Das Begriffspaar aus Gefährt*in und Spezies verweist nicht auf Beziehungen zwischen Halter*innen und ihren Haustieren, sondern fungiert als »Fingerzeig auf ein permanentes ›Mit-Werden‹« (WSM: 16).

Ko-Konstitution im Sinne der Ontologie der Gefährt*innenspezies qualifiziert Haraway im Manifest näher anhand von »vier Tönen« (MG: 21). Im Anschluss an Darwin betont sie erstens evolutionsbiologische Einsichten als zentrale naturwissenschaftliche Perspektive auf den Begriff der Spezies und die Debatten darüber, ob diese »eine reale biologische Entität bezeichnet oder bloß eine geeignete taxonomische Schublade« (MG: 21). Thomas von Aquin sei es, der ihr zweitens in Erinnerung rufe, dass »Spezies« als »generische-philosophische Gattung« (MG: 22) zu begreifen sei, die Differenzen organisiert. Drittens erinnerten ihre katholische Erziehung und die »Doktrin der Realpräsenz« (MG: 22) sie daran, dass das Materielle und das Semiotische nicht voneinander ablösbar seien. Viertens schließlich verweise die Melange aus Marx, Freud und »dubiose[n] Etymologien« (MG: 22) auf »das Hartgeld [*specie*], Gold, Scheiße, Schmutz, Reichtum« (MG: 22; Hervorh. im Orig.), auf die unauflösliche Beziehung zwischen »primitivem Kot und zivilisiertem Metall« (MG: 22). Das Werden der Gefährt*innenspezies zeichne sich also durch »Endlichkeit, Unreinheit, Geschichtlichkeit und Komplexität« (MG: 23) aus.

Den Spezifika solcher Prozesse der Ko-Konstitution von Menschen und Hunden geht Haraway im *Manifest für Gefährt*innenspezies* im Hinblick auf drei zeitliche Ebenen nach. Zunächst steht die *evolutionäre Zeit* – die Zeit »auf der Ebene des Planeten Erde« (MG: 73) – im Fokus der Betrachtungen. Haraway weist eine Geschichte der Domestizierung von Hunden als einseitige Beziehung der Nutzbarmachung des Anderen als unzureichend zurück. Die Idee, Menschen hätten den Hund unterworfen, stelle nur einen weiteren »paradigmatischen Akt männlicher, alleinerziehender Selbstgeburt dar« (MG: 35), der sich in ein Narrativ der reinen Beherrschbarkeit gieße: »Mann nahm den (freien) Wolf und zeugte den (dienenden) Hund und ermöglichte so die

Zivilisation.« (MG: 35) In derart vereinseitigenden androzentrischen Erzählungen werde die Akteurschaft und Macht der Wölfe, der Hunde und anderer Beteiligter komplett verleugnet, was zunehmend auch in der Biologie und Evolutionstheorie als reduktionistisch und wenig realistisch erachtet wird. Auch in diesen Disziplinen gehe es mehr und mehr darum, »dass Alles verteilt ist, auch im Zwinger« (MG: 35). Die Verschiebungen hin zu einer stärkeren Beachtung der Relationen, ökologischer Einbettungen und verteilter Handlungsmacht hätten nicht nur epistemologisch einen Wert, sondern auch »sicher eine bessere Chance, uns für signifikante Andersartigkeit – als etwas anderes als die Reflexion der eigenen Absicht – aufmerksamer zu machen« (MG: 35 f.). Es sei vor dem Hintergrund dieser Perspektive auf Prozesse der Ko-Evolution möglich, Tiere, Menschen, Körper als »emergente Naturkulturen« (MG: 39) aufzufassen. Denn Evolution konsequent als Ko-Evolution zu begreifen bedeute auch anzuerkennen, dass natürliche und kulturelle Prozesse nicht voneinander zu trennen sind. Prozesse komplexer Ko-Konstitution – etwa der permanenten Adaption an Bakterien*kulturen* – trügen zu einem veränderten, weniger linearen und komplexeren Verständnis der Evolution bei, das Haraway im Anschluss an die Evolutionsbiologin Lynn Margulis (2017) auch mit dem Begriff des »Symbiogenetische[n]« (MG: 40) beschreibt.

In ihrer Analyse gemeinsamen Werdens von Hunden und Menschen auf der Ebene *individueller Zeit* – der »Zeit von Angesicht zu Angesicht auf der Ebene sterblicher Körper« (MG: 73) – denkt Haraway darüber nach, was in konkreten Begegnungen mit den an ihnen Beteiligten geschieht. Der Titel des Kapitels »Liebesgeschichten« (MG: 41) ruft dabei unmittelbar romantische, anthropomorphisierende Vorstellungen über diese Beziehungen auf. Aber auch dem Liebesbegriff will Haraway zunächst dezidiert realistische Konnotationen geben, die Vorstellungen »bedingungsloser Liebe« (MG: 41) zurückweisen. Gerade in Mensch-Hunde-Beziehungen seien solche Ideen und Forderungen der Bedingungslosigkeit äußerst problematisch – sie verkennen zuletzt die Andersheit des Anderen und neigen zur Infantilisierung:

> »Wenn die Vorstellung, Mann erzeuge sich selbst durch die Realisierung seiner Absichten in seinen Werkzeugen [...], eine Neurose belegt, die ich humanistischen technophilen Narzissmus nenne, dann ist die oberflächlich entgegengesetzte Vorstellung, dass Hunde durch ihre bedingungslose Liebe die menschlichen Seelen sanieren, womöglich die Neurose eines caninophilen Narzissmus.« (MG: 41)

In keiner der beiden Spielarten des Narzissmus – (unterstellter) bedingungsloser Liebe und menschlicher Allmachtsfantasie – würden neugierige Begegnungen mit Andersheit möglich, weil eine Weigerung bestehe, Differenz anzuerkennen. Demgegenüber geht es für Haraway – soll eine Beziehung, verstanden als Bezugnahme auf Andersheit, gelingen – darum, sich in Anerkennung der eigenen Unwissenheit wirklich mit diesem Anderen zu involvieren, das heißt sich in einer gewissen Offenheit fragend zu begegnen:

> »Wesentlich ist die Anerkennung, dass wir weder das Andere noch das Selbst *kennen* können, sondern für immer respektvoll fragen müssen, wer und was in und aus der Beziehung hervorgeht. Das gilt für alle wahrhaft Liebenden, egal welcher Spezies.« (MG: 58; Hervorh. im Orig.)

Paradigmatisch hat Haraway gelingende, scheiternde, austestende, fragende Beziehungen im Kontext des Agility-Sports analysiert. Bei diesem handelt es sich um Parcours, die Hunde mit ihren Halter*innen durchlaufen. Haraway ist dieser Sportart mit ihrer Hündin Cayenne jahrelang nachgegangen und hat in ihren Arbeiten immer wieder Szenen und Praktiken aus diesem Zusammenhang aufgegriffen. Im Manifest dienen ihr die »Trainingsgeschichten« (MG: 49) dazu nachzuzeichnen, wie ohne Verklärung und im Bewusstsein von Machtasymmetrien etwas wie speziesübergreifende »signifikante Andersartigkeit« (MG: 70) entstehen könne. Im Anschluss an die Arbeiten der Hundetrainerin Vicki Hearne erläutert Haraway, wie eine gemeinsame Entwicklung in der »*Beziehungsarbeit* des Trainings« (MG: 61; Hervorh. im Orig.) möglich werde. Die »Sehnsucht nach gemeinsamem Können« (MG: 70) sei in der Lage, sensibilisierende Prozesse anzustoßen, die auf Liebe als fragender und tastender Bewegung basieren: »Ich erlebe Agility als ein spezifisches Gut an sich sowie als einen Weg, weltlicher zu werden, d.h. aufmerksamer für die Anforderungen der signifikanten Andersartigkeit auf allen Ebenen, derer es bedarf, um lebbarere Welten zu gestalten.« (MG: 70) Das ernsthafte Kennenlernen und Lieben des Anderen in der gemeinsamen Arbeit des Trainings hat für Haraway weiterreichende Implikationen, weil es die Aufgabe figuriere, »in einer inkohärenten Welt kohärent genug zu werden, um in einen gemeinsamen Tanz des Seins zu treten, der Respekt und Antwort erzeugt, leibhaftig, im Lauf und im Parcours – und dann zu erinnern, wie wir auf allen Ebenen, mit allen Partner*innen, so leben können« (MG: 72; Übers. korrigiert K.H.).

Während Haraways Auseinandersetzung mit Trainingspraktiken vor allen Dingen gelingende Bezugnahmen unter Gefährt*innenspezies beschreibt und Asymmetrien nur am Rande thematisiert werden, rücken Machtverhältnisse in der Analyse der »Züchtungsgeschichten« (MG: 73) auf der Ebene *historischer Zeit* in den Fokus. In dieser Diskussion wird ein wichtiges Motiv der Haraway'schen Theoriebildung deutlich, welches werkübergreifend immer wieder eine wichtige Rolle spielt: Dieses liegt in ihrem Postulat des Bewohnens (im Orig. *inhabiting*) von Geschichten (vgl. etwa PV: 172; M_W: 64; 172; MG: 109).

Damit formuliert Haraway eine ethische Perspektive darauf, wie mit dem auch belastenden und belasteten Erbe umzugehen ist, das wir körperlich-materiell bewohnen: Die Gewordenheiten, das heißt die Geschichte(n), die ›uns‹ ausmachen, dürften nicht verleugnet werden, sondern die Verstrickungen mit ihnen müssten ernst genommen sowie analytisch und ethisch zur Geltung gebracht werden: »Das Vergessen korrumpiert Zeichen und Leib und macht Liebe belanglos.« (MG: 93) Hundegeschichten auf der Ebene historischer Zeit erzählen dabei von »Immigration, indigene[n] Welten, Arbeit, Hoffnung, Liebe, Spiel« (MG: 93). Das ko-konstitutive Werden von Menschen und Hunden – dies wird hier besonders deutlich – ist alles andere als ambivalenzfrei, wie Haraway anhand der Geschichten eines Herdenschutzhundes, des Pyrenäenberghunds, sowie Australischer Schäferhunde skizziert. In diesen weist sie auf Ambivalenzen einiger Züchtungspraktiken dieser Hunde hin und analysiert renaturierungsökologische Programme, die sie kritisch einordnet (MG: 90 f.).

Zwei Aspekte von Haraways Analyse dieser Zeitebene sind besonders bemerkenswert. Zum einen betont sie mit der Idee des Bewohnens von Geschichte(n) eine Pflicht zur historischen Nachverfolgung von Konstitutionsbedingungen, welche ein Anderes besser, und das heißt auch in seinen ökologischen Verortungen in einem sich über die Zeit verändernden Habitat, verstehen lassen. Diese jeweils spezifischen Positionalitäten gilt es nach Haraway durchzuarbeiten, weshalb sie betont, dass es notwendig sei, problematische Konzepte kritisch ›zu bewohnen‹: So verabschiedet sie etwa den Objektivitätsbegriff nicht, sondern sucht ihm neue Bedeutung zu verleihen (vgl. oben Kapitel 1.2). In diesem Motiv artikuliert sich ein wichtiger Unterschied zu den ansonsten wahlverwandten Arbeiten des französischen Soziologen Bruno Latour, der mit der ›Aktivierung‹ nicht-menschlicher Entitäten in der Akteur-Netzwerk-Theorie und seiner Dualismuskritik eine ganz ähnliche Stoßrichtung einschlägt wie Haraway (vgl. Latour 2007). Während Haraway das ›unverdauliche‹ Erbe der Moderne als ihr eigenes Erbe anerkennt, besteht Latour allerdings auf einem radikalen Bruch mit der Moderne und ihren Leitunterscheidungen (vgl. Laufenberg 2011). Zum anderen und charakteristisch für ihre Arbeitsweise geht es Haraway darum, das als ›anders‹ Ausgeschlossene, das Tierliche, Natürliche überhaupt *als* historisch anzuerkennen. Gerade in Bezug auf die Begegnung mit nicht-menschlichen Anderen ist dieser Aspekt keineswegs selbstverständlich, wird doch ›Natur‹ und auch Tieren oft Geschichtlichkeit abgesprochen. Dabei – und das ist ein Kerneinsatz des Manifests – müsse es gerade darum gehen zu begreifen, dass es heterogene Gefüge seien, die Geschichte machen – und dies eben auch in teilweise unfreiwilliger Ko-Habitation. Ein Bewusstsein für speziesübergreifende Geschichtlichkeit kann dann auch ethische Bezugnahmen auf Vergangenheiten ermöglichen: »Ich will wissen, wie ich *mit* den Geschichten leben kann, die ich in Erfahrung bringe.« (MG: 92; Hervorh. K.H.) Bewohnen als Erinnern und Leben-*mit* Geschichten heißt auch Verändern. Damit hebt Haraway einerseits klar die Kontingenz, Umstrittenheit und Produktivität von Geschichte(n) hervor, andererseits macht sie deutlich, dass es ethisch problematisch wäre, die Mit-Gestaltung von Geschichte(n) zu verleugnen – im Erinnern artikuliert sich auch eine ethische Praktik des Präsentmachens und Aktualisierens.

Im Schlusskapitel des Manifests fordert Haraway im losen Anschluss an Virginia Woolfs Essay *Ein Zimmer für sich allein* (1978) eine »Kategorie für sich allein« (MG: 99), die den als »anders« ausgeschlossenen Gefährt*innenspezies zukommt. Am Beispiel der Adoptionspraktiken von puerto-ricanischen Straßenhunden, die *Sato* genannt werden, durch US-Amerikaner*innen zeigt sie die Gewaltförmigkeit von Vorstellungen der ›Reinrassigkeit‹ auf und fordert eine Sensibilität für »die Undokumentierten« (MG: 99). Diese bedürften einer Kategorie für sich, eines eigenen Platzes in der Welt, der sich in einer Kategorie für die Markierten – auch markierten Spezies – schaffen lasse und immer wieder neu zu erringen sei. Die Auseinandersetzung mit der Ko-Konstitution von Menschen und Hunden im Manifest öffnet also eine Perspektive auf die komplexen konstitutiven Netze gesellschaftlicher, ökonomischer, biologischer, rechtlicher und ökologischer Verbindungen, die für manche Plätze in der Welt schaffen, dabei notwendig Ein- und Ausschlüsse produzieren und analytisch auf unterschiedlichen Zeitebenen in den Blick genommen werden können.

Die Rezeption des Manifests dokumentiert eine Skepsis gegenüber dem Text, die vor allem daher rührt, dass vor dem Hintergrund von Haraways Arbeiten zu den Technowissenschaften die Hinwendung zu Hunden überraschte. Es entstand der Eindruck, sie habe sich von den wichtigen Einsichten zur Technologiefrage und ›Informatik der Herrschaft‹ verabschiedet und sei ›auf den Hund gekommen‹ (vgl. Harrasser 2011: 457; Hayles 2006). Ein Problem des Manifests wurde darin gesehen, dass eine gewisse Tierliebe vorausgesetzt werde und es letztlich eine Art Ode an die Mensch-Tier-Beziehung darstelle, die Asymmetrien in den Beziehungen und die Einbettung in Herrschaftsverhältnisse nicht hinreichend bedenke. Etwa June Dwyer hat in einem *Non-companion Species Manifesto* (2007) darauf hingewiesen, dass Beziehungen zwischen Menschen und Tieren immer asymmetrisch seien und besonders die Erwiderung der Liebe durch Tiere mehr menschliche Projektion denn wahre Wechselseitigkeit sei. Außerdem unterschlage Haraway, dass es eine ganze Menge Nicht-Gefährt*innen-Tiere gebe, die sich für menschliche Liebe nicht interessieren oder für den Menschen sogar gefährlich seien. Ähnlich stellt auch die Anthropologin Rebecca Cassidy

(2006) heraus, Haraways Beschreibungen der Trainingssituationen blendeten aus, dass diese ebenso gut als Ausdruck einer Hierarchie verstanden werden können wie als gelingende wechselseitige Bezugnahmen (vgl. auch Nast 2006). Die Frage »Warum Hunde?« hat die Diskussion um das Manifest stark dominiert, damit allerdings teilweise auch eine ernsthaftere Auseinandersetzung darüber verunmöglicht, was Haraway mit der Ontologie der Gefährt*innenspezies überhaupt vorschlägt. Wie deutlich geworden ist, sind Hunde *ein* möglicher Einstiegspunkt für das Erzählen von Geschichten über gemeinsames Werden auf diesem Planeten, das alles andere als ambivalenzfrei ist. Hunde als Gefährt*innenspezies versteht Haraway als »eine Spezies in obligatorischer, konstitutiver, historischer, wandelbarer Beziehung mit menschlichen Wesen. Die Beziehung ist nicht besonders toll; sie ist voller Müll, Grausamkeit, Indifferenz, Ignoranz und Verlust, enthält aber auch Freude, Erfindung, Arbeit, Intelligenz und Spiel.« (MG: 18)

Eine radikalere und anders gelagerte Kritik an Haraways Manifest hat die feministische Theoretikerin und Veganismus-Aktivistin Carol J. Adams (2006) formuliert. Sie wirft Haraway vor, die gewaltvollen Zustände in der Massenproduktion tierischer Produkte zu verleugnen. Es werde eine Geste wiederholt, in der bestimmte Tiere als essbar ontologisiert würden. Damit werde die entscheidende ethische Frage vermieden, wie die Beziehungen zwischen Menschen und Tieren zu denken seien, wenn erstere letztere essen, also vernichten (vgl. Adams 2006: 125 f.). In dieser Weise kämen die als essbar ontologisierten Tiere nicht als Gefährt*innenspezies in Betracht und würden einmal mehr lediglich als Objekte hervorgebracht. Chris Vanderwees (2009) hat diese verkürzende Kritik an Haraways Manifest zurückgewiesen: Erstens schreibe Haraway eben kein Manifest über oder gegen Massentierhaltung und zweitens spreche überhaupt nichts dagegen, aus der von Haraway vorgeschlagenen Perspektive über eine ausgewogene Kritik an Fleischkonsum und den mit diesem verbundenen Produktionsverhältnissen nachzudenken. Das *Manifest für Gefährt*innenspezies*, so hat auch die Ökofeministin Greta Gaard (2012: 522) hervorgehoben, trage gerade zur Rehabilitation einer durchaus wünschenswerten feministischen Auseinandersetzung mit der Frage nach dem Tier bei, die auch eine erneute Aufmerksamkeit für ethische Fragen anstoße (vgl. Dekoven 2006).

Die Hinwendung zur Ethik wurde aber überwiegend skeptischer und als Abwendung von Haraways wissenschafts- und herrschaftskritischen Arbeiten zur Cyborg aufgefasst, was sich etwa auch darin bemerkbar macht, dass in Überblicksartikeln zu ihrem Werk noch bis weit nach Publikation des zweiten Manifests ein deutlicher Schwerpunkt auf die frühen Arbeiten gelegt wird (vgl. Harrasser 2011; Gardey 2014; Weber 2014). Das Verhältnis von Cyborg und Gefährt*innenspezies muss aber – ich hatte es bereits angedeutet – als eines der produktiven Irritation und Ergänzung verstanden werden. Cyborgs als »jüngere Geschwister« (MG: 17) *sind* ihrerseits Gefährt*innenspezies. Haraways Interesse verlagert sich zwar durchaus von technologisch vermittelten Netzwerken hin zu einer umfassenderen Thematisierung der speziesübergreifenden Relationalität von Körpern und Subjekten, Cyborgs sind aber Teil dieses Mit-Werdens:

> »Wenn das ›Cyborg-Manifest‹ sich die Kopplungen kybernetischer Systeme und Organismen anschaut, sagt das ›Manifest für Gefährt*innenspezies‹: ›Moment mal, die Entität, die wir sind, ist das Ergebnis eines symbiogenetischen Tuns.‹ [...] Es gibt kein Werden, es gibt nur Mit-Werden.« (CiC: 221)

Während Entitäten im *Cyborg-Manifest* noch als etwas theoretisiert werden, das relativ unabhängig von Beziehungen besteht und sich in Netzwerken verschaltet, wird mit der Ontologie der

Gefährt*innenspezies eine Vorstellung speziesübergreifenden Werdens zentral, in dem Körper, Subjekte, Entitäten, Organismen und eben auch Cyborgs aus Beziehungen hervorgehen. Die Welt in radikaler Relationalität zu begreifen wirft für Haraway die Frage nach Möglichkeiten des guten Zusammenlebens auf: Dabei gehe es um eine Ethik, die weniger auf die Formulierung abstrakter Maßstäbe zielt denn auf ethische Prozesse, in denen aus konkreten Begegnungen Maßstäbe gewonnen und mit unterschiedlichen Gefährt*innenspezies entwickelt werden: »Hunde sind keine Stellvertretung für Theorie; sie sind nicht hier, bloß um mit ihnen zu denken. Sie sind hier, um mit ihnen zu leben.« (MG: 12)

3.2 Eine Ethik des Anderen: Verantwortung als Fähigkeit des Antwortens

In welchen Weisen gutes speziesübergreifendes Leben ohne Verklärung, Unschuldsbekundungen oder Romantisierung möglich werden kann, beschäftigt Haraway in ihrer auf das *Gefährt*innenspezies-Manifest* folgenden Monografie *When Species Meet* (2008). Anhand von zwei Leitfragen nähert sie sich in diesem Buch einer Ethik des Anderen: »(1) Wen und was berühre ich, wenn ich meinen Hund berühre? (2) Wie ist ›Mit-Werden‹ [im Orig. *becoming with*; K.H.] eine Praxis des weltlich Werdens?« (WSM: 3) Das Postulat des weltlich Werdens oder weltlich*er* Werdens lässt sich als schwacher normativer Fluchtpunkt von Haraways ethischem Projekt begreifen. Ihre zentrale Frage ist, wie das Werden heterogener Gefährt*innenspezies zu einer Praxis werden kann, in der die ko-konstitutiven Prozesse als solche erkannt und gestaltet werden. Besonders zentral ist es für Haraway, menschlicher und nicht-menschlicher Andersheit Rechnung zu tragen und diese nicht für Eigenes zu vereinnahmen. Daher will sie in ihrem ethischen Nachdenken auch keine Prinzipien festschreiben, die allzu stark vom Besonderen absehen müssen.

Um ein gutes – verantwortungsvolles – Zusammenleben zu ermöglichen, wendet sie sich der Ausarbeitung und Erprobung einer Haltung zu, die Praktiken ethischen Verhaltens informieren kann: »Ich denke, wir lernen weltlich zu sein, wenn wir mit dem Gewöhnlichen ringen, anstatt von diesem zu generalisieren. Ich bin eine Kreatur des Matsches, nicht des Himmels.« (WSM: 3) In deutlicher Kontinuität zu früheren Arbeiten will Haraway sich also als »vollkommen innerweltlich« (CM: 66) begreifen und aus dem Matsch heraus, auf ›göttliche Tricks‹ verzichtend, die Welt in ihrer Komplexität besser verstehen. Es sei dabei »eine der ersten Pflichten und tiefsten Leidenschaften« (WSM: 7) von Gefährt*innenspezies, sich von Andersheit so provozieren zu lassen, dass ehrliche Neugier entstehen könne. Die Betonung des Alltäglichen und Gewöhnlichen unterstreicht dabei Haraways feministisches Interesse: Politik und Ethik sind auch dort, wo keine heroischen oder dramatischen Geschichten inszeniert werden, sondern – das ist Haraways Ausgangspunkt – sie finden in jeder noch so vermeintlich banalen oder alltäglichen Faser von Verweltlichungsprozessen statt.

Knotenpunkte von Verweltlichungen bezeichnet Haraway auch weiterhin als Figuren, die sie als »gewöhnliche Wesen-in-Begegnung im Haus, Labor, Feld, Zoo, Park, Büro, Gefängnis, Ozean, Stadion, in der Scheune, oder der Fabrik« (WSM: 5) aufsuchen, verstehen und so immer auch verändern möchte. Begegnungen mit Figuren, die als das ›Andere des Menschen‹ ausgeschlossen wurden, vermögen in besonderer Weise Irritation und Neugier hervorzurufen:

»Gött*innen, Maschinen, Tiere, Monster, komische Kriechtiere, Frauen, Diener*innen und Sklav*innen, und Nicht-Bürger*innen generell. Außerhalb der Sicherheits-Check-Punkte der strahlenden Vernunft, außerhalb der Apparate der Reproduktion des heiligen Ebenbilds des Gleichen, haben diese ›Anderen‹ eine bemerkenswerte Kapazität, in den Machtzentren und Zentren der Selbstsicherheit Panik zu induzieren.« (WSM: 10)

Während das dualistische Denken der Moderne das ›Andere‹ einer Herrschaftslogik unterwirft, es passiviert und in einer Weise entäußert, die den Anschein provoziert, es habe nichts mit dem ›Eigenen‹ zu tun, ist es Haraways Anliegen, eine Ethik der Alterität zu entwickeln, die das Andere als aktive Irritationsinstanz begreift, mit der das ›Eigene‹ etwas zu tun hat. Darin dürften Hierarchien und Differenzen zwar nicht verleugnet werden, allererst gehe es aber darum, Andersheit *als anders* ernst zu nehmen und zu verstehen, dass sich in ethischen Begegnungen auch stets etwas entzieht. Das Ziel ethischer Bezugnahmen scheint bescheiden – allerdings nur, wenn man Ethik als großen moralphilosophischen Wurf versteht. Auch im vermeintlich Alltäglichen und Banalen braucht es ethische – weltliche – Aufmerksamkeit, auch diese Praktiken haben Konsequenzen:

»Es steht ganz schön viel auf dem Spiel in Begegnungen und die Ergebnisse sind nicht garantiert. Es gibt hier keine teleologische Versicherung, kein sicheres glückliches oder unglückliches Ende, weder sozial, ökologisch noch wissenschaftlich. Es gibt nur die Chance, gemeinsam mit etwas Anmut voranzugehen. Die Großen Gräben [im Orig. *Great Divides*; K.H.] zwischen Tier/Mensch, Natur/Kultur, organisch/technisch und wild/domestiziert sind abgeflacht in weltliche Differenzen – solche, die Konsequenzen haben und nach *Respekt und Antwort* verlangen, anstatt sich aufzuschwingen zu heiligen oder finalen Zielen.« (WSM: 15; Hervorh. K.H.)

Anstatt ethische Maßstäbe implizit an Dualismen und die damit verbundenen vergeschlechtlichten, rassifizierten und ökologisch wie sozial desaströsen Herrschaftsverhältnisse zu koppeln, geht es Haraway darum, innerhalb ›weltlicher Differenz‹

Unterschiede zu machen. Respekt und Antwort sind dabei die eng miteinander verknüpften Schlüsselbegriffe einer Alteritätsethik, die sie im Anschluss an die Philosophen Emmanuel Levinas (1987) und Jacques Derrida (2010) als Verantwortungsethik des Antwortens begreift: Verantwortung wird als Fähigkeit des Antwortens, *response-ability* oder *ability to respond,* reformuliert (vgl. WSM: 22–26).

Die Ausarbeitung einer Haltung des Antwortens soll es einerseits vermeiden, Verantwortung allein in einer subjekttheoretisch verkürzenden – individualistischen – Zurechenbarkeit aufgehen zu lassen, andererseits soll es sich um eine nicht-normativistische, kontextsensible Ethik handeln. Um eine post-anthropozentrische Öffnung der Konzeption ethischen Verhaltens zu befördern, entwirft Haraway eine politische Ethik, die ihre Maßstäbe aus den jeweiligen Situationen heraus gewinnt und zur Disposition stellt. Eine politische Ethik versteht ihre normativen Prinzipien selbst als historisch verortet, umstritten und situiert. Was als eigentlich Ethisches – Unbedingtes – formuliert wird, ist die Notwendigkeit, Bedingtheit anzuerkennen. Gefordert ist eine Haltung, die es ermöglichen soll, die Kontingenz normativer Orientierungen zur Geltung zu bringen und politische Aushandlungen darüber anzustoßen, was eine gute Antwort jeweils sein kann (vgl. auch Marchart 2010: 342–350).

Die stark von Levinas und Derrida geprägte Traditionslinie philosophischer Ethiken der Verantwortung gegenüber dem Anderen ist für Haraways Projekt einer post-anthropozentrischen, politischen Ethik aus mehreren Gründen wichtig. Auf einer subjekttheoretischen Ebene steht hierbei die Einsicht im Zentrum, dass »der Andere« dem Selbstbezug nicht vorausgeht, die Begegnung mit Andersheit also konstitutiv für Subjektivität und das jeweils Eigene ist. So heißt es etwa bei Levinas: »Die Ethik erscheint hier nicht als Supplement zu einer vorgegebenen existentiellen Basis; innerhalb der als Verantwortlichkeit verstandenen Ethik wird der eigentliche Knoten des Subjektiven geknüpft.« (Levinas 1986: 72) Diese subjektkonstituierende Verantwortlichkeit geht für Levinas stets von der Begegnung mit dem ›Antlitz des Anderen‹ aus, das zur Antwort ruft. Antworten begreift er als ein nicht-identifizierendes und nicht-vereinnahmend objektivierendes Sehen – »die Ethik ist eine Optik« (Levinas 1987: 23) heißt es bei ihm. Diese enge Kopplung von Epistemologie und Ethik sowie die damit verbundene Subjekttheorie sind für Haraway äußerst anschlussfähig, wobei ihre Referenzen auf Levinas aufgrund der anthropozentrischen Ausrichtung seiner Erwägungen eher implizit bleiben (WSM: 23).[12] Haraway zufolge gehen ethisches Verstehen und Erkennen von Respekt als Praxis aktiven Zurückschauens aus, in welcher alle Beteiligten sich verändern oder allererst konstituieren: »Respekt ist *respicere* – zurückschauen, jemandem Achtung entgegenbringen, verstehen, dass den Blick des Anderen zu kreuzen die Bedingung dafür bedeutet, selbst ein Gesicht zu haben.« (WSM: 88; Hervorh. im Orig.) Der Gedanke, dass es ethische Beziehungen – und darin eben besonders Begegnungen mit Andersheit – sind, die Subjektivität konstituieren, erlaubt es, Verantwortung weniger als Zustand zu verstehen, der Subjekten zugeschrieben und zugerechnet wird, denn als Praxis und Prozess des Antwortens.

Derrida zeigt in einer »kurze[n] Grammatik der Antwort« (Derrida 2000: 337) in *Politik der Freundschaft* die enge Verbindung von Verantwortung und Antwort auf, indem er das Verb »*répondre*« (ebd.; Hervorh. im Orig.) diskutiert: Drei ineinander verschränkte Modalitäten machten das Antworten oder Verantworten aus: *répondre de-*, Verantwortung tragen; *répondre à-*, antworten auf; *répondre devant*, sich für etwas verantworten. Die vorgängige Dimension sei nun allerdings nicht das Tragen von Verantwortung, bei dem ein Subjekt bereits vorausgesetzt ist, sondern jene des Antwortens, die »stets den Anderen im Selbstbezug« (ebd.: 340) voraussetze. Auch Derrida unterstreicht demnach die These, dass Subjektivität in der Ethik (und Politik) nicht als stabil vorausgesetzt werden kann, sondern dass sie aus nicht gänzlich verfügbaren Beziehungen erst hervorgeht. Darüber hinaus weist Derrida auf die enge Verbindung von »Achtung und Verantwortung, *respect* und *responsabilité*« (ebd.: 340; Hervorh. im Orig.) hin, die auch Haraway interessiert. In der Verschränkung dieser beiden Modi komme das Spiel von An- und Abwesenheit zum Tragen, das für Derrida Begegnungen ausmacht. Im Sinne seines übergreifenden Projekts einer Kritik der Metaphysik der Präsenz – einer Position also, die Anwesenheit und Unmittelbarkeit im Zugang zur Realität privilegiert – konstatiert er die Notwendigkeit einer Aufmerksamkeit für eben den Zusammenhang von Respekt und Responsabilität, der auch auf das Nicht-Anwesende verweise: »Keine Achtung, kein *respect*, sein Name sagt es, ohne Sicht und Anblick, ohne den Abstand einer Verräumlichung; keine Verantwortung, keine *responsabilité*, ohne das, was *unsichtbar* im Sprechen und Hören dem Ohr sich mitteilt und *Zeit* braucht.« (Ebd.: 341; Hervorh. im Orig.) Es braucht demnach Abstand *und* Nähe in ethischen – antwortenden – Bezugnahmen auf Anderes und es bedarf eines Sinns für die sowohl lokale wie auch temporäre Expansivität und Heterogenität einer jeden Situation.

Derrida hat diese Überlegungen zum Begriff der Verantwortung in späten Seminaren und Vorträgen auf die Frage nach dem Tier bezogen, die für Haraway besonders relevant ist. Mit dem Text *Das Tier, das ich also bin*, der in deutscher Übersetzung 2010 erschien, liegt einer der (sehr langen) Vorträge vor, die Derrida 1997 in Cerisy gehalten hat. Seine Abhandlung beginnt mit einer kuriosen und alltäglichen Begegnung: Derrida wird im Badezimmer von seiner Katze überrascht, der er nackt gegenübersteht. Er habe Scham empfunden, berichtet er: eine anthropozentrische Scham, weil sie an die Vorstellung des Menschen als kulturbegabtes Tier gekoppelt ist, das einem kulturunbegabten, schamlosen Tier gegenübersteht. Mit dieser Empfindung allein habe er die vorausgesetzte Differenz zwischen Mensch und Tier schon wiederholt, zu deren Dekonstruktion er doch im Begriff war anzusetzen (vgl. Derrida 2010: 21–23). Haraway hat diesen Einstieg als bemerkenswert hervorgehoben, weil die meisten Philosoph*innen im Nachdenken über das Tier nicht von realen Begegnungen, sondern von Fragen des Vermögens, besonders der Frage nach der Sprachbegabung ausgingen (vgl. WSM: 19). Demgegenüber verweist Derridas Aufeinandertreffen mit seiner Katze bereits darauf, dass es in antwortenden Prozessen darum gehen müsse, eine Neugier auf Andersheit zu entwickeln und das jeweils spezifische Andere als aktives Gegenüber zu verstehen: Die Katze sei »dieses unersetzliche Lebewesen, das eines Tages meinen Raum betrat, diesen Ort, an dem es mir begegnen, mich sehen (*voir*), ja sogar (*voire*) mich nackt sehen konnte. Nichts wird in mir je die Gewißheit aufheben können, daß es sich hierbei um eine Existenz handelt, die jedem Begriff gegenüber rebellisch ist.« (Derrida 2010: 28; Hervorh. im Orig.) Die Katze blickt zurück, sie geht Derrida an und darin ist sie eine Erinnerung daran, dass dieses Besondere nicht auf den Begriff zu bringen ist. Sie ist nicht für das Eigene oder für die Sache des Menschen zu vereinnahmen, wobei die Frage nach der Sprachbegabung eben eine Vereinnahmung wäre. Daher weist Derrida die Frage des Kommunikationsvermögens als zentrale Frage zurück und bezieht sich dementgegen auf den Begriff der Antwort: »Die ganze besagte Frage nach besagtem Tier wird nicht etwa darauf hinauslaufen zu wissen, ob das Tier spricht, sondern ob man wissen kann, was *antworten* sagen will. Und ob man eine Antwort (*résponse*) von einer Reaktion unterscheiden kann.«

(Ebd.: 26; Hervorh. im Orig.) Die Unterscheidung zwischen Reaktion und Antwort ist in diesem Zusammenhang zentral, denn das Reaktive wird in der europäischen philosophischen Tradition und auch den modernen Wissenschaften oft mit dem Tierlichen identifiziert. In dieser Weise ist diese Differenz eingelassen in dualistische und herrschaftsförmige Dichotomien: Reaktion und Antwort korrespondiert der Unterscheidung von Passivität und Aktivität. Das Andere der Vernunft war historisch also oft auch das Andere der Antwortenden. Jemandem oder etwas die Kapazität des Antwortens abzusprechen ist eine machtvolle und passivierende Geste, die es versäumt, nach den Besonderheiten des Anderen zu fragen.

Derrida mache nun zwar weder den Fehler zu fragen, ob Tiere sprechen könnten, noch wolle er in einer gleichsam heroischen Geste den Tieren eine Stimme geben. Seine Abhandlung führt ihn vielmehr im Anschluss an Jeremy Bentham zu der Frage: ›Können sie leiden?‹ (vgl. ebd.: 52f.). Damit wird Haraway zufolge allerdings erneut ein selbstreferenzielles – anthropozentrisches – Fragen eingesetzt, das eine Form des Mitleids hervorbringe, welches die »Provokation eines historisch spezifischen Blicks« (WSM: 23) nicht ausreichend ernst genommen habe. Haraway zufolge gilt es, das *wechselseitige* Zurückschauen in Begegnungen in Rechnung zu stellen:

»Die Frage des Leidens führte Derrida zur Tugend des Mitleids und das ist keine geringe Sache. Aber wie viel mehr Versprechen liegen in den Fragen, Können Tiere spielen? Oder arbeiten? Und sogar, kann ich lernen, mit *dieser* Katze zu spielen? Kann ich – der Philosoph – auf eine Einladung antworten oder diese überhaupt erkennen, wenn sie mir angeboten wird? Was, wenn Arbeit und Spiel und nicht nur Mitleid sich eröffnen, wenn die Möglichkeit wechselseitiger Antwort ohne Namen als alltägliche Praxis ernst genommen wird, die für Philosophie und Wissenschaft zur Verfügung steht?« (WSM: 22; Hervorh. im Orig.)

Die sich überschneidenden Blicke und Begegnungen ernsthaft in Rechnung zu stellen bedeutet für Haraway eine Öffnung des Katalogs an Fragen und eine Steigerung menschlicher Irritierbarkeit. Besonders wichtig für solch ein Fragen sei es dabei anzuerkennen, dass auch das Angeblickt-Werden Effekte hat und Sehen nicht in einer epistemologisch-objektivierenden Praxis aufgeht: Das »Risiko eines sich überschneidenden Blicks [im Orig. *intersecting gaze*; K.H.]« (WSM: 21) verändert alle an einer Begegnung Beteiligten, und es ist diese Einsicht, der Derrida nicht ausreichend Rechnung getragen habe. Nicht zuletzt habe seine Abhandlung keinerlei Konsequenzen für seine Katze, oder zumindest fließt eine Reflexion über solch mögliche Effekte nicht in seine Texte zur Frage nach dem Tier ein.

Haraway bringt Derridas Überlegungen vor diesem Hintergrund mit den Arbeiten der Anthropologin und Verhaltensforscherin Barbara Smuts (1985) in ein Gespräch. Smuts forschte lange zu Pavianen in Tansania und probierte dabei unterschiedliche Annäherungs- und Beobachtungsmodi aus. Zunächst habe sie versucht, sich möglichst unsichtbar zu machen; wie ein Stein in der Nähe der Paviane zu sein, so dass die Tiere ihren »natürlichen« Tätigkeiten nachgehen könnten und sich von ihr nicht gestört fühlten. In diesem Modus verpflichtete sie sich der Vorstellung, sie könne Natur durch eine Art Guckloch beobachten, ohne durch diese Beobachtung selbst verändert zu werden oder eine Wirkung auf das Beobachtete zu entfalten (vgl. WSM: 23 f.). Die von Smuts beforschten Tiere waren allerdings »von ihrer Stein-Inszenierung unbeeindruckt« (WSM: 24). Sie schauten sie an und stellten – so Haraways Interpretation – die Frage, ob dieses ihnen ähnliche Individuum als Subjekt in ihren Reihen in Betracht käme, ob es den »Standard eines freundlichen Gastes« (WSM: 24) erfülle. Die Grenzen zwischen Forschender und Beforschten verwischten: »Die Frage war nicht ›Sind die Paviane soziale Subjekte?‹, sondern ›Ist der Mensch eines?‹ Nicht, ›Haben die Paviane ein ›Antlitz‹?‹, sondern ›Haben Leute eines?‹« (WSM: 24) Smuts begann in der Folge, ihr Verhalten anzupassen, um für die Paviane als jemand in Betracht zu kommen, die ihnen antwortete: Dies umfasste zu verstehen, wann sie störte, aber auch, wie sie auf Gefühlsregungen der Tiere antworten konnte, und andersherum, wie diese auf sie antworteten. Die Paviane behandelten sie daraufhin als Subjekt, mit dem sie kommunizieren konnten (vgl. WSM: 24 f.). Smuts ließ sich auf die Infragestellung durch den Blick der Paviane ein und arbeitete sich an der Frage ab, wie ein Antworten auf dieses Andere möglich werden könnte, indem sie ihre Verkörperungen und ihr Verhalten veränderte. Allerdings verharrt zuletzt auch Smuts Beziehung zu den Pavianen in einer Einseitigkeit, denn ihr Zugang operiert mit der Annahme, die Tiere würden in ihrer »Natur« verbleiben: Sie blieben sie selbst, während Smuts sich veränderte.

Auch Smuts begreift die Begegnung mit Andersheit zuletzt also als eine überraschend einseitige Angelegenheit, weil sie die Praktiken der Paviane als durch ihre Anwesenheit unverändert interpretiert. Haraway führt diese Vereinseitigung darauf zurück, dass Tieren die Geschichtlichkeit in ihrer eigenen Lebensspanne abgesprochen werde. Mit Blick auf Tiere gelte Veränderung als Phänomen, das sich auf der Ebene evolutionärer Zeit abspiele, während Menschen von allen möglichen Zeitlichkeiten geprägt würden. Gegen diese Auffassung wendet sich Haraway, indem sie auf die Situiertheit von Begegnungen und ihre unweigerlich wechselseitige Produktivität hinweist:

»An dieser Stelle, denke ich, brauchen Derrida und Smuts einander. Oder vielleicht ist es nur meine Monomanie, die Paviane und Menschen gemeinsam in situierte Geschichten und situierte Naturkulturen platziert, in denen alle Akteure im Tanz der Relationierungen [im Orig. *dance of relating*; K.H.] werden, wer sie sind, nicht aus dem Nichts, nicht ex nihilo, sondern aus vollen Mustern ihrer manchmal-verbundenen, manchmal-getrennten Erben, sowohl voraus als auch quer liegend zu *dieser* Begegnung. Alle Tänzer*innen werden durch die Muster verändert, die sie in Kraft setzen.« (WSM: 25; Hervorh. im Orig.)

Eine antwortende Haltung erkennt, dass die heterogenen Aktant*innen sich in spezifischen Situationen transformieren und von ihnen nicht unberührt bleiben – darin bringt sich auch die Historizität von ›Natur‹ und Tieren zur Geltung. Haraways Revision des Verantwortungsbegriffs als Fähigkeit des Antwortens betont entsprechend, dass ›wir‹ uns nicht als Gleiche begegnen. Antworten ist ein Spiel in Differenz und die Begegnung mit dem Anderen eine riskante Praxis, die Selbstverhältnisse und Selbstverständlichkeiten erschüttern kann, aber eben aus diesem Grund einen ethischen Gehalt hat. Antworten auf das jeweils Andere lässt sich als situierte Praxis begreifen, die aktiv gestaltet werden muss und in der sich alle beteiligten menschlichen und nicht-menschlichen Akteur*innen verändern. Dies zur Geltung zu bringen ist elementarer Bestandteil von Haraways post-anthropozentrischer Ethik.

Die einzelnen Kapitel von *When Species Meet* lassen sich vor diesem Hintergrund als Suchbewegungen verstehen, in denen Haraway – mit einem Fokus auf Mensch-Hunde-Beziehungen – Situationen aufsucht, die Aufschluss darüber geben, was bessere und schlechtere Antworten ausmachen könnte, ohne dabei einen Maßstab festzuschreiben. Dafür untersucht sie Beziehungen des Antwortens (und des Scheiterns solcher Beziehungen) in unterschiedlichen Kontexten. Haraway interveniert beispielsweise in die Debatten um die In-Wert-Setzungen von ›Leben‹ im Biokapitalismus und bestimmt ihr Konzept als »Begegnungswert [im Orig. *encounter value*; K.H.]« (WSM: 46 f.). Hiermit beschreibt sie einen Wert, der Tausch- und Gebrauchswert ergänzt und der Warenform eine post-anthropozentrische, biokapitalistische Konnotation gibt. Einerseits wirft sie damit die Frage auf, was es heißt, wenn Hunde und andere Spezies zu Waren werden und als »lebendiges Kapital« (Haraway 2007) zirkulieren, andererseits verweist sie mit dem Begegnungswert auch auf die Anteile der Arbeit von Tieren und regt ein breiteres Verständnis von Wertschöpfung an, in dem Werte auch aus speziesübergreifenden Konstellationen hervorgehen. Darüber hinaus setzt sie sich kritisch mit der hegemonialen Bioethik auseinander und zeigt, wie diese auf normativen Prämissen der Herstellung und Aufrechterhaltung des Gleichen aufbaut. Sie analysiert zunehmend kommerzialisierte Praktiken des Klonens und Ambivalenzen von Programmen des Artenschutzes (vgl. WSM: 133–157).

Auch in dieser Monografie finden sich experimentelle und ungewöhnliche Zugänge zur Theoriebildung. So speist sich der zweite Teil von *When Species Meet* aus »Notizen der Tochter eines Sportjournalisten« (WSM: 159). Haraways Vater war Sportreporter und habe – das führte Haraway bereits im *Manifest für Gefährt*innenspezies* als methodologische Maxime an – dichte und präzise Beschreibungen von Sportveranstaltungen liefern wollen, wohingegen ihn Kommentare, deren Charakter es sei, dem Beschriebenen etwas hinzuzufügen, weniger interessiert hätten (vgl. MG: 24 f.). Haraway eignet sich so eine Haltung an, indem sie über den beeinträchtigten Körper ihres Vaters nachdenkt, der in seiner Kindheit an Tuberkulose erkrankt war und in der Folge von den Hüften an teilgelähmt war: Sie untersucht die Rolle dieser spezifischen Verkörperung auch in ihrer Bedeutung für ein antwortendes Erinnern an ihn (vgl. WSM: 161–180). In diesen »Notizen« radikalisiert Haraway ihren narrativen Zugang zur Theoriebildung und hebt – gleichsam ›glücklich positivistisch‹ (Foucault 1969: 182) – hervor, die Lehren müssten unmittelbar aus den Geschichten hervorgehen und bedürften keiner zusätzlichen philosophischen Annahmen.

Im Schlusskapitel von *When Species Meet* spitzt Haraway ihre These zu, dass die Welt der Gefährt*innenspezies von Unverträglichkeiten (*indigestion*) geprägt ist. Sie hebt hervor, dass Begegnungen immer machtdurchdrungen sind und es weder möglich ist noch Ziel einer Ethik der Alterität sein kann, alle Beziehungen in einen harmonischen Zusammenhang zu bringen. Vielmehr ist für sie zentral, eine Politik zu fördern, in der Konflikte ausgetragen werden und Unterhaltungen stattfinden können, die möglicherweise auch unangenehm sind (vgl. WSM: 299). Die Frage des gemeinsamen Essens bei einem Fest ihres Departments an der UCSC dient ihr zur Illustration dieses Punktes. Bei dem Event wurde ein von ihrem Kollegen Gary Lease bei der Jagd erlegtes Wildschwein gegrillt. Für die Jagd von Wildschweinen, dies stellt Haraway knapp dar, gibt es gute ökologische Gründe, aber auch Argumente, die dagegensprechen. Bei dem Fest kam es zu einem Streit: Eine Reihe von Personen fühlte sich davon provoziert, dass gejagtes Fleisch serviert wurde, die Geste wurde als »aggressiver Akt« (WSM: 298) wahrgenommen und gefordert, dass das Department zukünftig nur noch veganes Essen servieren oder zumindest davon abgesehen werden solle, die Anwesenden mit »dem Körper eines ganzen Tieres« (WSM: 298) zu konfrontieren. Der Konflikt wurde Haraway zufolge nicht weiter ausgetragen; die Konsequenz war lediglich, dass Lease nie wieder ein Schwein bei einer Party angeboten habe. Haraway hält weder die pauschale Verurteilung des Grillens (und Jagens) noch deren simple Affirmation für adäquate Antworten in einer Welt der Gefährt*innenspezies. Drei »verlockenden Moves« (WSM: 295) gelte es sich zu verwehren: »(1) selbst-gewiss sein; (2) jene, die anders essen, als Unterklasse von Schädlingen [im Orig. *subclass of vermin*; K.H.], Unterprivilegierte oder Unaufgeklärte zu degradieren; (3) nicht mehr daran zu glauben, mehr wissen zu können, auch wissenschaftlich, und mehr fühlen zu können, auch wissenschaftlich, darüber, wie man – zusammen – gut essen kann.« (WSM: 295) In einem vernünftig ausgetragenen Konflikt dürften demnach keine Dogmen zum Tragen kommen und es müsse die Bereitschaft bestehen, neugierig zu bleiben: dies habe sie im Sinn, wenn sie Praktiken des »Nährens von Unverträglichkeiten [im Orig. *nourishing indigestion*; K.H.]« (WSM: 300) fordere. Dabei – so hat es Haraway einmal in einem Interview zusammengefasst – ist es freilich notwendig, immer wieder neu zu kartieren, wer in welcher Weise von welchen Praktiken betroffen ist: »Wir brauchen so etwas wie eine Topographie des Leidens. Wir müssen die Verschärfung oder die Verringerung von Ungleichheit nachzeichnen, die mit dem Übergang von einem System der Lebensmittelproduktion, Vermarktung, Konsumption, Werbung und Erforschung zu einem anderen einhergehen.« (M: 120) Es wird jedoch keine gänzlich gereinigte Topografie der Welt geben, denn Leben umfasst Haraway zufolge Sterben und Töten, wie ich im folgenden Unterkapitel erläutere.

3.3 Was ist eine Antwort? – Gut zusammen leben, sterben und töten

Haraway hat werkübergreifend, besonders aber in ihrem Nachdenken über die Gefährt*innenspezies, hervorgehoben, dass es ein kapitaler Fehler wäre, Endlichkeit und Sterblichkeit zu verdrängen oder zu verleugnen. Gerade für eine post-anthropozentrische Theorie ist es ihr zufolge entscheidend, von einem Lebensbegriff auszugehen, der ›Leben‹ auch in seiner Negativität, Destruktivität und Vergänglichkeit erfasst:

»Aus meiner Sicht scheint die Affirmation des Sterbens absolut fundamental. Affirmation nicht im Sinne von einer Glorifizierung des Todes, aber im Sinne der Einsicht – um es unverblümt zu sagen –, dass wir ohne Sterblichkeit nichts sind. Anders gesagt: Die Phantasie, den Tod zu transzendieren, steht allem entgegen, um das ich mich sorge.« (HLL: 116)

Dies ist einer der Gründe, warum Haraway es ablehnt, ihre Theoriebildung als ›posthuman‹ zu bezeichnen. Wenngleich sie einige Beiträge aus dem Feld des Posthumanismus durchaus interessieren (etwa Wolfe 2010; Braidotti 2014), sei in der Begriffsbildung des *Post*humanen zu sehr die Fantasie eines ›Jenseits-des-Menschen‹ im Sinne eines Absehens von dessen Verkörperung und Verletzlichkeit angelegt. Damit zielt Haraways Kritik vor allen Dingen auf jene Positionen, die sich das Label des »Transhumanismus« gegeben haben (vgl. Bostrom 2005). Transhumanismen operieren mit einem übersteigerten Technikoptimismus und gehen von der Prämisse aus, dass die menschlichen Möglichkeiten noch nicht ausgeschöpft sind. Sie streben eine Überwindung von Sterblichkeit, Leiden und der menschlichen Bindung an die Erde mit ihren Zumutungen und Begrenzungen an. Um einen Zustand weitreichender Selbstgenügsamkeit und Unabhängigkeit zu erreichen, sollen Technologien wie leistungssteigernde Medikamente, aber auch andere Enhancement-Praktiken inklusive Körpermodifikationen bis hin zur Kryonik nutzbar gemacht werden. Hinter letzterem Begriff verbergen sich Praktiken der Gefrierkonservierung, etwa menschlicher Gehirne, aber auch toter Körper, mit dem Ziel, ganze Personen in Zukunft wieder aufzutauen. Durch all diese Technologien soll menschliche Abhängigkeit minimiert, humane Existenz optimiert und im besten Fall Sterblichkeit gänzlich überwunden werden (siehe überblickshaft Ferrando 2013; Loh 2018).

Gegen Vorstellungen dieser Art wendet Haraway sich entschieden. Ihre Problematisierung des Menschen verfolgt im Gegensatz zu einer Abstraktion von weltlichen Beziehungen eine

Bewegung der Verdichtung und Artikulation eben der vielfältigen speziesübergreifenden Relationen, die etwas wie menschliches Leben oder Mensch-Sein jeweils historisch spezifisch ausmachen. Da im Begriff des Posthumanen die transhumanen Abstraktions- und Unverwundbarkeitsfantasien jedoch angelegt seien, konstatiert Haraway: »Ich wende mich den Gefährt*innenspezies zu, um vom Posthumanismus wegzukommen.« (Haraway/Gane 2006: 140) Anstatt auch nur zu suggerieren, dass eine Überwindung des Menschen ein normativ interessantes Projekt sei, geht es Haraway um ein besseres Verständnis und davon ausgehend auch um bessere Ausgestaltungen dessen, was es heute heißt, ›Mensch‹ zu sein. Vulnerabilität und Sterblichkeit sind dabei wichtige Faktoren, denen Rechnung zu tragen ist.

In ihrem Essay *Die Biopolitik postmoderner Körper. Konstitutionen des Selbst im Diskurs des Immunsystems* (1989) hat Haraway die Porosität von Körpergrenzen und die daraus resultierende geteilte Verwundbarkeit von Organismen herausgearbeitet. Diese Thesen sind für ihren Lebensbegriff wegweisend. Mit Blick auf (populär-)wissenschaftliche Darstellungen des Immunsystems untersucht Haraway in diesem Text, wie sich im Zeitalter der Biotechnologien – der »Techno-Biopolitik« (BP: 170) – das Objekt einer Politik des Lebens verändert. Während in der ›klassischen‹ Bestimmung der Biopolitik bei Foucault noch regulierende Zugriffe auf den Bevölkerungskörper und disziplinierend-normierende Zugriffe auf den individuellen Körper im Zentrum der Betrachtungen standen (vgl. Foucault 1977: 134 f.), würden im Zuge technologischer und biowissenschaftlicher Entwicklungen Leben und Körper zunehmend zerlegbar und netzwerkförmig konzipiert. Zu einem solchen – cyborghaften – Körperverständnis trage der Diskurs um das Immunsystem wesentlich bei. In den Debatten um Immunität werde die Heterogenität und Durchlässigkeit von Körpern allerdings häufig im Sinne eines »strategische[n] System[s]« (BP: 174) aufgefasst, das sich gegenüber Umwelten und Bedrohungen verteidigen und abschirmen müsse. Unter Bezugnahme auf Lehrbücher der Immunologie weist Haraway entgegen dieser »Immunologik« (Lemke 2000) aus, dass das Immunsystem auch und vielmehr »die irreduzible Verletzlichkeit, Vielfalt und Kontingenz einer jeden Konstruktion von Individualität« unterstreicht (BP: 186; Übers. korrigiert K.H.). Biotechnologische Entwicklungen gehen zwar von der wichtigen Einsicht in die Porosität von Körpergrenzen aus, doch ist nach Haraway daraus nicht die Folgerung zu ziehen, dass Körper als »zu verteidigende Festung« (BP: 190) verstanden werden müssten, was aber in vielen – gerade auch populärwissenschaftlichen Darstellungen des Immunsystems – suggeriert werde. Eine Tilgung des Anderen aus dem Selbst hält sie für eine problematische Illusion (vgl. BP: 189 f.). Aus der (post-)modernen Immunologie möchte Haraway gerade die Einsicht aufnehmen, dass das Bild eines in sich abgeschlossenen und dadurch immunen Selbst dem – auch in der Biologie dominanten – veränderten Körperverständnis als netzwerkförmig und porös nicht gerecht wird. Die Vorstellung, dass der Körper abgeschlossen oder abzuschließen ist, erweist sich aber auch politisch als gefährlich, weil sie die geteilte Verwundbarkeit leugnet, die Leben innewohnt:

»Immunität und Unverwundbarkeit sind sich überschneidende Begriffe, was nur konsequent ist in einer atomaren Kultur, die nicht in der Lage ist, die Erfahrung von Tod und Endlichkeit innerhalb des verfügbaren liberalen Diskurses über Individuum und Gesellschaft zu versöhnen. Leben ist ein Fenster der Verwundbarkeit: es zu schließen, wäre ein Fehler. Die Vollendung eines völlig verteidigten, ›siegreichen‹ Selbst ist eine schauerhafte Phantasie, die phagozytierende Amöben und mondfahrende Männer zu einer die Erde verschlingenden evolutionären Teleologie eines postapokalyptischen Extraterrestrialismus vereint.« (BP: 190–192)

Das hier aufgerufene ›siegreiche Selbst‹ erinnert an das transhumanistische Selbst, das sich aus sämtlichen weltlichen Relationen zu lösen beansprucht und in dieser Weise auch liberale Souveränitätsfiktionen weiterschreibt. Was es heißen könnte, Tod und Endlichkeit offensiv in die Theoriebildung einzubeziehen, erkundet Haraway besonders, wenn sie über Möglichkeiten nachdenkt, in der Welt der Gefährt*innenspezies gut zu antworten.

Im Anschluss an Lynn Margulis (2017) hat Haraway an unterschiedlichen Stellen in ihrem Werk, besonders aber in einem langen Interview mit dem Philosophen Cary Wolfe (2016), das den Titel *Gefährt*innen im Gespräch* trägt, die ökosystemische Dimension der Ontologie der Gefährt*innenspezies hervorgehoben. Margulis hat in ihren einflussreichen Arbeiten für die Bedeutung symbiotischer Beziehungen in der Evolution geworben. Damit weist sie darauf hin, dass Organismen immer auch ökologisch durchdrungen und eingebettet sind und sich in diesen Beziehungen Wandel ereignen kann: »Der evolutionstheoretische Begriff Symbiogenese bezeichnet den Ursprung neuer Gewebe, Organe, Organismen – ja sogar Arten – durch das Eingehen langfristiger oder ständiger Symbiosen.« (Margulis 2017: 14) In Symbiosen zu werden bedeutet nun allerdings nicht, dass weltliche Relationen als harmonischer Gesamtzusammenhang zu begreifen sind, vielmehr zeigt Haraway mit dieser Hinwendung zu Margulis an, dass Leben als ökosystemischer Prozess eine unreine Angelegenheit ist und im Sinne des Zirkels des Lebens dessen Vergehen, Angreifbarkeit und Prekarität mitbedacht werden muss:

»Denn Du kannst wörtlich nicht sterilisieren; diese Handdesinfektionsmittel sind ein schlechter Witz. Der wichtigste Punkt ist, dass insofern wir über Biopolitiken sprechen, die Frage ökosystemischer Gefüge der Name des Spiels des Lebens auf Erden ist. Punkt. Es gibt kein anderes Spiel. Es gibt keine Individuen plus Umwelten. Es gibt nur verwobene und mannigfaltig konfigurierte, historisch dynamische Kontaktzonen.« (CiC: 249 f.)

»Leben« in ökosystemischen Gefügen konzipiert Haraway also als sich unterschiedlich artikulierenden und materialisierenden Prozess, in dem Leben und Sterben, Variation und Kontinuität eng beieinander liegen. Der ökologische Lebensbegriff betont die konstitutive Relationalität der Welt, die nicht die Harmonie »des Natürlichen« beschreibt, sondern die Vulnerabilität und Negativität von Leben ins Zentrum rückt.

Während eine enge Bindung von Leben und Sterben dabei naheliegend ist, ist es für Haraway aber darüber hinaus ethisch und politisch von Bedeutung zu verstehen, dass Leben in ökosystemischer Eingebundenheit auch ein gleichzeitiges Töten bedeutet: »Wir können versuchen, uns zu distanzieren, so viel wir wollen, es gibt keine Art und Weise zu leben, ohne dass jemand, nicht nur etwas, differentiell stirbt.« (WSM: 80) Mit der Wendung des differenziellen Sterbens weist Haraway auf die unweigerlich destruktiven Konsequenzen des In-der-Welt-Seins hin – diese umfassen nicht nur ein passives Sterben, sondern auch ein aktives Töten. Leben und Töten werden demnach enggeführt. Einer Politik des Lebens geht es in diesem Rahmen um die Ausgestaltung eines Tötens *in* ökosystemischen Zusammenhängen, die Leben, Organismen und Menschsein stets situativ definieren, unterschiedlich einbinden und überhaupt ermöglichen. Solche Politiken können neue Mechanismen der Kontrolle und Regierungsprogramme etablieren, für Haraway ergibt sich aber auch die politische Frage, wie sich »Leben« ontologisch verstanden *als* Prozess des Tötens besser gestalten lässt. Dafür ist die Bejahung des so verstandenen Lebens vonnöten: »Ich denke, einer affirmativen Biopolitik geht es um Endlichkeit und besseres Leben und Sterben, um gutes Leben und Sterben und Nähren und Töten in der bestmöglichen Weise, in einer Offenheit für dauerndes Scheitern.« (CiC: 227)

Auch in *When Species Meet* hat Haraway das Motiv des notwendigen Tötens aufgegriffen und darüber nachgedacht, was es heißen könnte, *verantwortlich* – im Sinne ihrer Ethik des Antwortens – zu töten.[13] Dafür wendet sie sich unter dem Titel »Geteiltes Leiden. Instrumentelle Beziehungen zwischen Labortieren und ihren Leuten« (WSM: 69–93) erneut der Forschungspraxis mit Labortieren zu. Schon der Titel des Kapitels deutet es an: Haraway geht davon aus, dass sich instrumentelle Beziehungen zwischen Gefährt*innenspezies nicht gänzlich vermeiden lassen. Es ist aber die Frage, wie mit diesen Beziehungen gelebt wird und wie genau sie ausgestaltet werden. Die Situation im Labor, die vom Menschen hergestellt wurde, scheint auf den ersten Blick ein Paradebeispiel für die einseitige, instrumentelle menschliche Beherrschung von Tieren zu sein. Haraway betont allerdings, dass es interessanter ist, sich dem Labor mit einer Sensibilität für die »›geteilten Arbeitsbedingungen‹« (WSM: 70) zuzuwenden sowie Tier und Mensch nicht als individuierte Körper mit klaren Grenzen zu begreifen, die in einer klaren hierarchischen Beziehung stehen. Vielmehr würden diese Verhältnisse als Machtverhältnisse dauernd verschoben, und die nicht-menschlichen Akteure haben an diesen »ontologischen Choreographien« (Thompson 2005) Anteil:

> »Das meint nicht, dass ein bestimmtes Tier nicht von Belang wäre, aber dieses Erlangen von Materialität/Relevanz [im Orig. *mattering*; K.H.] spielt sich immer in Verbindungen ab, die Antworten ermöglichen und erfordern und nicht bloße Kalkulation oder Rangfolgen. Antworten wachsen natürlich mit der Fähigkeit zu antworten, das heißt Verantwortung. Diese Fähigkeit kann nur in multidirektionalen Beziehungen geformt werden, in denen stets mehr als eine responsive Entität im Prozess des Werdens ist.« (WSM: 70 f.)

Die relationale Ontologie der Gefährt*innenspezies als Ausgangspunkt macht sichtbar, dass in den geteilten Konstitutionsbedingungen und Prozessen gemeinsamen Werdens immer auch etwas Widerständiges liegt, das in utilitaristischen Kosten-Nutzen-Kalkülen unterschlagen wird. Utilitaristische Ethiken legitimieren beispielsweise Forschungspraktiken entlang vorher festgelegter Kalkulationen oder Hierarchien. Haraway argumentiert, dass sie darin unter der Prämisse der Selbstidentität operieren und damit einer bestimmten – einseitigen und anthropozentrischen – Form der Instrumentalisierung Vorschub leisten:

»Instrumentelle Beziehungen sind nicht an und für sich der Feind; tatsächlich werde ich [...] argumentieren, dass Arbeit, Gebrauch und Instrumentalität körperlich verwobenem, sterblichem, weltlichem Sein und Werden inhärent sind. Einseitige Beziehungen des Benutzens, die durch Praktiken der Kalkulation geprägt und selbstsicher in Bezug auf Hierarchien sind, sind eine ganz andere Sache.« (WSM: 71)

Während einseitig-kalkulierende Praktiken das Andere passivieren, zum Beispiel indem es in die Opferrolle versetzt wird, geht es ethischen Praktiken als antwortender Praxis darum, sich den multidirektionalen Beziehungen im Labor (oder anderen Situationen) auszusetzen. Es muss sich für Haraway stets um risikoreiche Involvierungen mit dem Anderen *als* Anderen handeln, in denen sich potenziell alle an einer Begegnung Beteiligten verändern. In solchen Begegnungen kann auch die eigene Abhängigkeit und Verwundbarkeit erfahrbar und die Einsicht kultiviert werden, dass keine allgemeine Rechtfertigung den Suchprozess nach Antworten abschließt.

Die Voraussetzung dafür ist die Anerkennung der (Arbeit der) Anderen als Teil der Möglichkeitsbedingungen ›unserer‹ Existenz: »Was geschieht, wenn die arbeitenden Tiere signifikante Andere sind, mit denen wir in folgenreichen Beziehungen innerhalb einer irreduziblen Welt verkörperter und gelebter partialer Differenzen leben und nicht als der Andere auf der anderen Seite des Golfs des Einen?« (WSM: 72) Signifikant können Andere nur werden, wenn anerkannt wird, dass und wie sie mit ›uns‹ zusammenhängen, wobei diese Konstellationen eben nicht nur friedlich sind und besser und schlechter ausgestaltet werden können. Gänzlich zu tilgen sind der wechselseitige Gebrauch von Gefährt*innenspezies und die teilweise Instrumentalisierung aber Haraway zufolge nicht.

An dieser Stelle kommt Haraway auf die Frage der Verantwortung zurück und wendet sich wiederum Derridas Arbeiten zum Tier zu, um die Logik des Opfer(n)s zurückzuweisen. Sie konstatiert, dass im europäischen philosophischen Referenzrahmen ein tiefer Graben zwischen Mensch und Tier eingezogen sei, der dem Menschen die Kapazität des Antwortens zuspreche, die Vermögen von Tieren aber auf Reaktionen reduziere. Eben diese Kluft begründe eine Logik des Opfers, der zufolge lediglich Menschen ermordet werden könnten:

> »Jedes Lebewesen außer der Mensch kann getötet, aber nicht ermordet werden. Den Menschen tötbar zu machen ist die Höhe moralischen Frevels; tatsächlich ist es die Definition von Genozid. Reaktion ist für und auf das Unfreie hin; Antwort ist für und auf das Offene gerichtet [im Orig.: *Reaction is for and toward the unfree; response is for and toward the open*; K.H.]. Alles außer der Mensch lebt in den Bereichen der Reaktion und damit jenen der Kalkulation; so viel Tierschmerz, so viel menschliches Wohl, zähl es zusammen, töte so und so viele Tiere, nenne es Aufopferung. Tu dasselbe für Menschen und sie verlieren ihre Menschlichkeit.« (WSM: 78)

In der Geste, einem Anderen – hier dem Tier – die Kapazität des Antwortens abzusprechen, wird Haraway zufolge das Tier – das Andere – als *tötbar* hervorgebracht. So würden mitunter ganze Spezies tötbar oder als Tötbare bereits produziert: man denke etwa an die – in Deutschland inzwischen verbotene – Praxis des Schredderns männlicher Küken in der agrar-industriellen Eierproduktion. Haraway zufolge ist es besonders die Logik des Opfers, die unterschiedliche Formen des Exterminismus immer weiter vorantreibt. In dieser Logik könnten Tiere als ›zum Wohle der Menschheit‹ aufopfernd gewürdigt und im gleichen Zuge tötbar gemacht werden. In der Reduktion des Nicht-Menschlichen auf das Reaktive werde die konstitutive und wechselseitige Abhängigkeit unterschiedlicher Spezies verleugnet. Den systematischen Zusammenhang zwischen dieser Leugnung von Dependenzen und dem Tötbar-Machen sieht Haraway darin begründet, dass die »Dilemmata des Tötens und instrumenteller Beziehungen« (WSM: 79) nicht ausreichend offen angesprochen und debattiert würden. An die Stelle des Imperativs »Du sollst nicht töten« schlägt Haraway vor, jenen des »Du sollst nicht tötbar machen« zu setzen (vgl. WSM: 80). Sind Lebewesen oder, wie Haraway betont, ganze Gruppen als ›tötbar‹ markiert, wird ihre Tötung nicht mehr Gegenstand von ehrlichen Debatten darüber, welches Töten unvermeidbar ist und aus welchen Gründen.

Verständigungen darüber, wie sich besser – verantwortlicher – töten lässt, sind aber notwendig in einer Welt, in der, so hat es Derrida formuliert, immer noch gilt: »Man muß wohl essen.« (Derrida 1998)[14] Ganz ähnlich wie Haraway konstatiert er, dass die Implikationen des Tötungsverbots nicht fein säuberlich zwischen Lebendigem und Lebendigem im Allgemeinen verlaufen, sondern ganz im Gegenteil »zwischen mehreren, unendlich unterschiedlichen Arten von Empfängnis–Aneignung–Assimilierung des Anderen« (ebd.: 292). Die Begegnungen mit Anderen implizieren demnach auch Derrida zufolge stets Formen der Aneignung und Aufnahme des Anderen: Essen/Töten ist unvermeidbar. Das heißt aber nicht, Töten zu bagatellisieren; im Gegenteil würde ›verantwortliches Töten‹ bedeuten, eine Praxis der permanenten Verhandlung des gemeinsamen Lebens/Tötens/Essens einzuüben, die kompliziert bleibt und sich nicht in instrumenteller Einseitigkeit auflöst:

> »Nichts von all dem lässt das Wort schlimm [im Orig. *wicked;* K.H.] verschwinden; ich plädiere nicht dafür, die Seele durch einen hygienischen Reformismus zu reinigen. Vielmehr trete ich für ein Verständnis dafür ein, dass heterogene weltliche Wesen in diesem Netz zusammen sind, und zwar für immer, und dass sich darin niemand als der Eine aufspielen darf [im Orig. *no one gets to be Man;* K.H.].« (WSM: 82; Hervorh. im Orig.)

Der ökosystemische Lebensbegriff, der bei Derrida in der Terminologie des Essens, bei Haraway in derjenigen des Tötens zum Ausdruck kommt, unterstreicht demnach, dass es auch Beziehungen der Notwendigkeit sind, denen ethisch begegnet und mit denen politisch gearbeitet werden muss, und dass es sich bei diesen Praktiken um nicht abschließbare, auch unangenehme Prozesse handelt.

Die Behauptung, aus dem Töten auszutreten, ist zuletzt nicht mehr und nicht weniger als eine weitere Verleugnung weltlicher Relationen, die historisch immer wieder an männlich konnotierte Souveränitätsfiktionen gebunden war – gegen Gesten dieser Art schreibt Haraway an, wobei sie diese Problemlage auf den Dualismus von Freiheit und Notwendigkeit bezieht: »[Es ist] ein Fehltritt, so zu tun, als würde man außerhalb des Tötens leben. Der gleiche Irrtum hat Freiheit nur in Abwesenheit von Arbeit und Notwendigkeit gesehen; das bedeutet, den Irrtum, die Ökologien sterblicher Wesen zu vergessen, die in und durch den wechselseitigen Gebrauch ihrer Körper leben.« (WSM: 79) Die Annahme, aus dem Töten auszutreten, würde Notwendigkeiten verleugnen und einer dualistischen Logik verhaftet bleiben, die in der feministischen Theorie schon lange problematisiert wurde.

Demgegenüber müsse sich eine feministische post-anthropozentrische Ethik darum bemühen, diese Dualismen zu überwinden. Im Anschluss an ihre These der Engführung von Leben und Töten und der damit verbundenen Anerkennung, dass Freiheit nicht losgelöst von Notwendigkeit zu verstehen ist, denkt Haraway auch über einen veränderten Begriff von Care bzw. ein Konzept der Sorge nach. Sie fragt nach Praktiken sorgenden Tötens, was vielleicht zunächst provokant wirkt, weil der Sorgebegriff nach wie vor mit einer harmonisch konnotierten Mütterlichkeit in Verbindung gebracht wird. Haraway wendet sich allerdings gegen romantisierende und vereinseitigende Auffassungen von Care. In ihrer näheren Bestimmung schließt sie implizit sowohl an manche Thesen der feministischen Care-Ethik als auch an die materialistische Analyse reproduktiver Arbeit und ihrer Abwertung an. Erstgenannte Positionen der feministischen Ethik formulierten ausgehend von Carol Gilligans (1982) einflussreicher Kritik an der Entwicklungspsychologie Lawrence Kohlbergs, in der dieser eine Unterscheidung »männlicher« Gerechtigkeit und »weiblicher« Fürsorge herausgestellt hatte, feministische Care-Ethiken, die verbreitete moralphilosophische Prämissen kritisierten und auf Fürsorge basierende Gegenmodelle entwarfen (etwa Nagl-Docekal/Pauer-Studer 1993; Tronto 1993). Der zweite Strang fokussiert reproduktive Arbeit, also jene Tätigkeiten, die für die Aufrechterhaltung des kapitalistischen Systems – der Reproduktion der Arbeitskraft – zwar unabdingbar sind, aber zugleich systematisch unsichtbar gemacht und abgewertet werden (etwa Dalla Costa/James 1973; Becker-Schmidt 2004). Dazu zählen besonders Care-Tätigkeiten, womit keineswegs nur Pflegeberufe, sondern auch affektive oder emotionale Arbeiten gemeint sind, die komplexen rassifizierten und vergeschlechtlichten Abwertungsprozessen unterliegen (vgl. Caixeta et al. 2007).

Mit zentralen Aspekten feministischer Ethiken deckt sich Haraways Entwurf im Hinblick auf die Forderung nach der Kontextsensitivität der Betrachtung, sie bricht aber mit einer differenzfeministischen Orientierung und verweigert sich einer individualistischen und anthropozentrischen Perspektive auf Fürsorge. Vielmehr will Haraway Care als eine neugierige und fragende Praxis des Antwortens begreifen, an der heterogene Aktant*innen beteiligt sein können und die nicht abzuschließen ist: »Sorgen bedeutet, der aufreibenden Verpflichtung der Neugier zu unterliegen, was es erfordert, am Ende des Tages mehr zu wissen als am Anfang.« (WSM: 36) Sorge ist dann eine fragende Aufmerksamkeit, die bereit ist, Neues zu erfahren, indem sie herausfindet, was Selbst und Anderes ausmacht – was Selbst und Anderes *braucht.*

Diese Sensibilität für die Zusammenhänge und Konstitutionsbedingungen von Gefährt*innenspezies müsse sich auch auf die Arbeit der Tiere bzw. aller an einer Praxis Beteiligten beziehen. Die Anerkennung der Arbeit der Tiere, des Beitrags zur Forschung im Beispiel der Labortiere, könne in jenem liegen, was Haraway als ›geteiltes Leiden‹ im Gegensatz zum alleinigen Mitgefühl oder Mitleid beschreibt. Letztere Empfindungen blieben selbstbezogen und fragten nicht nach dem Anderen, weswegen sie nicht für eine sorgende als antwortende Haltung in Betracht kommen. Einer ethischen Praxis in der Konfrontation mit Versuchstieren könne es indes auch nicht darum gehen, Leiden heroisch nachzuahmen. Vielmehr sei es notwendig, »die Arbeit des Aufmerksamkeit-Schenkens zu machen und sicherzustellen, dass Leiden minimal und notwendig ist sowie Konsequenzen zeitigt« (WSM: 82). Eine Annäherung an Praktiken ›verantwortlichen Tötens‹, in dem Leiden geteilt wird, ist mit Arbeit und womöglich auch eklatanten Veränderungen in der Forschungspraxis und Lebensweise verbunden. Als wichtigen Aspekt einer besseren Gestaltung speziesübergreifender Zusammenarbeit hebt Haraway hervor, Forschende müssten sich um alle am Experiment Beteiligten sorgen. Das scheint auf den ersten Blick völlig banal, in der Praxis ist es aber tatsächlich häufig so, dass externe Dienstleister die Versuchstiere versorgen und nicht die Forschenden selbst. Um Leiden anders und besser zu verteilen und »Fähigkeiten des Antwortens, nicht Reagierens« (WSM: 82) einzuüben, wäre es notwendig, dass eben auch Forschende sich mit Neugier und offenen Fragen der vermeintlich niederen Arbeit der Versorgung der Tiere zuwenden.

Es geht Haraway darum, sich zu involvieren und dabei zuzulassen, dass das Andere ›unsere‹ Routinen auch unterbrechen kann. Unterbrechungserfahrungen können, wenn Hinterfragungen des Eigenen ausgehalten und zur Kenntnis genommen werden, Transformationsprozesse auf allen Ebenen des Zusammenlebens anstoßen. Die Fähigkeit des Antwortens speist sich aus einer Irritationskapazität, die *auf* das Andere antwortet. In einem zweiten Schritt gilt es dann aber auch, ein Antworten *mit* dem Anderen einzuüben. Antworten mit heterogenen Anderen in der Welt heißt, um die Gefährdungen und Verwundbarkeiten zu ringen, die in der Welt ungleich verteilt sind, und Kämpfe um Minimierungen und Umverteilungen ebendieser Prekarisierungen anzustoßen. Eine solche politische Ethik des Antwortens führt demnach auch Elemente einer affirmativen Biopolitik mit sich, die auf der Ontologie der Gefährt*innenspezies aufbaut und mit dem ökologischen Lebensbegriff operiert. Diese affirmiert Leben als vulnerabel, destruktiv und mithin selbst- und fremdgefährdend. Das bedeutet, sie anerkennt die ontologische Bindung des Lebens an heterogenes und oft nicht unmittelbar präsentes Anderes. Gerade das ist eine entscheidende Voraussetzung für eine politisch-ethische Kritik an exzessiven Tötbarmachungen des Lebens, an nicht hinnehmbaren Verwundbarkeiten und faktischen Verletzlichkeiten.

***

Haraways intensive Beschäftigung mit Hunden lässt sich, so habe ich in den vorangegangenen drei Unterkapiteln argumentiert, als eine Hinwendung zu ethischen Fragen verstehen, die auf einer veränderten Konzeption materieller Relationen aufbaut. Das Konzept der Gefäht*innenspezies verweist nicht so sehr auf Beziehungen zwischen abgeschlossenen Körpern oder Entitäten (Halter*in und Hund zum Beispiel), sondern auf eine relationale Ontologie. Das Mit-Werden der Spezies beschreibt nach Haraway eine konstitutive Relationalität, in der Entitäten, Körper, Subjekte und Objekte aus Beziehungen hervor- und diesen nicht vorausgehen. Damit radikalisiert sie die bereits in ihren Überlegungen zu materiell-semiotischen Akteuren angelegte These einer Verwobenheit von Materie und Diskurs.

Diese Akzentverschiebung in Haraways Werk lässt sich durchaus mit dem »material turn« (Löw et al. 2017) in den Sozial- und Kulturwissenschaften in Verbindung bringen. Spätestens seit der Jahrtausendwende hat sich das Interesse an Materialität, Natur und Körpern deutlich intensiviert. Diskursanalysen oder allein semiotisch verfahrene Analysen werden zunehmend als unzureichend zurückgewiesen. Die wichtigste Denkbewegung in diesem Zusammenhang sind die Neuen Materialismen oder Neomaterialismen (Alaimo/Hekman 2008; Coole/Frost 2010; Dolphijn/van der Tuin 2012; Hoppe/Lemke 2021). Neomaterialistische Positionen haben es sich zum Ziel gesetzt, Materie in ihrer Eigensinnigkeit und Unverfügbarkeit zu theoretisieren. In dieser Weise soll eine Privilegierung des Kulturellen oder Diskursiven in der Konstitution von Körpern und Realität sowie eine damit einhergehende Passivierung von ›Natur‹ vermieden werden. Diese Zielsetzung erinnert nicht zufällig an Haraways Kritik am Sozialkonstruktivismus und ihren Vorschlag, Natur als »Trickster*in«

zu revisionieren (vgl. Kapitel 1.3). Haraways Arbeiten wird in der Tat regelmäßig die Position einer Vordenkerin oder Mittlerin zwischen Poststrukturalismus und (Neuem) Materialismus zugeschrieben (vgl. Åsberg 2010; Holland-Cunz 2014: 126–129; Berg 2019). Während hier häufig Haraways frühe Arbeiten zur Cyborg und zur tricksenden Natur im Zentrum stehen, sind es aber auch ihre späteren Texte, die einen dezidiert ökologischen Zugang innerhalb der neomaterialistischen Debatten informieren (können).

Die prozessuale und relationale Ontologie der Gefährt*innenspezies kann dabei ganz im Sinne dessen begriffen werden, was die Physikerin und feministische Theoretikerin Karen Barad mit ihrem Begriff der »Intraaktion« beschrieben hat (vgl. Barad 2012: 19 f.). Barad kann als eine der wichtigsten Vertreter*innen Neuer Materialismen gelten und ist die Nachfolgerin auf Haraways Professur für feministische Theorie an der University of California Santa Cruz. In einer umfassenden Perspektive auf Konstitutionsbedingungen und Relationalität kommen auch Technologien umfassender in den Blick. Es geht nicht mehr allein um die feministische Aneignung und Gestaltung von Technik, sondern auch um die Analyse neuer Relationierungen von Geschlecht, Technologie und Ökologie. Technologische Entwicklungen analysiert Haraway nun stärker mit Blick auf ihre ökologischen Konsequenzen und Voraussetzungen. Die Ontologie der Gefährt*innenspezies legt eine Haltung nahe, die sich darauf versteht, Nicht-Präsentes präsent zu machen, das heißt, einen Weg zu finden, auch scheinbar weit von ›uns‹ Entferntes als ›uns‹ nah zu begreifen, etwa die Folgen steigender CO_2-Emissionen in unterschiedlichen Regionen der Welt. Gerade die Herstellung solcher Nähe ist für Haraway auch ein ethisches Projekt, weswegen diese Arbeiten sich nicht nur als Teil eines »material turn«, sondern auch eines »ethical turn« verstehen lassen.

Der vermehrte Fokus auf eine post-anthropozentrische Ethik wurde in der Rezeption dieser Arbeiten teilweise als entpolitisierend, als völlig banal oder als romantisierend begriffen. In der Tat trägt auch der Slogan zu diesem Kapitel als einziger der vier Slogans, die ich als Leitplanken für diese Darstellung ausgewählt habe, kein Ausrufungszeichen, sondern ist eine Feststellung: »Der Hund ist mein Ko-Pilot.«[15] Wie ich gezeigt habe, sind damit allerdings sehr wohl Imperative verknüpft, und aus der relationalen Ontologie der Gefährt*innenspezies heraus eröffnet Haraway ein ethisches Universum, das die neugierige und nicht vereinnahmende Begegnung mit Andersheit ins Zentrum stellt. Ihre Ethik des Anderen beharrt darauf, die antwortenden Kapazitäten der Welt ernst zu nehmen, wobei menschliche und mehr-als-menschliche Andersheit als Irritationsinstanzen in Betracht kommen, die Eigenes hinterfragen und in dieser Weise Politisierungen und Transformationen anstoßen können. Dies war, was ich als *politische* Ethik bezeichnet hatte: Haraway stellt keinen Regelkatalog für gutes oder richtiges Antworten auf, normative Maßstäbe und Urteile müssen in politischen und politisierenden Prozessen stets neu errungen werden. Allein der normative Horizont einer Minimierung des Leidens und des Tötbar-Machens lassen sich als Richtschnur für ein besseres speziesübergreifendes Zusammenleben verstehen.

4. Kritter – Macht euch verwandt, nicht Babys!

In ihrer zuletzt vorgelegten Monografie *Unruhig bleiben. Die Verwandtschaft der Arten im Chthuluzän* (2018), die im englischsprachigen Original unter dem Titel *Staying with the Trouble. Making Kin in the Chthulucene* 2016 erschien, schließt Haraway an ihre Überlegungen zur Gefährt*innenspezies und zu einer Ethik des Antwortens an, fragt aber stärker nach deren Implikationen für politische Praktiken in Zeiten ökologischer Verwerfungen und besonders des massenhaften Aussterbens von Arten. Ihre »Menagerie der Figurationen« (HLL: 135) wird erneut erweitert um »Figuren, die Kreaturen der vorgestellten Möglichkeit und gleichzeitig Kreaturen der kämpferischen und gewöhnlichen Realität sind« (WSM: 4). Haraway führt die theoretische Aufmerksamkeit für und die Aufwertung von alltäglichen Praktiken und Verweltlichungen weiter, die bereits mit ihrem Fokus auf Hunde einherging. Wichtige Gefährt*innen in *Unruhig bleiben* sind Tauben, Schafe, Akazienbäume, Samen, Ameisen, Spinnen, Monarchfalter, Oktopusse, das Hormonpräparat Premarin, und so fort. Eine Bezeichnung für diese Begleiter*innen, die in vorigen Arbeiten Haraways schon gelegentlich fiel, aber nun besonders wichtig wird, ist das Wort Kritter (im Orig. *critter*). Mit diesem bezeichnet Haraway nun menschliche und nicht-menschliche Entitäten in ihren ko-konstitutiven, nicht immer friedlichen Verhältnissen. Im US-amerikanischen Sprachgebrauch – so bemerkt sie – wird ›Kritter‹ für alle möglichen *varmints* gebraucht, was sowohl »Schädling« wie auch »Racker« bedeuten kann. Kritter sind durchtrieben und gewitzt, ›tricksend‹ – ließe sich mit Blick auf Haraways Naturbegriff in früheren Arbeiten hinzufügen (vgl. oben Kapitel 1.3). In ihrer Monografie verwendet sie »Kritter großzügig: für Mikroben, Pflanzen, Tiere, Menschen, Nicht-Menschen und manchmal auch für Maschinen« (UB: 231).

Ähnlich wie auch in den Arbeiten zu Gefährt*innenspezies, die in *Unruhig bleiben* mit dem Begriff Artgenoss*innen übersetzt werden,[16] geht es Haraway in der Analyse unterschiedlicher Kritter darum, neue theoretische und begriffliche Zugänge zu finden, und zwar in einer Zeit, in der »die besten Biologien des 21. Jahrhunderts mit abgegrenzten Individuen plus Kontext ihre Arbeit nicht mehr erledigen können« (UB: 47; Übers. korrigiert K.H.). Natur- wie Sozialwissenschaften würden – das ist eine von Haraways Ausgangsüberlegungen – zunehmend begreifen, dass »menschlicher Exzeptionalismus und eingeschränkter Individualismus [...] undenkbar werden. Ernsthaft undenkbar: nicht mehr für das Denken zur Verfügung stehend« (UB: 47). Mit dieser Einsicht schreibt sich Haraway nicht nur in das radikal relationale Denken Neuer Materialismen ein, sondern sie reagiert auch auf Trends in den Lebenswissenschaften, die zunehmend symbiotische Beziehungen als Regelfall im Kontext evolutionärer Prozesse begreifen und die Vorstellung fein säuberlich abgrenzbarer Organismen und Körper unterlaufen (siehe Yong 2016; Folkers/Opitz 2019). »Wir waren nie Individuen« (Gilbert et al. 2012), konstatiert etwa ein biologischer Aufsatz bereits im Titel und weist damit jene Implikation einer speziesübergreifenden relationalen Ontologie aus, die auch Haraway ins Zentrum ihrer Analysen stellt. Kritter sind dabei die Wesen, die in Praktiken des Komponierens Verknüpfungen herstellen, aber auch Vorgefundenes kompostieren und teilweise zersetzen:

»Kritter stehen für- und ineinander bei jeder Durchmischung und Umlagerung des terrestrischen Komposthaufens auf dem Spiel. Wir sind Kompost, nicht posthuman; wir bewohnen den Humusismus, nicht den Humanismus. Philosophisch wie materiell bin ich Kompostistin, nicht Posthumanistin. Kritter – menschliche und nichtmenschliche – werden miteinander, komponieren und dekomponieren einander, in allen Maßstäben und Registern von Zeitlichkeit und Stofflichkeit; in sympoietischen Verwicklungen, in ökologisch-evolutionären-entwicklungsgeschichtlichen irdischen Verweltlichungen und Entweltlichungen.« (UB: 134)

Prozessen des Komponierens und Dekomponierens geht Haraway in *Unruhig bleiben* nach. Und auch die Komposition dieses Buchs besteht aus einer Reihe von Fallstudien, die die Verwandtschaft der Spezies an spezifischen Orten und Zeiten aufsuchen und narrativ über sich hinaustreiben.

Im Folgenden stelle ich zentrale Motive der Monografie und angrenzender Arbeiten vor. Zunächst wende ich mich Haraways Einmischung in die ausufernden Debatten rund um den Begriff des Anthropozäns zu, mit dem seit der Jahrtausendwende das ›Zeitalter des Menschen‹ beschrieben wird, welches das Holozän abgelöst habe, weil sich Spuren menschlicher Handlungsmacht und Kultur geologisch nachweisen ließen. Mit dem seltsamen Begriff des »Chthuluzäns« formuliert Haraway zwar durchaus eine Kritik an einigen Implikationen des Anthropozäns, sie will aber nicht so sehr einen Vorschlag für die Bezeichnung des gegenwärtigen Erdzeitalters unterbreiten, denn einen Modus des In-der-Welt-Seins skizzieren, der dazu in der Lage ist, Transformationspotenziale aufzudecken und den mannigfaltigen Artikulationen der Akteurschaft der nicht-menschlichen Welt dabei einen Stellenwert einzuräumen (4.1.). Die darauf aufbauenden zwei Unterkapitel erläutern und diskutieren Haraways Slogan »Macht euch verwandt, nicht Babys!« (UB: 140), der für diese späten Arbeiten entscheidend ist. In diesem schlägt sich der für

Haraway werkübergreifend wichtige Topos einer Konzeption von Verwandtschaft jenseits von Blutsverwandtschaft und Speziesgrenzen nieder; die provokante These des zweiten Teils des Slogans führt ein neues Thema ein: Haraway ruft die wachsende Weltbevölkerung als eines der drängendsten sozial-ökologischen Probleme der Gegenwart auf. Der Slogan verweist für sie auf den – aus ihrer Sicht notwendigen – Anspruch, Fragen der Reproduktion verknüpft mit dem feministischen Ziel sexueller Selbstbestimmung und reproduktiver Freiheit mit ökologischen Fragen zusammenzudenken; ein Versuch, der in der Geschichte des Feminismus immer wieder unternommen wurde (etwa Firestone 1975; Eaubonne 1975). Das zweite Unterkapitel rekonstruiert Haraways Thematisierung des Bevölkerungswachstums, das in *Unruhig bleiben* und besonders in den spekulativen Geschichten über das hybride Baby ›Camille‹ eine wichtige Rolle spielt und in einem Aufsatz in dem gemeinsam mit Adele Clarke herausgegebenen Band *Making Kin Not Population* (2018) weiter ausgearbeitet und diskutiert wird. Ich stelle Kritiken an Haraways Rahmung des Problems dar und diskutiere, inwieweit Haraway vor dem Hintergrund der Zuspitzung ökologischer Krisen der Versuchung erliegt, ökologische Krisen verkürzend zu einem Problem der »Überbevölkerung« zu machen (4.2). Das dritte Unterkapitel wendet sich dann dem ersten Teil des Slogans zu: »Macht euch verwandt!« Mit dem viel zitierten *Making Kin* fasst Haraway den Modus eines Knüpfens und Schmiedens neuer Formen speziesübergreifender Beziehungen, die sie wiederum über die Kraft des Geschichtenerzählens zu erschließen beabsichtigt und dabei besonders auf künstlerisch-wissenschaftliche Projekte eingeht. Auch wenn diese kreativ-spielerisch-kritisch-spekulativen Analysen speziesübergreifender Gefüge für Haraways Gesamtwerk aussagekräftiger und anschlussfähiger für queer-feministische und andere kritische Interventionen sind, hat sie immer wieder darauf hingewiesen, dass der zweite Teil des Slogans genauso wichtig sei wie der erste:

> »Wir stellen uns vor, dass der ›Make-kin‹-Part einfacher ist und ethisch wie politisch auf stabilerem Boden steht. Das ist nicht wahr! ›Make kin‹ und ›Not babies‹ sind beide schwierig; beide verlangen unsere größte emotionale, intellektuelle, künstlerische und politische Kreativität, individuell wie kollektiv, über ideologische, regionale und andere Unterschiede hinweg.« (Haraway 2017b: 32)

Um anzudeuten, wie Haraway sich die Gestaltung speziesübergreifender Gefüge vorstellt, erläutere ich abschließend Haraways Ausarbeitung des Konzepts der Sympoiesis im Gegensatz zur Autopoiesis (4.3).

4.1 Chthuluzän-Geschichten: Zur Kritik der Anthropozän-Debatte

Die Gegenwart wird seit einigen Jahren häufig mit dem ein neues Erdzeitalter bezeichnenden Topos des Anthropozäns beschrieben (vgl. Crutzen/Stoermer 2000; Zalasiewicz et al. 2008; Horn/Bergthaller 2019). In seinem seither vielfach zitierten Artikel *The Geology of Mankind*, der 2002 in *Nature* erschienen ist, vertritt der mit dem Nobelpreis ausgezeichnete Chemiker Paul J. Crutzen die These, dass mit Ende des 18. Jahrhunderts das erdgeschichtliche Zeitalter des Holozäns abgelöst wurde von dem, was er Anthropozän nennt. Einem Zeitalter also, in dem der Mensch zur maßgeblichen geologischen Kraft geworden sei (vgl. Crutzen 2002: 23). Auch vonseiten der Naturwissenschaftler*innen geht diese geologische Zeitdiagnose mit einem alarmierenden Impetus einher, weil die Erzählung die Vorstellung evoziert, die menschliche Ausbeutung des Planeten lasse diesen zurückschlagen. Die mittlerweile kaum mehr überschaubare und transdisziplinär geführte Debatte weist immer wieder auf deren doppelten Stellenwert hin: »teilweise geowissenschaftliche Hypothese, teilweise globaler Alarm« (Clark/Yusoff 2017: 7), womit die politische Aufladung der Diskussion unterstrichen wird. Die mit diesen Debatten einhergehende Aufmerksamkeit für die Probleme, die der fossile Kapitalismus gezeitigt hat, ist nun selbstverständlich auch in Haraways Augen ein Gewinn, allerdings ist die Anthropozän-Erzählung ihr zufolge auch von einem apokalyptischen Unterton und einer technologisch grundierten Erlösungsfantasie durchzogen. Beide wirken tendenziell lähmend, weil sie entweder Verzweiflung oder Hoffnung übersteigern und es versäumen, Potenziale für sukzessive und darin radikale Transformationen auszumachen (vgl. UB: 12f.). Mit dem Aufruf, Unruhe zu bewahren, möchte Haraway dieser Gefahr der Lähmung, die sie in der großen Erzählung über das Anthropozän angelegt sieht, einen anti-zynischen Modus entgegensetzen: Dieser erschließt durch die narrative Analyse spezifischer – partialer – Phänomene Veränderungspotenziale und beharrt darauf, dass immer noch etwas zu tun ist.

Ihre Kritik an der großen Erzählung über das Anthropozän spitzt Haraway unter acht Gesichtspunkten zu (vgl. UB: 72f.): Erstens handle es sich bei dem »Mythensystem rund um den Anthropos« (UB: 72) um eine Geschichte, die immer schlecht ende, um ein katastrophisches Szenario, das einem Zynismus Vorschub leiste und sich nicht mit »Weiterbestehen [im Orig. *ongoingness*; K.H.]« (UB: 72) beschäftige; zweitens suggeriere der Terminus, es sei die Spezies Mensch, die Geschichte macht, was verkennt, dass heterogene Gefüge menschlicher und nicht-menschlicher Aktant*innen die Welt permanent gestalten; drittens sei es ebenfalls ein Irrtum, davon auszugehen, Menschen und ihre Werkzeuge machten Geschichte, wie es die Technologieaffinität der Anthropozän-Erzählung nahelegt; viertens müsse »Geschichte« ersetzt werden durch eine Aufmerksamkeit für »Geogeschichten« (ebd.), die es erlaube, sukzessive Verschiebungen und die Entstehung neuer Beziehungen zu beschreiben und zu verstehen, anstatt von einem akteurszentrierten »Geschichte machen« auszugehen; fünftens sei der soziale Apparat »Anthropozän« kopflastig und weise eine Bürokratieaffinität auf – es dürfe aber nicht darum gehen, globale Krisen zu verwalten, sondern es müsse Raum geschaffen werden für andere Widerstandsformen; sechstens basiere das »Anthropozän« auf einer problematischen Theoretisierung von Relationen, nämlich derjenigen des Entitäten voraussetzenden utilitaristischen Individualismus; siebtens bezögen Theorien des Anthropozäns sich zu stark auf restriktive Systemtheorien, die evolutionäre Entwicklung nicht als Symbiogenese – also als heterogenen, interdependenten Prozess – fassbar machten und es auf diese Weise versäumten, auf die Ausbeutungen und das Leben auf Kosten heterogener Anderer hinzuweisen; achtens schließlich sei der Begriff des Anthropozäns ein Terminus, der vor allen Dingen für Intellektuelle im Globalen Norden von Belang sei, da er kein Idiom für lokale Probleme und Konzepte darstellt. Insgesamt weist Haraway demnach die Implikationen des Anthropozän-Begriffs zurück, indem sie dessen vereinheitlichende Tendenzen und die Annahme einer allein menschlich, dominant technologisch gemachten Geschichte kritisiert. Die Fehlentwicklungen dieser Geschichte ließen sich daher auch nicht als solche »managen«, wie es die u.a. von Protagonisten wie Crutzen geforderten technowissenschaftlichen Lösungen, beispielsweise Geo-Engineering, suggerierten (vgl. Crutzen 2002: 23).

Während die in der Anthropozän-Erzählung durchaus implizite These eines wirkmächtigen geosozialen Prozesses die für Haraways Gesamtwerk entscheidende Einsicht unterstreichen könnte, dass das Menschliche und das Nicht-Menschliche ineinander verschränkt sind, neigt der Fokus auf »den Anthropos« ihr zufolge dazu, die transformative Kraft des Zeitalters zu unterschlagen und eine starke Trennung zwischen Mensch und Natur wiedereinzuführen. Wenn demgegenüber geltend gemacht wird, dass es nicht allein »der Mensch« ist, der Geschichte macht, kann über die Analyse des Zusammenwirkens menschlicher und nicht-menschlicher Kritter deutlich werden, an welchen Stellen sich Transformationspotenziale für sukzessive Veränderungen auftun. Transformationen – im Guten wie im Schlechten – geschehen *in* diesen speziesübergreifenden Gefügen, weshalb es darum geht, sie zu gestalten und zu verstehen, wer und was an ihnen beteiligt ist: »Eine derart transformative Zeit auf Erden kann sicherlich nicht Anthropozän genannt werden!« (UB: 47 f.) Während andere Theoretiker*innen den kritischen Stachel der geologischen Zeitdiagnose durchaus anerkennen (vgl. etwa Lövbrand et al. 2015; Swanson et al. 2015), weist Haraway den Begriff des Anthropozäns zumindest als Beschreibung einer *transformativen* Zeit zurück. Besonders die Verwendung des Terms Anthropos – des Menschen als Kollektivsingular – führe notwendig zu Verdeckungen der Spezifika bei der Verteilung von Verantwortlichkeiten und erschließe daher auch kaum Handlungsspielräume (vgl. UB: 69 f.; 249 f.; für ähnliche Kritiken an der Begriffsbildung vgl. Chakrabarty 2009; Pyyhtinen/Tamminen 2011; Folkers/Marquardt 2017: 99 f.).

Ein begriffliches Angebot, das als Antwort auf die problematische Vereinheitlichungsgeste der Bezeichnung Anthropozän entwickelt wurde, ist die des »Kapitalozäns«, die den Fokus weg vom abstrakten Menschen hin zu kapitalistischen Ausbeutungsdynamiken verschiebt (vgl. Moore 2017; Altvater 2017). Der Umwelthistoriker und Ökosozialist Jason Moore argumentiert, dass der Begriff des Anthropozäns und besonders die Debatten um die Frage des Beginns dieses Erdzeitalters eine problematische Verengung bewirken. Während die Datierungsfrage zwar durchaus umstritten ist, wird der Beginn überwiegend im ausgehenden 18. und frühen 19. Jahrhundert angesetzt. Als Erklärung für diese Datierung wird oft die Industrialisierung genannt:

> »Die motivierende Kraft hinter dieser epochalen Verschiebung? Kohle und Dampf. Die treibende Kraft hinter Kohle und Dampf? Nicht Klasse. Nicht das Kapital. Nicht der Imperialismus. Nicht einmal Kultur. Sondern ... Sie ahnen es, der *Anthropos*: Die Menschheit als nicht weiter differenziertes Ganzes.« (Moore 2017: 595; Hervorh. im Orig.)

Wie auch Haraway ist Moore unzufrieden mit der homogenisierenden Geste der Anthropozän-Erzählung und historisiert und situiert »die Menschheit« in der Wirtschafts- und Sozialgeschichte kapitalistischer Vergesellschaftung. Dabei hebt er hervor, dass die Periodisierungsfrage entscheidende politische Konsequenzen hat. Umweltaktivistische Argumente, die die industrielle Revolution als Umschlagspunkt im Mensch-Natur-Verhältnis sehen, würden die weit längere Geschichte des Kapitalismus verkennen, die mit der Kolonisierung und damit in der Frühen Neuzeit ihren Ausgang nehme (vgl. ebd.: 607–620). In dieser Zeit seien Natur externalisiert, Raum und Zeit abstrakt gedacht und eine »frühmoderne Revolution der Arbeitsproduktivität« (ebd.: 620) ermöglicht worden, die abhängig von Techniken der Aneignung von »Billigen Naturen« (ebd.) sei. Mit »Billigen Naturen« beschreibt Moore all das, was Kapitalismus und Kolonialismus zur stillschweigenden Verfügungsmasse erklärt und sukzessive als ausbeutbar konstituiert haben. Günstig sind Rohstoffe und Böden etwa, weil die Folgekosten ihrer Ausbeutung und der Müll, den ihre Bearbeitung zurücklässt, nicht weiter bedacht wurden.

Feministische und postkoloniale Theoretiker*innen haben dieses Argument expliziter auf die Verstrickungen der Ausbeutungsverhältnisse des Kapitalozäns mit der Geschichte des Kolonialismus und der Sklaverei bezogen und ausgewiesen, in welchen Weisen die Konstitution von »Billiger Natur« und »Billiger Arbeit« rassifizierten und vergeschlechtlichten Logiken folgt. Kathryn Yusoff stellt im Anschluss an Sylvia Wynter (1994) – eine wichtige Vertreterin der Black Studies – heraus, dass die Kategorie »des Menschen« hochgradig rassifiziert ist (vgl. Yusoff 2018: 33–39). Das moderne, hegemoniale Verständnis des Menschen basiere auf einer dehumanisierenden Geste, die People of Color und Schwarze Personen aus der Kategorie des Menschen ausschließe. Die moderne Unterscheidung zwischen Mensch und Nicht-Mensch habe damit auch rassifizierte Menschen als »Billige Naturen« deklariert. Die Extraktion von Arbeitskraft in der Plantagenwirtschaft folge dem gleichen Muster wie die Extraktion vermeintlich »unberührten« Landes und natürlicher Ressourcen. Die Erzählung über das Kapitalozän betont vor diesem Hintergrund ein verändertes Natur- *und* Kapitalismusverständnis, das auch deren Verflechtungen mit dem Kolonialismus zu fassen vermag: »Kapitalismus entwickelt sich durch das Netz des Lebens.« (Moore 2018: 239) Ganz im Sinne Haraways bezieht sich Moore auf ein konstitutives Verständnis von Relationalität, in dem auch Nicht-Menschlichem eine aktive Rolle zukommt. Die Bedeutung der so erarbeiteten Kapitalozän-Perspektive liegt zum einen in der Ausflucht aus der homogenisierenden Geste des Anthropos, zum anderen formuliert sie ein dezidiert kapitalismuskritisches Programm, das es sich zum Ziel setzt, Inwertsetzungen von »Leben« innerhalb systemischer Naturkulturzusammenhänge nachzuvollziehen und zu verändern (vgl. ebd.: 242).

Haraway hat die Begriffsbildung »Kapitalozän« durchaus affirmativ aufgegriffen und konstatiert: »Wenn wir nur ein einziges Wort für die aktuellen [...] Zeiten hätten, müsste es sicherlich

Kapitalozän lauten.« (UB: 70) Auch sie betont, dass die Gegenwart massiv von den verheerenden Konsequenzen der kapitalistischen Produktions- und Konsumtionsweise geprägt ist, dass es sich dabei aber auch aus einer kapitalismuskritischen Perspektive heraus eben nur um *eine* Akteurin »im Spiel der planetenverändernden, historisch situierten, auch so ausreichend neuen, weltenden Beziehungen« (UB: 71; Übers. korrigiert K.H.) handle. Die Kapitalozän-Erzählung vermag im Gegensatz zu derjenigen über das Anthropozän zwar, die Rede vom Menschen als einziger Akteurin der Erdgeschichte zu vermeiden. Aber auch das Narrativ des Kapitalozäns laufe Gefahr, eine zu große Geschichte zu erzählen und sich einem Fortschrittsgedanken zu verpflichten (vgl. UB: 74). Es sei eben auch nicht »der Kapitalismus«, der gleichsam anonym Geschichte macht:

> »Das Kapitalozän ist relational hergestellt worden, nicht durch einen säkularen, gottähnlichen Anthropos, nicht durch das Gesetz der Geschichte, durch die Maschine selbst oder einen Dämon namens Moderne. Das Kapitalozän muss deshalb relational abgebaut werden, damit in materiell-semiotischen SF-Mustern und -Geschichten etwas komponiert werden kann, das lebbarer ist [...].« (UB: 74)

Es könne daher nicht (nur) um die pauschale und nicht weiter spezifizierte Zurückweisung dieses Systems gehen, denn es habe sich gezeigt, »dass die verschiedenen Denunziationen des Kapitalismus einzigartig ineffektiv gewesen sind. Wäre es anders, wäre er längst verschwunden.« (UB: 74) Um nicht dabei stehen zu bleiben, ein System zu »denunzieren« und sich »Vorhersagen im Stil von ›Das Spiel ist aus, es ist zu spät‹« (UB: 81) zu überlassen, ist es Haraway zufolge notwendig, von einem anderen, dichteren Verständnis der Gegenwart auszugehen. Das Kapitalozän könne von dort aus kompostiert – bzw. »relational abgebaut« – werden.

Die Suchbewegung nach Narrativen, die Einsatzpunkte für Kompostierungsbewegungen freilegen, beginnt Haraway mit der näheren Betrachtung eines spezifischen Organismus: der Spinne *Pimoa cthulhu* (vgl. UB: 48). Ihr Ausgangspunkt ist eine Lokalisierung dieser Spinne, die einen spezifischen Ort und eine Geschichte hat und aufgrund ihrer komplexen Konstitutionsbedingungen über sich hinausweist. Bei dieser Annäherung gehe es ihr nun keineswegs darum zu zeigen, dass alles mit allem zusammenhänge, sondern um eine detaillierte Auseinandersetzung mit spezifischen Verknüpfungen: »Niemand lebt überall; jeder lebt irgendwo. Nichts ist mit allem verbunden; alles ist mit etwas verbunden.« (UB: 48) *Pimoa cthulhu* wird für Haraway aufgrund ihrer *besonderen* Verortung interessant. Der Name der Spinne referiert auf das altgriechische Wort *khthonios* (χθόνιος), welches die Verbindung zum Boden und das Darunterliegende beschreibt, also jene tiefgreifende Relationalität aufruft, die Haraway bereits mit der Gefährt*innenspezies beschrieben hatte: eine Relationalität, die menschliche und nicht-menschliche Entitäten teilen und gemeinsam hervorbringen. Zugleich umfasst diese Trope den Gedanken, dass es sich bei einer Annäherung an so verstandene Relationalität um eine »matschige« Angelegenheit handelt – eine Angelegenheit, die sich in und mit der Welt abspielt. Sie steht für eine analytische Perspektive, die jede Fantasie von Reinheit, Abgeschlossenheit und Selbstidentität konterkariert (vgl. UB: 237 f.). Haraway schlägt dann eine Verschiebung in der Schreibweise der Spinne vor und leitet aus dieser ihre Bezeichnung der Gegengeschichten zum Anthropozän ab: »von *cthulhu* zu *chthulu*, wenn ich als *Pimoa chthulu* schreibe, dann entwerfe ich einen Namen für ein Anderswo, für ein Anderswann, das war, immer noch ist und sein könnte: das Chthuluzän« (UB: 49; Hervorh. im Orig.; Übers. korrigiert K.H.).[17] Mit dem Begriff »Chthuluzän« ist demnach weniger ein Zeitalter denn ein erzählerischer und gestalterischer Modus angedeutet, der die Diagnosen des Anthropozäns und Kapitalozäns ergänzt, irritiert und kompliziert.

Die Narrative über das Chthuluzän sollen dabei nicht so sehr abstrahieren, als vielmehr im Ausgang von konkreten Interdependenzgefügen die Gegenwart verdichten. Um dies zu verdeutlichen, weist Haraway darauf hin, dass sich das Suffix -zän von Altgriechisch *kainos* (καινός) ableitet, was eine ganz spezifische Temporalität beschreibe: »nämlich [die] Temporalität des dichten, feinfasrigen und klumpigen ›Jetzt‹, das althergebracht ist und doch wieder nicht« (Haraway 2017b: 27; vgl. Haraway/Franklin 2017: 55). *Kainos* bedeute aber auch »neu« und weise damit über die Gegenwart insofern hinaus, als es nicht einfach ein Zeitalter, eine Periode oder einen historischen Moment bezeichnet, sondern die komplexen Verflechtungen mit Vergangenheit und Zukunft mit sich führt, die die Gegenwart ausmachen. Das Suffix weist darauf hin, dass diese Gegenwart in ihrer Beziehungshaftigkeit fluide ist, dass sie punktuell für Neuverknüpfungen offen ist (und sich dauernd Neuverknüpfungen, aber eben auch Abbrüche und Erosionen ereignen). Jedes »Jetzt« ist expansiv, und zwar im Hinblick auf Vergangenes ebenso wie auf Zukünftiges. Mit dem Begriff des Chthuluz*äns* hebt Haraway den auf Zukünfte verweisenden Aspekt der gestaltenden Neuverknüpfung hervor, der sich für sie in einer geerdeten, chthonischen, »terrestrischen« (Latour 2018) Praxis ausdrücken muss:

»Chthuluzän ist ein einfaches Wort [lol; K.H.]. Es verbindet zwei griechische Wurzeln (*khthôn* und *kainos*) miteinander, die zusammen eine Art Zeitort benennen; einen Zeitort des Lernens, um die Idee eines responsablen (*response-able*) gemeinsamen Lebens und Sterbens auf einem beschädigten Planeten nicht aufzugeben. [...] *Kainos* kann voller Erbschaften sein, voller Erinnerungen, aber auch voll mit Kommendem, mit der Förderung dessen, was noch sein könnte. Ich höre *kainos* als dichte und andauernde Gegenwart, mit Zellfäden durchzogen, die alle möglichen Zeitlichkeiten und Stofflichkeiten durchdringen.« (UB: 10; Hervorh. im Orig.)

Der Zeitort des Chthuluzäns begreift die verdichtende Annäherung an die Gegenwart als zentrale politische Aufgabe und entwickelt Modi des Erzählens und In-der-Welt-Seins, die sich – nur auf den ersten Blick wenig glamourös – dem »Weiterbestehen« zuwenden und auf der Prämisse aufbauen, dass die Fantasie eines Austretens aus weltlichen Beziehungen nicht nur unmöglich, sondern auch gefährlich ist.

Chthuluzän-Geschichten zu erzählen ist für Haraway demnach auch eine ethische Aufgabe – ein Modus des Antwortens auf die und mit der Welt (vgl. Kapitel 3.2). Zentral für eine solche Erzählpraxis, die den komplex verorteten Anderen begegnet, ist es dabei, sich als *von* dieser Welt zu begreifen. Dies schützt vor Zynismus insofern, als durch das Erzählen partialer Geschichten auch partiale Veränderungen ermöglicht und Zukünfte erdacht werden können. Demgegenüber würden – so hat es Haraway einmal in einem Interview herausgestellt – die Kapitalozän- und die Anthropozän-Erzählung auf Gesten der Herausnahme, des ›Abschneidens‹ beruhen:

»Wenn wir uns abschneiden von unserem Kollektiv, unserem Mit-Werden, inklusive dem Sterben und Wieder-zu-Kompost-Werden. Wenn wir uns abschneiden von Sterblichkeit und der Furcht vor dem Tod, werden wir unsere schlimmsten Feinde in der endlosen Geschichte der Selbstkreation im Angesicht des Todes. Das sind die gelebten Geschichten des Anthropozäns und Kapitalozäns.« (Haraway/Kenney 2015: 269)

Diese zu großen Erzählungen – die durchaus gelebte Geschichten sind – bieten Haraway zufolge keine möglichen Zukünfte an und machen uns zu unseren schlimmsten Feinden, weil die Realitäten gemeinsamen Lebens und Sterbens verleugnet werden. Das

Chthuluzän möchte Geschichten stärken, die eine Ethik des Antwortens praktizieren. Die Begegnung mit »dem schieren Nicht-Wir« (UB: 81) könne es ermöglichen, zur Kenntnis zu nehmen, von welchen mannigfaltigen Bedingungen »Menschen« abhängen und dass in Gefügen menschlicher und nicht-menschlicher Handlungsmacht Geschichte gemacht werde: »Gedeihen muss als artenübergreifende Responsabilität und ohne die Arroganz der Himmelsgötter und ihrer Lakaien kultiviert werden.« (UB: 81 f.)

Der Kultivierung von Fähigkeiten des Antwortens geht Haraway beispielsweise in einer Chthuluzän-Geschichte nach, in der sie sich mit dem wissenschaftlich-künstlerischen Projekt PigeonBlog beschäftigt. In diesem sollten Daten über die Luftverschmutzung in Los Angeles County generiert werden. Die Ausgangsbeobachtung bestand darin, dass die Luftverschmutzung normalerweise mit fest installierten Aufzeichnungsgeräten gemessen wurde, die bewusst entfernt von belasteten Gegenden aufgestellt worden seien, so dass die Datenlage durch mobile Messgeräte verbessert werden könnte (vgl. UB: 34). Die Idee des PigeonBlog-Projekts war es, Tauben so auszustatten, dass sie durch ihre Flug- und Laufwege in Kollaboration mit Technologien, Menschen und weiteren Anderen Luftverschmutzungswerte aufzeichnen: So sollten Daten öffentlich zugänglich werden, die »provozieren, motivieren, verstärken, inspirieren und illustrieren« (UB: 34). Das Projekt versteht Haraway als kollaborativen Prozess des Sich-wechselseitig-Befähigens. Die aufwendige Installation sei ein komplexes Arrangement von »Verbindung[en] zwischen Vögeln, Technologien und Leuten« (UB: 35). Es brauchte zunächst einiges an Zeit, um den »Rucksack« (UB: 35), mit dem die Tauben fliegen sollten, so zu entwickeln, dass er für diese »bequem und sicher genug« (UB: 35) war. Niemand aus dem Team des PigeonBlogs, zu dem Künstler*innen, Forschende, wissenschaftliche Berater*innen, Taubenbesitzer*innen und Berater*innen für Elektronik gehörten, wolle »ängstliche und unglückliche Vögel [...] akzeptieren« (UB: 35). Der gemeinsame Prozess des Befähigens habe vielmehr auf »Vertrauen ineinander« (UB: 35) basiert. In einer gemeinsamen Komposition, in der sich alle Beteiligten veränderten und wechselseitig zu Neuem befähigten, sieht Haraway den Erfolg des Projekts. Die Flüge der Tauben und ihre komplexen Ermöglichungsbeziehungen als Befähigungsbeziehungen stellen den Kern dieser Chthuluzän-Erzählung dar, die anzeige, wie speziesübergreifend Welt erschlossen werden könne. Dieses Narrativ Haraways wirkt allerdings seltsam poliert. Machtverhältnisse und Ambivalenzen – etwa die Frage, ob die Tauben wirklich einen »Stolz« auf ihr Mitwirken am Projekt empfinden – werden ausgespart, wie Haraway in einer Fußnote selbst anmerkt:

> »Ich bin so gierig nach Geschichten über Kritter und ihre Leute, die zusammen arbeiten und spielen, dass ich nicht immer die Ecken und Kanten und insistierenden Probleme sehe. Ein PigeonBlog-Team-Mitglied hat mir informell erzählt, dass er es manchmal schwierig fand, den Tauben beim Fliegenlernen mit dem Elektronikrucksack zuzusehen, und dass sie auch während der Anprobe verärgert die Federn gesträubt haben. Er hoffte, dass sie stolz auf ihren Anteil waren; aber er hat mich daran erinnert, dass Arbeit und Spiel, ob für Kunst, für Wissenschaft, für Politik – oder für alle drei –, keine unschuldigen Aktivitäten sind und dass die Belastungen nur selten symmetrisch ausfallen.« (UB: 235, Fn. 28)

So stellt sich die Frage, wie sich herausfinden lassen soll, dass Tauben »stolz« auf ihren Anteil sind; wie sich sagen lässt, dass eine spezifische Befähigung von allen Beteiligten als »gut« empfunden wird. Das Konzept des Befähigens führt dabei einen normativen Maßstab ein, indem die Erweiterung des Raumes möglicher Tätigkeiten für unterschiedliche Kritter als Fluchtpunkt einer Ethik gemeinsamen Werdens verstanden wird. Allerdings sind es zuletzt Menschen, Theoretiker*innen, Künstler*innen, Forschende, die beurteilen müssen, was als Befähigung des nicht-menschlichen Anderen gilt. Damit wird weniger ein strategischer Anthropozentrismus eingesetzt, der eine besondere ethische Verpflichtung des Menschen hervorhebt, sondern ein normativer Anthropozentrismus eingeführt, da allein Menschen beschließen, was als »gute« Antwort gilt. In dieser Weise kommen allerdings auch systemische Vereinnahmungsdynamiken und Herrschaftsverhältnisse nur sporadisch in den Blick. Die enorme Wirkmacht von »Kapital« und »Anthropos« gehen in der Analyse unter, müsste aber doch auch in Strategien und Taktiken gegen diese zur Geltung kommen. Damit wäre zu fragen, ob Haraway die Debatte um das »Anthropozän« durch diese optimistischen Gegengeschichten möglicherweise nicht eher befriedet, anstatt sie weiter zu politisieren.

Während sich in der deutschsprachigen Haraway-Rezeption im Zuge der Publikation von *Unruhig bleiben* eine regelrechte Renaissance ihrer Theoriebildung andeutet und die These einer speziesübergreifenden Verwandtschaft als wegweisend für die kritisch-kreative Auseinandersetzung mit ökologischen Fragen gesehen wird (vgl. Loick 2017; Nastold 2020), haben im englischen Sprachraum einige Stimmen eben diese Entpolitisierungstendenz hervorgehoben (vgl. Lewis 2017; Battistoni 2017). So argumentiert Sophie Lewis (2017: o. S.), Haraways zuletzt vorgelegte Geschichten wirkten »von systemischer Analyse und Sozialismus bereinigt« und würden demgegenüber »eine vage und omnipräsente Tentakularität« beschreiben. Damit ist in der Tat ein Problem von Haraways Intervention in die Debatten um das Anthropozän angesprochen. So besteht zwar kein Zweifel, dass es anti-apokalyptischer Erzählungen bedarf, um nicht in völlige Lähmung zu verfallen; gleichzeitig ist es wichtig, die strukturellen Einbettungen dieser Geschichten mit zu erzählen, wie sie selbst andeutet:

»Das unabgeschlossene Chthuluzän muss den Abfall des Anthropozäns und die Tötungskraft des Kapitalozäns aufsammeln. Es muss schroten und schreddern und schichten wie ein verrückter Gärtner und einen noch viel heißeren Kompost für immer noch mögliche Vergangenheiten, Gegenwarten und Zukünfte herstellen.« (UB: 83)

Das Zusammenspiel ermöglichender *und* beschränkender soziomaterieller Dynamiken muss stärker in den Blick kommen oder in der Analyse allererst deutlich werden. Teilweise unterschätzt Haraway – bei aller berechtigten Kritik an den großen Erzählungen des Anthropozäns und Kapitalozäns – den Wert und die Dringlichkeit der Benennung der systemischen Dynamiken, von denen sich freizumachen nur eine Fantasie der Herausnahme fortschriebe, gegen die sie sich ansonsten so konsequent wendet.

4.2 Speziesübergreifende reproduktive Gerechtigkeit: Bevölkerung als (öko-)feministisches Problem?

Haraways Chthuluzän-Geschichten über speziesübergreifende Praktiken des wechselseitigen Befähigens werden trotz ihres latenten Optimismus durchaus als Gewinn für die kritisch-spekulativen feministischen Interventionen in Debatten um sozial-ökologische Transformation und gesättigte Verständnisse der gegenwärtigen ökologischen Krisen gesehen (vgl. Neimanis 2016; Franklin 2017). Anders steht es um ihre kritischen Einlassungen mit der wachsenden Weltbevölkerung und ihre alarmierende Beschreibung dieser Entwicklung, die deutlich kritischere Reaktionen hervorgerufen haben. Haraway ruft diesen Themenkomplex in der Tat in einem alarmistischen Ton auf, etwa wenn es in der Einleitung von *Unruhig bleiben* heißt:

»Eine *game-over*-Haltung drängt sich auf, wenn man intensiv spürt, und nicht nur weiß, dass die Zahl der Menschen im Jahr 2100 vermutlich über 11 Milliarden betragen wird. Das heißt, dass sich zwischen 1950 und 2100, also in nur 150 Jahren, die menschliche Weltbevölkerung um 9 Milliarden vergrößert haben wird. Dies wird sich nicht nur auf Arme und Reiche sehr unterschiedlich auswirken – wobei die Reichen die Erde viel stärker belasten als die Armen –, sondern vor allem verheerende Folgen für beinahe alle nichtmenschlichen Wesen haben.« (UB: 13; Hervorh. im Orig.)

Haraway bedenkt zwar Unterschiede der Konsequenzen in der Lebensführung unterschiedlicher Gruppen, gleichzeitig legt sie mit der Terminologie, dieses Problem »intensiv zu spüren«, bereits eine Containerlogik des überlaufenden Planeten nahe (die man fühlen könne). Solche Rhetorik und daran anknüpfende biopolitische Programme hat die feministische und postkoloniale Forschung in den vergangenen Jahrzehnten als äußerst problematisch ausgewiesen. So konnte gezeigt werden, dass internationale Bevölkerungspolitiken, etwa der Geburtenkontrolle im Globalen Süden, als ›Lösung‹ für Probleme des Globalen Nordens eingesetzt werden. Das Bild eines ›überfüllten‹ Planeten folgt demnach einer rassifizierten Logik, die sodann als wahre Externalisierungsmaschinerie wirkt: Die ökologischen Probleme werden nicht länger in Überproduktion und -konsumtion gesucht, sondern in abstrakten Geburtenraten andernorts – und dies mit all ihren rassistischen, anti-natalistischen, kontrollierenden und responsibilisierenden Effekten von der Verabreichung von Verhütungsmitteln bis hin zu Zwangssterilisationen (vgl. Hartmann 1996; Schultz 2006; Wilson 2012: 69–96; Sasser 2018). Es ist also in der Tat fraglich, ob die Ausarbeitung eines (öko-)feministischen Programms für eine lebbare Zukunft sich ausgerechnet in dieser Weise – heißt: in der Terminologie von Biopolitiken der Bevölkerung – auf die Fragen der Reproduktion und des Umweltschutzes beziehen sollte.

Im Feld der Reproduktion treffen sich feministische und ökologische Themen, weil es um die Frage des Erhalts des Lebens geht: Mit dem Slogan »Macht euch verwandt, nicht Babys!« will Haraway im Anschluss an die besonders von Schwarzen Feminismen geprägten Forderungen nach reproduktiver Gerechtigkeit eine Vision *speziesübergreifender* reproduktiver Gerechtigkeit (*multispecies reproductive justice*) erarbeiten, die sich dem »Weiterbestehen« (UB: 72) der Welt verschreibt. Reproduktive Gerechtigkeit (*reproductive justice*) umfasst nach Loretta J. Ross drei Aspekte: »(1) Das Menschenrecht kein Kind zu haben; (2) Das Menschenrecht ein Kind zu haben; (3) Das Menschenrecht Kinder in einer sicheren und gesunden Umwelt aufzuziehen.« (Ross 2016: xvi) Der Versuch, eine speziesübergreifende reproduktive Gerechtigkeit zu konzipieren, wendet sich den Bedingungen des Aufziehens von Kindern in ihren auch ökologischen Dimensionen zu. Damit wird betont, dass menschliche Reproduktion stets auch mit ihren ökologischen Voraussetzungen verwoben ist, oder besser: ein Teil von diesen ist. Der zweite Part des Haraway'schen Slogans kann allerdings eindeutig als Infragestellung der ersten beiden Forderungen reproduktiver Gerechtigkeit verstanden werden, und auch aus diesem Grund ist sie dafür scharf kritisiert worden (vgl. Albernaz 2018). Etwa Jennifer Mae Hamilton (2017) hat in ihrer Auseinandersetzung mit *Unruhig bleiben* argumentiert, dass die politischen Anliegen Haraways – das feministische und das post-anthropozentrische oder ökologische – unvereinbar seien. Haraways Ziel, der Problematik einer wachsenden Weltbevölkerung anti-rassistisch, anti-kolonial, anti-kapitalistisch, pro-queer und feministisch zu begegnen, sei eine falsche Beteuerung, da aus feministischer Perspektive zuletzt der Schutz reproduktiver Freiheit als Recht zur Wahl und Selbstbestimmung im Zentrum stehen müsse und nicht gegen ökologische Ziele ausgespielt werden dürfe. Wie stellt sich Haraway also eine Integration beider Ziele als Projekt einer speziesübergreifenden reproduktiven Gerechtigkeit vor?

In ihrer spekulativen Fabulation »Camilles Geschichten. Die Kinder der Kompostisten« (UB: 187–229), die das letzte Kapitel von *Unruhig bleiben* ausmacht, hat Haraway darüber nachgedacht, wie ein gutes Leben und Sterben im Sinne ihres Slogans möglich werden könne. Um sich diesen Fragen zu nähern, widmet sie sich der Schreibaufgabe, »ein Baby auszudenken und das Kind durch fünf menschliche Generationen zu bringen« (UB: 187). Die Aufgabe wurde ihr erstmals auf einem von Isabelle Stengers ausgerichteten Workshop gestellt, wo Haraway diese gemeinsam mit der Wissenschaftsphilosophin Vinciane Despret und dem Filmemacher Fabrizio Terranova anzudenken begann, aber in ihrer Monografie ausbaut. Das ›Baby‹ heißt Camille und ist ein Hybrid aus Mensch und Monarchfalter.

Die Geschichte von Camille Nummer eins (2025) bis fünf (2425) beginnt in der Gegenwart, wobei sich Haraway bei der Beschreibung dieser Situation der spekulativen Praxis einer Geschichtsschreibung der Zukunft bedient, und zunächst konstatiert, Historiker*innen würden auf die Phase, in der Camille 1 die Erde betrat (2025), als Zeit des »großen Zauderns« (UB: 200) zurückblicken:

»›Das große Zaudern‹ war eine Zeit unproduktiver und weitverbreiteter Angst vor Umweltverschmutzung, dem sich unverkennbar beschleunigenden Massensterben, gewaltsamen Klimawandel, sozialer Desintegration, sich ausweitenden Kriegen, fortdauerndem Wachstum der menschlichen Weltbevölkerung aufgrund der hohen Zahl bereits geborener junger Menschen (obwohl die Geburtenziffer beinahe überall unter die Ersatzrate gefallen war) und enormer Migrationen von menschlichen und nicht-menschlichen Geflüchteten ohne Zufluchtsorte.« (UB: 200)

In dieser Situation sei es zunehmend zur Bildung von Gemeinschaften gekommen, die den bedrohlichen Verhältnissen etwas entgegensetzen wollten und die Haraway als »Kompostistengemeinschaften [im Orig. *Communities of Compost*; K.H.)« (UB: 191) bezeichnet. In diesen – so Haraways Fabulation – kommen heterogene Bewohner*innen zusammen, die sich durch geteilte Praktiken verbinden, Verbindlichkeiten schaffen, und dies zwar wiederum durch gemeinsame Praktiken, die es erlaubten, »sich auf innovative Art und Weise verwandt zu machen« (UB: 191). In den Kompostistengemeinschaften werde Verwandtschaft nicht länger über Blutsverwandtschaft definiert. Vielmehr müsse »jedes Kind mindestens drei Eltern haben, die alte oder neue Formen von Geschlecht praktizieren mochten, oder auch nicht. [...] Neue Kinder müssen selten und kostbar sein, und sie müssen sich in stabiler Begleitung von Alten und Jungen aus vielen Arten wissen.« (UB: 192) Reproduktive Entscheidungen würden vor diesem Hintergrund immer weniger als individuelle Entscheidung wahrgenommen und Kinder kollektiv aufgezogen: »Die Kinder der Kompostisten hegen und pflegen die Geborenen auf jede nur erdenkliche Art und Weise, auch wenn sie daran arbeiten und dafür spielen, die Apparate des Sich-verwandt-Machens zu transformieren und die Belastung der Erde durch die hohe menschliche Bevölkerungszahl überall deutlich zu senken.« (UB: 193) Allen Neugeborenen, die aus einem kollektiven Entscheidungsprozess hervorgegangen sind, werde zudem ein vom Aussterben bedrohter »Tiersymbiont« (UB: 193) zugeordnet. Es gibt dann also Kinder, die »als Symbionten geboren wurden, und [solche], die als konventionellere menschliche Individuen auf die Welt kamen« (UB: 194). Symkinder sollten ihre Symbionten fördern und neue Praktiken der Sorge einüben. Um dafür eine auch materielle Nähe herzustellen, seien Körpermodifikationen die Regel: »Bei der Geburt werden dem physischen Erbe des Symkindes ein paar Gene und ein paar Mikroorganismen des tierischen Symbionten hinzugefügt, damit das menschliche Teammitglied die Sensibilität seines tierlichen Kritters und dessen Antworten auf die Welt lebhafter erfahren kann.« (UB: 195)

Camille ist eines dieser Kinder der Kompostist*innen und besitzt einen »Sym« – den vom Aussterben bedrohten Monarchfalter (vgl. UB: 196). Monarchfalter sind eine wandernde Spezies in Korridoren zwischen Mexiko und Kanada und aufgrund der Folgen von Gentechnik und des Einsatzes von Chemikalien gefährdet, weil »ihr unverzichtbares Futter – die Blätter heimischer Seidenpflanzen – entlang der Strecke vernichtet« (UB: 196) sei. Lücken dieser Art zu schließen und Wege des Weiterbestehens zu finden ist eine der Aufgaben und Teil der eingegangenen Verbindlichkeiten der Kompostist*innen. Diese sich-verwandt-machenden Entitäten, Organismen, Subjekte schaffen generative Orte und erproben neue Formen des Zusammenlebens, die Fähigkeiten hervorbringen oder erweitern. Die Syms und Kompostist*innen sind in den unterschiedlichen Generationen mit verschiedenen Aufgaben, teilweise auch Konflikten konfrontiert, sie arbeiten daran, Umweltgerechtigkeit herzustellen und dabei das Prinzip des Sich-verwandt-Machens ins Zentrum zu stellen. Camille 2 etwa lernt »viel über die indigene Renaissance [...], die in den frühen Jahren des 21. Jahrhunderts begonnen hatte« (UB: 214), und beginnt, sich an diesen Praktiken zu orientieren. Die Leben der Kompostist*innen sind nicht konfliktfrei, insbesondere »Syms und Non-Syms konnten sich, manchmal recht buchstäblich, nicht in die Augen sehen« (UB: 194). Langfristig aber finden die Kompostistengemeinschaften neue Wege der Gestaltung der Reproduktion, im engeren wie im weiteren Sinn. Die Weltbevölkerung sinkt über die Generationen der Camilles stetig, denn die Kompostist*innen hätten ein Reproduktionsprinzip eingesetzt, das an Umweltgerechtigkeit ausgerichtet sei: »Dieses Muster präferierte und stärkte (1) die Armen unter den Menschen, (2) biodiverse, natursoziale Ökosysteme und (3) die verletzlichsten aller Kritter und ihre Lebensräume.« (UB: 218) Es kommt zu einer sukzessiven »planetenweite[n] ontologische[n] Revolution des Sich-verwandt-Machens« (UB: 222). Camille 5 stirbt schließlich 2425, die menschliche Weltbevölkerung beträgt drei Milliarden Erdbewohner*innen (vgl. UB: 226).

An kaum einer anderen Stelle in ihrem Werk hat Haraway den narrativen Zugang zur Theoriebildung so radikalisiert wie in den Geschichten über Camille. Die spekulative Erzählung zeichnet eine Geschichte über speziesübergreifende Verwandtschaft und lässt sich sicher nicht als abgeschlossene politische Agenda oder Rezept dafür begreifen, was zu tun sei. Trotzdem ist die Fabulation freilich keineswegs unpolitisch, und die Reduktion der menschlichen Bevölkerung ist hier ein – wenn nicht *der* – normative Fluchtpunkt der Praktiken des Sich-verwandt-Machens. Die queere Aneignung von Verwandtschaft und die Ausweitung und Erprobung von neuen Care-Gemeinschaften oder »Communities of Care« (Laufenberg 2012) können dabei sicher Hinweise dafür bieten, wie den sozial-ökologischen Verwerfungen der Gegenwart etwas entgegenzusetzen ist, und darüber hinaus einen progressiven Verwandtschaftsbegriff jenseits der Blutverwandtschaft informieren. Kontraintuitiv zu Haraways Dekonstruktion der genetischen Verwandtschaft ist indes ihre Fantasie der Körpermodifikationen, um Nähe zwischen Spezies herzustellen. Und schließlich bleibt die Frage offen, warum das Vokabular eines wachsenden Bevölkerungsdrucks mittels pauschaler Zahlen bedient wird, als wäre »die Weltbevölkerung« tatsächlich eine nicht weiter differenzierungswürdige, abgrenzbare Größe, die sich beliebig regieren oder managen ließe. Warum also Haraways Festhalten am Bevölkerungsbegriff?

In ihrem Essay *Making Kin in the Chthulucene: Reproducing Multispecies Justice* (2018) hat Haraway ihre Überlegungen zum Nexus von Bevölkerung, Reproduktion und ökologischen Krisen aufgegriffen, weniger spekulativ ausgeführt und versucht, diese Frage zu beantworten. Der Text ist in einem gemeinsam mit Adele Clarke herausgegebenen Band mit dem Titel *Making Kin Not Population* (2018) erschienen. In der Einleitung formuliert Clarke das gemeinsame Anliegen der versammelten Beiträge als Versuch der Ausarbeitung »von durch feministische Wissenschaftsforschung informierte pro-verwandtschaft [im Orig. *pro-kin*; K.H.] und nicht-natalistische Politiken reproduktiver Gerechtigkeit für *alle* Spezies und von Zukunftsvorstellungen für ihre Realisierung in unserer Ära ökologischer Krisen und Degradierung« (Clarke 2018: 1; Hervorh. im Orig.). Mit der Betonung nicht-natalistischer Politiken wird zum einen hervorgehoben, dass das Recht, ein Kind zu haben, nicht infrage gestellt wird, und zum anderen unterstrichen, dass der Verwandtschaftsbegriff aus seinen biologistischen Verengungen gelöst werden soll. Wie Clarke betont, gehe es dem Band um die – ambitionierte – Formulierung eines Konzepts »speziesübergreifender reproduktiver Gerechtigkeit, die voll integriert ist in menschliche und nicht-menschliche Umweltgerechtigkeit« (ebd.: 2) und dabei auch eine Antwort auf eben das steigende Bevölkerungswachstum sei.

Haraway geht in ihrem Beitrag von den »immensen Intensivierungen und Multiplikationen des Lebens und Sterbens, von erzwungenem Leben und erzwungenem Sterben« (MKC: 71) auf dem Planeten seit Mitte des 20. Jahrhunderts aus. Im losen Anschluss an Jason Moore (2015) verfolgt sie einen welt-ökologischen Zugang zur Demografie, der es erlauben soll, die naturkulturellen Zusammenhänge zwischen dem intensivierten menschlichen Bevölkerungswachstum und anderen Entwicklungen wie beispielsweise dem Aussterben von Arten und den

Enteignungen von Ländereien und Ressourcen herauszuarbeiten. Damit verweist Haraway auf jene Entwicklungen, die in der Forschung unter dem Stichwort der Großen Beschleunigung (*Great Acceleration*) diskutiert werden (Steffen et al. 2015). Ins Zentrum ihres Textes stellt sie das intensive Wachstum zweier miteinander verstrickter Populationen, die Haraway mit der Unterscheidung zwischen den »Geborenen« (*The Born Ones*) und den »Verschwundenen« (*The Disappeared*) zu fassen versucht. Die »Geborenen« seien dabei jene Gruppe menschlicher und mehr-als-menschlicher Entitäten, denen eine Funktion und eine Wertigkeit in der Welt zukomme; die »Verschwundenen« seien demgegenüber mit weniger Lebenschancen ausgestattet, tendenziell dysfunktional für nationalstaatliche und kapitalistische Ziele und deshalb ausbeut- oder gar tötbar.

»Zu den Geborenen gehören die kaum vorstellbaren [...] in die Multi-Milliarden gehende Anzahl von Menschen, Tieren der industriellen Nahrungsmittelherstellung, und von Haustieren, die so in Wert gesetzt werden, dass sie einen aufgeblasenen Konsumentenstatus haben. Die Verschwundenen umfassen Menschen, die widerständig gegenüber kriminellen Nationalstaaten sind, die Inhaftierten, verlorene Generationen indigener und anderer unterdrückter Leute und Völker, unbändige Frauen, von Menschenhandel betroffene Kinder, erwachsene Sexarbeiter*innen und andere Arbeiter*innen, junge Leute, die Schwarz oder ›Brown‹ sind, entbehrliche junge Leute jeder Race oder Ethnizität, Migrant*innen, Geflüchtete und Displaced People, staatenlose Leute, Menschen, die von ethischen Säuberungen oder Genozid betroffen sind, und bereits 50% der gesamten wilden Wirbeltiere, die auf der Erde und in ihren Ozeanen noch vor 50 Jahren gelebt haben, sowie 76% der Frischwasserspezies.« (MKC: 73)

Die Produktion von unterschiedlichen Bevölkerungen im Plural steht also im Zentrum von Haraways Betrachtungen. So gebe es ganze Populationen, die als Verschwundene geboren würden, also als außerhalb der kapitalistischen, neokolonialen Verwertungslogik. Diesen massiven Ausschlüssen und oft nekropolitisch ausgelieferten Gruppen korrespondiert »das Gewicht der Geborenen [als] ein extinktionistischer und extraktivistischer Druck für Menschen und Nicht-Menschen« (MKC: 87). Die »Verschwundenen« können allerdings in der Widerständigkeit, die bereits in der Aufrechterhaltung ihrer schieren Existenz Ausdruck findet, ein Ausgangspunkt für solidarisierende Verknüpfungen gegen globale kapitalistische und nationalistische Projekte sein – auch gegen eine Ausweitung der Gruppe der Geborenen (vgl. MKC: 90).

Zentral für Haraways Argument ist, dass beide Gruppen menschliche und nicht-menschliche Entitäten umfassen: »Die menschlichen Geborenen und die Geborenen anderer Arten sind intim verknüpft in ihren reproduktiven und Welt-machenden Apparaten.« (MKC: 76) Ein wichtiges Beispiel ist die systematische Produktion von »Geborenen« in der industriellen Fleischproduktion, die gemäß kapitalistischer Verwertungslogik produziert, allerdings dadurch »wertgeschätzt« werden, dass sie im Rahmen ihres durchregulierten Lebenszyklus immer schon »tötbar« sind (vgl. oben Kapitel 3.2). Die steigenden Produktionsraten von Fleisch hätten hierbei »einen Einfluss auf die Erde, die in der gleichen Liga spielen wie viele andere extraktive und umweltschädliche Unternehmen im Anthropozän« (MKC: 76). Aber auch an die nicht immer schon tötbaren Haustiere und die sie umrankenden Konsumanreize sei zu denken. Die »Verschwundenen« als jene, die nicht gezählt werden, sind Haraway zufolge verwoben mit den »Geborenen« und in dieser Beziehungshaftigkeit »heimsuchende Geister« (MKC: 78), weil es sich bei diesen menschlichen und nicht-menschlichen Anderen um »verlorene Angehörige« (MKC: 79) handle. Eine Praxis des Sich-verwandt-Machens muss demnach auch Beziehungen mit den vermissten, ungezählten, verschwundenen Verwandten anerkennen, aktiv herstellen und gestalten. Bei solchen Praktiken handle es sich um »speziesübergreifende Gewebe mit einem zentralen menschlichen Faden« (MKC: 79). Der Fluchtpunkt einer Politik, die auch sinkende Geburtenraten zum Ziel hat, wäre vor diesem Hintergrund – im Sinne speziesübergreifender reproduktiver Gerechtigkeit – daran ausgerichtet, erstens Bedingungen zu schaffen, in denen »Babys zu gedeihenden Erwachsenen heranwachsen können« (MKC: 79), und zweitens Reproduktion nicht als etwas aufzufassen, dem es nur »um die Babys meines eigenen Körpers« (MKC: 79) geht. Vielmehr plädiert Haraway für eine umfassende Thematisierung von Fragen der Reproduktion, die die Verteilung von (Über-)Lebenschancen in ihren ökologischen, vergeschlechtlichten, rassifizierten und klassenspezifischen Dimensionen thematisiert.

Nun stellt sich jedoch für so ein Projekt die Frage, inwieweit es notwendig ist, dieses ausgehend von einer Problematisierung des menschlichen Bevölkerungswachstums zu denken, als ließe sich diese Entwicklung von anderen isolieren. Haraway koppelt ihr Argument für ein Festhalten am Begriff der »Bevölkerung« und einer politischen wie ethischen Arbeit mit diesem Konzept an eine wissenschaftstheoretische und -politische Überlegung. Es geht ihr darum, andere Formen des Zählens zu entwerfen und zu stärken, und zwar Weisen, »die anders sind als weitere populationistische Aufregungen in ihren apokalyptischen oder entwicklungslogischen Modi« (MKC: 84). Hierfür würden sich Wissenspraktiken anbieten, die Relationalitäten in den Fokus rücken, anstatt individualisierte, zählbare Entitäten vorauszusetzen, wie Haraway werkübergreifend betont. Dennoch und überraschenderweise will sie am Populations- bzw. Bevölkerungsbegriff, der die Zählbarkeit von abgeschlossenen Entitäten voraussetzen *muss*, festhalten und ihn in seiner Wirkmächtigkeit ernst nehmen: »Darum zu wissen, dass ›Bevölkerung‹, genauso wie ›Reproduktion‹, biopolitische Operatoren sind, lässt sie nicht verschwinden. Gemacht heißt nicht erfunden [im Orig. *Made ist not made up*; K.H.].« (MKC: 84). Demnach reklamiert Haraway, dass es für eine Aneignung des Bevölkerungsbegriffs darauf ankomme, auf *welche* Daten Bezug genommen werde – Zahlen und Big Data seien nicht alle gleichermaßen schlecht.

Haraway führt drei Beispiele an, die zeigen, was aus ihrer Sicht ein sinnvoller wissenschaftlicher Bezug auf »Bevölkerung« heißen könnte und welche Daten in diesem Zusammenhang entscheidend seien: eine Studie über die ungleich verteilte Mortalität in Abhängigkeit vom sozialen Status (Coleman 1982); eine Analyse, die in den 1990er Jahren den Versuch unternommen hat, verstorbene Säuglinge im Nordosten Brasiliens zu zählen und ihnen damit Realität zu verleihen (Scheper-Hughes 1993); und schließlich einen Beitrag, der rassistisch und klassenspezifisch stratifizierte Ungleichheiten in Bezug auf reproduktive Freiheiten erhoben hat (Rutherford 1991) und den Haraway als »Modell für Bevölkerungszählung und feministischer Arbeit an Gerechtigkeit im Idiom der Statistik« (MKC: 86) bezeichnet. Bessere Darstellungen der Welt, mit denen auch Politik gemacht werden kann – daran lässt Haraway in ihrem gesamten Werk keinen Zweifel –, sind auf Wissenschaft angewiesen: »Gute Fakten zu machen ist fundamentale Arbeit für nicht-zynische, wissenschaftsfreundliche, geschickte Erwachsene.« (MKC: 87)

Vor diesem Hintergrund kritisiert Haraway dann eine allein kritische Auseinandersetzung mit Bevölkerungspolitiken in antirassistischen feministischen Debatten:

> »Und so komme ich zu der Überzeugung, die ich über die letzten paar Jahre geformt habe, dass die antirassistische feministische Vermeidung, öffentlich über die drängenden Dringlichkeiten der menschlichen und nicht-menschlichen Populationen nachzudenken und zu handeln, der Leugnung des anthropogenen Klimawandels durch manche tief gläubige Christ*innen durchaus ähnlich ist.« (MKC: 87)

Der Vergleich einer anti-rassistischen, feministischen Vermeidung eines problematischen Themas oder der allein destruktiven Kritik an Bevölkerungspolitiken mit Klimawandelleugnenden geht ohne Frage zu weit. Die kritische Analyse eines Phänomens erkennt dessen »Realität« sehr wohl an. Inwieweit feministische Thematisierungen des Bevölkerungswachstums unzureichend oder vereinseitigend sind, ist demgegenüber eine ganz andere Frage: Vermeidung und (destruktive) Kritik ist jedoch noch keine Leugnung. Was Haraway allerdings unerbittlich zu zeigen versucht, ist, dass eine *allein* destruktiv-kritische Auseinandersetzung dazu tendiert, das Problem unsichtbar zu machen, auch indem »-ismen« als monokausale Erklärungen eingebracht würden und Handlungsspielräume verdeckten:

> »Aber Kapitalismus, Imperialismus, Neoliberalismus, Modernisierung oder irgendeinem anderen ›nicht-wir‹ die Schuld für die anhaltenden Zerstörungen zu geben, die mit menschlichen Zahlen verwoben sind, wird nicht funktionieren. Wirkliche Babys, und nicht nur Populationen, stehen auf dem Spiel. Diese Themen erfordern schwierige und unnachgiebige Arbeit; aber sie erfordern auch Freude, Spiel und die Fähigkeit des Antwortens, um mit unerwarteten Anderen in Kontakt zu treten. Auf die Eigensinnig-Verwandten [im Orig. *oddkin*; K.H.] – nicht-natalistisch und fern der Kategorie!« (MKC: 88)

Der Gestus, eine anonyme Struktur für bedrohliche Probleme und ökologische Zerstörungen verantwortlich zu machen, lässt die Probleme nicht verschwinden. Vielmehr werden komplexe Verantwortlichkeiten, Verknüpfungen und gesellschaftliche Macht- und Herrschaftsverhältnisse damit tendenziell unsichtbar. Dieser Vorwurf lässt sich allerdings an Haraway zurückspielen, da zu fragen ist, ob die Anrufung des »Druck[s] der menschlichen Bevölkerungszahl auf die Erde« (UB: 189) nicht ebenso eine vermeintlich losgelöste Größe verantwortlich macht und eine Verdeckung der

Spezifität und Situiertheit der Probleme bewirkt. Ihre Thematisierung von Bevölkerung changiert auffällig zwischen dem Versuch, dem Postulat der Partialität gerecht zu werden, und gleichzeitig mit einem zu großen Konzept zu arbeiten, das dazu noch einer Container-Logik folgt, welche suggeriert, es gebe unabhängig von historisch spezifischen Bedingungen und Verteilungsfragen so etwas wie eine Obergrenze oder »planetarische Grenzen« (vgl. dazu Steffen, Will et al. 2015; sowie kritisch Brand et al. 2021).

Angesichts der sich zuspitzenden Klimakrise hat die Ökologisierung der Demografie und mit ihr der Topos der »Überbevölkerung« insgesamt wieder Aufwind erfahren (vgl. Schultz 2020). Die feministische Wirtschaftshistorikerin Michelle Murphy (2017: 137) nennt den Impuls, angesichts des Klimawandels ökologische Probleme zu demografisieren, also in der Sprache der Bevölkerungspolitik zu rahmen, zu Recht einen »epistemischen Trigger«, eine Versuchung und Abkürzung. Wenngleich Murphy und Haraway viele Ziele mit Blick darauf teilen, wie Verwandtschaft anders gelebt und Reproduktion gerechter gestaltet werden könnte, ist für Murphy der Begriff der Bevölkerung mit all seinen Implikationen grundlegend korrumpiert. Mit Blick auf Haraway konstatiert sie kritisch:

> »›Bevölkerung‹ aus dem Archiv der Logiken des Kalten Kriegs herauszupicken, um massive ökologische Veränderungen zu adressieren, wird nur dazu dienen, eine elitäre, transnationale, manageriale Infrastruktur zu revitalisieren, die globale Rassismen reifiziert. Als nicht-unschuldiger Weg, ein Problem zu materialisieren, arbeitet die Kategorie der Bevölkerung, um supranationale Weltordnungen der Regierung zu reinstallieren [...], die so effektiv neoliberale Praktiken auf planetarischer Ebene verbreitet haben.« (Murphy 2017: 138)

Murphy plädiert vor diesem Hintergrund für einen stärkeren Fokus auf Umverteilung, der es ermöglichen soll, die Ungleichverteilung von Verantwortlichkeiten zu reflektieren und zu verschieben. Denn eine Konvertierung des Problems des Klimawandels in eine Frage der Bevölkerung habe zur Folge, dass die Verantwortung für die Lösung des Problems auf den Globalen Süden abgewälzt werde, während der Globale Norden sich grundlegenden Infragestellungen seines Lebensstils und seiner Produktionsweisen entziehen könne.

Trotz Haraways Bemühungen, mit der Unterscheidung zwischen den Geborenen und den Verschwundenen Differenzierungslinien anzubieten und deutlich zu machen, dass nicht »die Menschen« an sich oder alle Kritter gleichermaßen das Problem sind, kann ihre Anrufung des Problems der Bevölkerung zuletzt nicht überzeugen. Während sich in Camilles Geschichten die Reduktion der menschlichen Bevölkerung aus einer Umstellung der Lebensweise beinahe konfliktfrei ergibt und Haraway einem »unkritischen Idealismus« (Barla 2021b: 2) anheimfällt, wird in der Auseinandersetzung mit den Geborenen und den Verschwundenen nicht deutlich genug, wie an der übermäßigen Hervorbringung beider Gruppen etwas geändert werden kann und wie genau sich beide zueinander verhalten. Ob dies bedeuten muss, dass Umweltgerechtigkeit und reproduktive Gerechtigkeit sich wechselseitig ausschließen, wie Hamilton (2017) vermutet, ist damit zwar noch nicht gesagt. Die Rahmung in der Terminologie der Bevölkerung bleibt aber in der Tat wenig hilfreich, weil sie es aufgrund ihres zu hohen Abstraktionsniveaus tendenziell verunmöglicht, über Praktiken der Umverteilung und von Macht- und Herrschaftsverhältnissen geprägte Bedingungen der Reproduktion umfassend nachzudenken. Darüber hinaus müssen die rassistischen Implikationen und Effekte von Bevölkerungspolitiken, deren Haraway sich sicher bewusst ist, ernst genommen werden – denn auch dieses Problem geht nicht einfach weg, wenn ›wir‹ es ignorieren.

4.3 Sympoiesis: Speziesübergreifende Verwandtschaft gestalten

Haraways These der Verwandtschaft der Spezies ist wohl jene, die auch über rein akademische Debatten hinaus in den vergangenen Jahren am meisten Aufmerksamkeit erfahren hat und als Impuls für die Beantwortung der drängenden ökologischen Fragen der Gegenwart aufgenommen wurde. So liest sich etwa die Überschrift einer Rezension zu *Unruhig bleiben* im *Tagesspiegel* wie folgt: »Was den Planeten rettet? Die Entgrenzung der Arten« (Baureithel 2018). Was in diesen Thematisierungen leicht übersehen wird, ist, dass das Motiv speziesübergreifender Verwandtschaft in Haraways Arbeiten zwei Dimensionen mit sich führt. Auf einer deskriptiven Ebene beschreibt der Topos erst einmal nicht mehr und nicht weniger als die Ontologie der Gefährt*innenspezies: Er verweist auf die unfreiwillige, aber unausweichliche und konstitutive Ko-Habitation mit menschlichen und nicht-menschlichen Anderen. Das heißt, Arten leben in diesem Sinne immer schon entgrenzt. Die Frage ist aber, *wie* diese Entgrenzung gut zu gestalten ist. Erst mit diesem Motiv kommt die zweite, normative Dimension von Haraways These ins Spiel. Ihr Aufruf zum »Sich-verwandt-Machen« als Horizont eines guten speziesübergreifenden Zusammenlebens fordert die aktive Gestaltung und Herstellung von *anderen* Verwandtschaftsverhältnissen. Die Entgrenzung der Speziesgrenzen allein wird ›uns‹ also nicht retten, sondern veränderte speziesübergreifende Verhältnisse sind es, die Haraway anstrebt und für deren Gestaltung sie unterschiedliche Vorschläge gemacht hat. Während die Geschichten über Camille, die im voranstehenden Kapitel vorgestellt wurden, einen spekulativen Entwurf darstellen, wie in Kompostistengemeinschaften speziesübergreifend gelebt werden könnte, hat Haraway sich auch mit bereits vorhandenen

Praktiken des Sich-verwandt-Machens beschäftigt und in diesem Zusammenhang den Begriff der Sympoiesis in Abgrenzung zur Autopoiesis ins Zentrum gestellt.

Während mit dem Begriff der Autopoiesis Prozesse der Selbsterschaffung und -erhaltung beschrieben werden, stellt die sympoietische Perspektive die Annahme von »[u]mgrenzte[n] Einheiten (Codefragmente, Gene, Zellen, Organismen, Populationen, Arten, Ökosysteme)« infrage und versteht deren Verbindungsmodi nicht »mathematisch als Wettbewerbsgleichungen beschreibbar« (UB: 89). Sympoiesis betont demgegenüber die Einsicht, dass keine Entität, keine Einheit sich selbst schafft und Prozesse des Selbst-Machens als vereinseitigende Aneignungen verstanden werden müssen, die ihren kollektiven Charakter letztlich verdecken: »Sympoiesis geht es eher um das Gemeinsam-Machen und das Mit-Werden als um das Selbst-Machen durch Aneignung von allem als Ressource.« (MKC: 68) Da in Haraways Perspektive die Annahme individuierter Entitäten also eine Verkürzung darstellt, strebt sie eine transdisziplinäre Perspektive auf biosoziales Werden an, die die wechselseitig konstitutive Abhängigkeit der Kritter in der Welt mitdenkt und Symbiosen als Entwicklungsprinzip ins Zentrum stellt. Kritter versteht sie dabei nicht als Individuen mit klaren Grenzen, sondern dynamisch und offen – sie sind porös, das heißt nur vorübergehend stabile Materialisierungen. Prozesse der Individuierung und des gemeinsamen Werdens sind dabei keineswegs immer friedlich; ganz im Gegenteil besteht Haraway weiterhin auf einer engen Verbindung zwischen Leben und Tod, partieller Verdauung, partialer Kompatibilität und partialer Anpassung.

Mit Margulis geht sie davon aus, dass »neue Arten von Zellen, Geweben, Organen und Spezies in erster Linie durch lang anhaltende Intimität unter Fremden entstehen« (UB: 87). Mit der berühmten »Gaia-Hypothese« hatte Margulis in Zusammenarbeit mit dem Chemiker James Lovelock (1974) diese Vorstellung einer permanenten und ungewollten Intimität mit Fremden aufgegriffen und den Planeten Erde als ein produktives und selbstregulierendes dynamisches Geflecht beschrieben. Unter dieser systemtheoretischen Perspektive ist die Erde als autopoietisches System zu verstehen, in dem sympoietische Verflechtungen die zentrale Rolle spielen. Diese Ideen greift Haraway auf und will mit dem Konzept der Sympoiesis zwar die Vorstellung einer permanenten Selbsterzeugung und Abgeschlossenheit von Systemen, Entitäten und Organismen zurückweisen, zugleich wird ihnen aber durchaus eine eigensinnige Dynamik und temporäre Abgeschlossenheit zugeschrieben, bzw. handelt es sich, wie die Umweltwissenschaftlerin Beth Dempster (2000: 1) zusammenfasst, um »selbstorganisierende, aber kollektiv produzierende, grenzenlose Systeme«. Haraway greift diesen Gedanken wie folgt auf:

»Sympoiesis [...] heißt ›mit-machen‹. Nichts macht sich selbst, nichts ist wirklich autopoietisch oder selbst-organisierend. [...] Das ist die radikale Implikation von Sympoiesis. Sympoiesis ist deshalb ein passender Begriff für komplexe, dynamische, responsive, situierte, historisch spezifische Systeme. Es ist ein Wort für ein Welten-mit, ein Welten mit GenossInnen. Sympoiesis umfasst Autopoiesis, erlaubt ihre Entfaltung und erweitert sie.« (UB: 85; Übers. korrigiert K.H.)

Der Begriff der Sympoiesis weist also darauf hin, dass nichts wirklich autark ist und nichts sich selbst produzieren kann. Jeder »Schöpfungsprozess« hängt von einer ganzen Reihe von Bedingungen ab, einer Reihe von anderen. Sympoiesis unterstreicht demnach die Einsicht, dass »wir nie Individuen waren« (Gilbert et al. 2012) und die Intimität mit anderen und Fremden der Dreh- und Angelpunkt für Wandel und potenziell – so will es Haraway zeigen – auch einer Theorie der Transformation ist, die auf einer Ethik des Sich-verwandt-Machens basiert. Die Idee des »Selbermachens« wäre demgegenüber ein Trugschluss, weil sie die komplex geteilten Bedingungen nicht nur der Politik und der Ethik, sondern der Existenz verschleiert – mit solchen Verleugnungen lässt sich keine Transformation im Sinne besserer Lebbarkeit machen.

Eine »wichtige sympoietische Praxis auf einem beschädigten Planeten« (UB: 96) macht Haraway in »wissenschaftlich-künstlerischen Verweltlichungen« (UB: 96) aus, deren Ziele sie im Anschluss an den Text *Involuntary Momentum* von Carla Hustak und Natasha Myers (2012) näher bestimmt. In diesem arbeiten die Autor*innen die Affekthaftigkeit und das Eigensinnige des Ökologischen heraus, wobei ihnen eine Orchidee und ein Insekt, das diese bestäubt, als Beispiel dienen. Dieses »Paar«, die Pflanze und ihr Insekt, zeichneten sich nicht so sehr durch eine spezifische Passgenauigkeit aus, die gemäß dem methodologischen Individualismus festzustellen wäre, in dem die betreffenden Entitäten vorausgesetzt seien; sondern sie verwiesen eher auf sich einfaltende evolutionäre Prozesse, die sich durch ein *in sich* kreatives Moment auszeichnen (vgl. UB: 68 f.). Mit dem Begriff des Einfaltens wird – wie im Fall der Sympoiesis – der Versuch unternommen, evolutionäre Kreativität zu verstehen, die den Geschichten über Mutationen, Anpassungen und natürliche Selektion etwas hinzufügt. Hustak und Myers schlagen vor, die Frage ins Zentrum zu stellen, wie sich unterschiedliche Entitäten, Flüssigkeiten, Partikel miteinander *involvieren* und in unterschiedlichen Weisen ko-konstituieren (vgl. Hustak/Myers 2012: 77). Die Eigensinnigkeit ökologischer Prozesse im Involvieren zeigen sie besonders mit Blick auf die Kapazitäten der Pflanze zu einer spezifischen Trauerarbeit auf. »Natur« vollzieht selbst ein Eingedenken und Antworten; sie ist nicht der Hintergrund für menschliche Praktiken des Erinnerns oder allein ein Artefakt, das Umwelteinflüsse aufzeichnet, wie etwa im Fall von Baumringen, sondern kann (erinnernd) auf Anderes bezogen sein, mit dem sie verwoben ist. Antworten der Welt haben dabei ihrerseits die Kapazität, abwesendes Drittes präsent zu machen: »Früher von lebendigen und summenden Bienen umarmt, ist die Blume nun eine Sprecherin für die Toten. [...] Die Kunst des Erinnerns faltet alle irdischen Kritter ein. Sie muss zu jeglicher Möglichkeit von Wiederbelebung gehören!« (UB: 99; Übers. korrigiert K.H.)

An diese Einsichten anschließende politische Interventionen bringen das ›involutionäre Moment‹ der Sympoiesis besonders in Praktiken des Vergegenwärtigens zur Geltung, in denen auch den Ausgestorbenen, Verschwundenen, irreversibel Verlorenen Ausdruck und Gegenwart verliehen werden soll. Mit diesem Anspruch schließt Haraway an den »kosmopolitischen Vorschlag« (Stengers 2008: 153) von Isabelle Stengers an, mit dem diese hervorhebt, dass es notwendig sei, die nicht unmittelbar Anwesenden mitzudenken, diejenigen, die sich nicht repräsentieren wollen oder können. Dabei folgt sie aber gerade keinem reinen Repräsentationsgedanken, sondern wirft die Frage auf, wie jeweils situativ neue Kollektive, neue Räume des Politischen entstehen könnten, die es ermöglichen, dass »Entscheidungen irgendwie in der Anwesenheit jener getroffen werden, die deren Konsequenzen tragen« (WSM: 83). Insofern geht es kosmopolitischen Interventionen um die Schaffung von Präsenz und die jeweils situative Konstitution des Politischen.

Ein Beispiel für eine künstlerisch-wissenschaftliche Intervention in einem kosmopolitisch-sympoietischen Sinne ist Haraways Auseinandersetzung mit dem Crochet-Coral-Reef-Projekt.[18] In diesem werden Korallen gehäkelt und in unterschiedlichsten Kontexten ausgestellt. Das Projekt initiierten die Mathematikerinnen, Künstlerinnen und Schriftstellerinnen Christine und Margaret Wertheim, und es ist heute bei der unabhängigen nicht-profitorientierten Organisation Institute for Figuring in Los Angeles angesiedelt. Zentraler Referenzpunkt für ihre Idee waren die Überlegungen der Mathematikerin Daina Taimina, die 1997 im Häkeln einen Weg ausgemacht hatte, hyperbolische Räume, das heißt nicht-euklidische geometrische Räume, darzustellen. Angeregt durch die zunehmende Gefährdung der Korallenriffe im Zuge des Klimawandels, beschlossen die Wissenschaftskünstler*innen, ein Korallenriff zu häkeln. Das partizipativ angelegte Projekt zog rasch globale Aufmerksamkeit auf sich, und bis heute haben etwa 8000 Personen aus mehr als 25 Ländern gehäkelte Korallen dazu beigetragen (vgl. zum Projekt Wertheim/Wertheim 2015). Verarbeitet wird nicht nur Wolle, sondern vor allen Dingen Plastik und andere Materialien wie Baumwolle und unterschiedliche Garne. Was Haraway an dem Projekt fasziniert, ist nicht nur der kollektive und dauerhaft offene Charakter des Werks, sondern auch das permanente, nicht einfach nur nachahmende Entstehen des Riffs, das etwas präsent macht: So werde eine Intimität mit den Korallenriffen dieser Erde hergestellt, ohne dass eine direkte Begegnung notwendig werde. Hierin sieht Haraway einen Weg des Responsiv-Werdens:

»Der involutionäre Impuls des gehäkelten Korallenriffs treibt die sympoietische Verknotung von Mathematik, Meeresbiologie, Umweltaktivismus, ökologischer Bewusstseinsbildung, weiblicher Handarbeit, Textilkunst (*fiber art*), Museumsausstellung und gemeinschaftlicher Kunstpraxis an. Wie eine Art hyperbolisches, verkörpertes Wissen lebt das gehäkelte Riff eingehüllt in die Stofflichkeiten von Erderwärmung und toxischer Verschmutzung; die MacherInnen dieses Riffs praktizieren artübergreifendes Mit-Werden, um die Fähigkeit zu antworten, um Responsabilität zu kultivieren.« (UB: 110; Hervorh. im Orig.)

Die Fähigkeit des Antwortens auszubilden stellt Haraway in einen engen Zusammenhang mit dem Spiel von An- und Abwesenheit. Sie macht darauf aufmerksam, dass ein Caring, ein Sorgen und eine Neugierde auf das Andere, nicht die direkte Begegnung braucht, und sucht in dieser Form auch einer Metaphysik der Präsenz zu entkommen: »Intimität ohne Nähe ist keine ›virtuelle‹ Präsenz; es ist eine ›reale‹ Präsenz, aber in schleifenförmigen Stofflichkeiten.« (UB: 112) Das Projekt des Crochet Coral Reefs stellt Materialitäten *als* Präsenzen her, »ohne dass die Berührung durch eine Kamera oder Hand notwendig wird, es ist keine weitere Entdeckungsreise« (UB: 112; Übers. korrigiert K.H.).

Eine andere Praktik des Webens und Präsentmachens rückt Haraway in ihrer eindrücklichen Erzählung über die Navajo-Weberei, die Geschichte der Diné – so die bevorzugte Selbst-Bezeichnung für Navajo-Leute – und ihrer Schafe ins Zentrum der Betrachtungen. Spezifisch beschäftigen Haraway die Weber*innen von Black Mesa. Sie beginnt dieses Narrativ mit einer Überlegung dazu, dass es vollkommen verfehlt wäre, die Praktiken des Webens der Navajo einfach als »›künstlerisch-wissenschaftlichen Aktivismus‹« (UB: 124) zu bezeichnen, um damit den Faden zwischen den gehäkelten Korallen und den indigenen Praktiken zu spannen.

»Nicht nur würden robuste und präzise Diné-Ausdrücke übergangen, die Kategorien ›Kunst‹ und ›Wissenschaft‹ würden in diesem Kontext kolonisierend (weiter-)wirken. Es wäre aber ebenfalls ein schwerer Kategorienfehler, Navajo-Weberei strikt von aktuellen mathematischen, kosmologischen und kreativen Praktiken abzuzäunen, die sich nie in das fügen, was in weiterbestehenden kolonialen Definitionen ›traditionell‹ genannt wird. Wie das gehäkelte Korallenriff auch verbindet das Weben der Navajo, speziell dasjenige mit der Wolle der Churro-Schafe, Menschen und Tiere in Mustern der Sorge und Responsabilität an verödeten Orten exzessiven Sterbens und bedrohten Fortbestehens.« (UB: 124)

An dieser Stelle deutet Haraway wichtige Überlegungen zu einem sinnvollen Einbezug indigenen Wissens in die wissenschaftliche Wissensproduktion an. Diesem sollte kein Sonderstatus verliehen, sondern es sollten durch präzise Verortungen eher produktive Verknüpfungen ermöglicht werden. Die Webpraxis der Navajo begreift Haraway als »kosmologische Performance« (UB: 125), in der *hózhó* der normative Fluchtpunkt sei und performativ zur Geltung gebracht werde. *Hózhó* bildet das Kernkonzept der Navajo-Kosmologie und hebt die »richtigen Beziehungen in der Welt [hervor], einschließlich der Beziehungen menschlicher und nicht-menschlicher Wesen, die *von* der Welt sind, als ihre sagenumwobene und kraftvolle Substanz, und nicht *in* der Welt als Container« (UB: 125; Hervorh. im Orig.). Unter richtigen Beziehungen verstehen die Diné jene, die ein angemessenes Leben Einzelner wieder ermöglichen – die Praxis des Webens figuriert dabei die Wiederherstellung richtiger Beziehungen als »geometrische Muster von Wiederholung und Erfindung« (UB: 125).

Die Navajo-Weberei nutzt die Wolle von Churro-Schafen, die im 16. Jahrhundert aus Spanien in die Amerikas eingeführt wurden und die besonders gut an das Land der Diné auf dem Colorado-Plateau angepasst sind. Zweimal sei die US-Regierung darum bemüht gewesen, die Churro-Schafe auszurotten. Im ersten Fall, im Jahr 1863, wurden zunächst die Menschen vertrieben – die Völker der Dinétah-Region wurden zusammengetrieben und auf einen »Langen Marsch« bis nach Bosque Redondo New Mexico geschickt. In der zurückgelassenen Region wurde eine »Verbrannte-Erde-Kampagne gegen die Navajo« (UB: 126) implementiert, die besonders darauf basierte, die zurückgelassenen Churro-Schafe zu töten, deren Wolle eine wichtige Lebensgrundlage für die Diné darstellte. Die durch die »zivilisierten« Spanier eingeführten Schafe wurden nun als »zu roh und zu unkultiviert« (UB: 126) markiert und eine große Anzahl an Tieren vernichtet. Vertreibung und Vernichtung – Kolonisierung – sollten die »widerspenstige wandernde Bevölkerung ruhigstellen und zivilisieren« (UB: 127). Nach Jahren kehrten die Diné all den kolonialistischen Bemühungen zum Trotz zurück auf das Colorado-Plateau. Die Bestände an Churro-Schafen konnten wieder deutlich erweitert werden und das Reservat sich sogar bis in die 1930er Jahre hinein ausdehnen – richtige Beziehungen konnten (wieder-)hergestellt werden. Allerdings hatte dieses Wachstum einen hohen Preis, weil es vor allen Dingen Resultat eines Handelspostensystems war, das darauf zielte, die Churro-Schafswolle durch »kultiviertere« Züchtungen wie Merino zu ersetzen. Händler*innen konnten aufgrund dieses Systems Webererzeugnisse zum Preis der Rohwolle erwerben, so dass der Druck stieg, viele Arbeiten zu verkaufen – entsprechend stiegen auch die Viehbestände, was schließlich verstärkte Erosion und Überweidung zur Folge hatte. Dies war 1934/35 der Einsatzpunkt für erneute Bemühungen der Regierung, die Churro-Schafe auszurotten, nunmehr aus ökologischen Gründen durch »progressive Landwirtschaftsbehörden« (UB: 128). Dabei legten diese »das ökologische Konzept der Belastbarkeit (von Land), das patriarchal-koloniale Konzept des männlichen Hausvorstands und das modernistische Konzept des Fortschritts zugrunde« (UB: 128). Die Strukturen des ausbeuterischen Wollhandels kamen so freilich nicht in den Blick – der Viehüberbestand wurde als isolierbare Variable aufgefasst und behandelt. Unzählige Tiere wurden getötet, »Viehbestandsquoten eingeführt und dabei das Kollektiveigentum an Land nicht anerkannt« (UB: 129). Die Vernichtung der Schafe und ihre Folgen waren ein massiver Einschnitt in der Geschichte der Diné – der Wiederaufbau einer ausgewogenen Weidewirtschaft war weitgehend verunmöglicht, Verarmung wurde verfestigt.

Die Krise der 1930er Jahre zeigt Haraway zufolge eindrücklich, welche fatalen Folgen es habe, wenn Konzepte der Ökologie – wie »Belastbarkeit« – nicht in Relation mit anderen Kosmologien und Konzepten gesetzt würden, wenn sie als ein für alle Mal feststehend lediglich ›angewandt‹ würden:

»Weder Belastbarkeit noch *hózhó* sind feststehende, deterministische Konzepte. Beide sind relational, kontextuell und auf manche Arten zu leben und zu sterben gestimmt, und auf andere nicht. Es ist von Gewicht, welche Konzepte Konzepte denken, und umgekehrt. [...] Wenn ein System des Denkens und Handelns das andere lediglich in kolonialen Rekursionen herabsetzt und für ungültig erklärt, dann kann es weder Sympoiesis noch *hózhó* geben.« (UB: 129; Hervorh. im Orig.)

Eine Voraussetzung für Sympoiesis ist es demnach – ganz im Sinne von Haraways Ethik des Antwortens (vgl. Kapitel 3.2) –, Neugier gegenüber dem Anderen zu üben und diesem nicht reflexartig etwas Eigenes überzustülpen. Mit-Werden wird nur dann sinn- und kunstvoll gestaltbar, wenn Differenz ausgehalten, gelebt und als solche transformiert wird, statt sie einzuebnen. Zu so einer Praxis gehöre es auch, einen »dekolonialen Gedankenaustausch zu erfinden« (UB: 130). Sympoietische Praktiken, die auf »Wiederaufleben« und »teilweise Heilung« (UB: 130) zielen, skizziert Haraway abschließend. In heterogenen Koalitionen hätten sich seit den 1970er Jahren unterschiedliche Projekt-Allianzen herausgebildet, um die Lebensgrundlagen der Diné wieder *hózhó* anzunähern. So wurde etwa das Navajo Sheep Project ins Leben gerufen, in dem die Population der Schafe überhaupt erst wieder erhöht werden sollte, aber auch das Bündnis »Black Mesa Weavers for Life and Land« (UB: 131), das mehrere Kooperativen für fairen Handel gründete, um besonders »die Hirtentätigkeit, den Wollhandel und das Weben« (UB: 131) zu unterstützen. Schließlich führt Haraway die Fäden dieser Geschichte in der »Black Mesa Water Coalition« zusammen, die sie als »sympoietisches Modell vorschlagen« (UB: 132) möchte, denn sie stehe sinnbildlich für eine Praxis, die es vermag, in ernsthaftem

Austausch mit Andersheit immer noch mögliche andere Welten zu erschließen: »Die AktivistInnen zielen darauf, ein starkes regionales, umfassendes Netzwerk für Umwelt- und Sozialgerechtigkeit aufzubauen, das von indigenen Gemeinschaften und Organisationen angeführt wird, sich aber auch weltweit mit der Climate Justice Alliance vernetzt. Das sind große, wichtige Ideen und Aktionen; diese Art fortgesetzten Webens ist wesentlich dafür, in einer beschädigten Welt unruhig zu bleiben.« (UB: 133) In diesen Netzwerken spielen auch nicht-menschliche Kritter – wie die Schafe – wichtige Rollen und müssen als Konversationspartner*innen in Betracht gezogen werden: Sie »sind entscheidend für das Land, für Umweltgerechtigkeit, für robuste Ökosysteme von Menschen und Nichtmenschen, für *hózhó*« (UB: 132; Hervorh. im Orig.).

Sympoiesis als politisch gestaltende, transformative Praxis ist demnach von einem Zusammenspiel zweier Praktiken geprägt: Einerseits geht es um die Vergegenwärtigung des Abwesenden, um ein Präsentmachen nicht nur der Toten und Gefährdeten, sondern auch dessen, was ist, aber nicht unmittelbar hervortritt – es geht um eine dichte Artikulation von Problemen. Darauf aufbauend gilt es andererseits sympoietisch im speziesübergreifenden gemeinsamen Tun andere Beziehungen zu knüpfen – Beziehungen, die auf Lebbarkeit und »Weiterbestehen« (UB: 49) zielen. Es wird deutlich, dass die Beziehungen speziesübergreifender Verwandtschaft nicht für sich genommen ein besseres, ökologisch verträglicheres Zusammenleben bedeuten. Aus der Annahme einer tiefgreifenden Relationalität, die die Welt ausmacht – aus der Ontologie der Gefährt*innenspezies –, folgt unmittelbar nichts. Sympoiesis ist eine der erforderlichen und möglichen Praktiken, die Relationalität verändert. Dies ist harte Arbeit und ein Lernprozess, wie Haraway immer wieder betont. Gestaltungsprozesse »müssen wir ohne Garantien oder Erwartungen von Harmonie mit jenen machen, die nicht wir selbst sind – und auch nicht gesicherterweise das andere. Weder das eine noch das andere, das ist es, was wir alle sind und immer schon waren.« (UB: 135)

***

In den jüngsten Arbeiten ist Haraway – mit dem Chthuluzän, dem Konzept der Sympoiesis, den Beschreibungen gemeinsamen Werdens heterogener Kritter – vehement darum bemüht, den krisenhaften Zuspitzungen der Gegenwart etwas entgegenzusetzen, das nicht in Zynismus mündet. Wie ich gezeigt habe, geht es ihr um den Aufweis, dass es noch etwas zu tun gibt und an allen möglichen Orten Eintrittspunkte für partiale Transformationen auffindbar sind: »Es sind wirkliche Orte, für die es sich zu kämpfen lohnt.« (UB: 134) Damit will Haraway einen apokalyptischen Unterton – der etwa die Anthropozän-Erzählung, aber auch andere alarmistische Interventionen prägt – vermeiden und demgegenüber Potenziale für heterogene Allianzen ausweisen, die Unterschiede machen. Der Slogan »Macht euch verwandt, nicht Babys!« flankiert diese Bemühungen. Es kommt darin einerseits zum Tragen, dass mögliche Allianzen und transformative Praktiken von speziesübergreifenden Verwandtschaftsbeziehungen ausgehen sollten, die jenseits von Blutsverwandtschaft und Reinheitsfantasien liegen, andererseits thematisiert Haraway damit die wachsende Weltbevölkerung als sozial-ökologisches Problem. Dieses Operieren mit dem Konzept der Bevölkerung habe ich als kontraintuitiv und problematisch ausgewiesen. Ein Kern des Haraway'schen Gesamtwerks liegt in der Theoretisierung und Betonung von Situiertheit, Partialität und Relationalität. Dies korrespondiert mit ihrer Zurückweisung von ›zu großen‹ Geschichten und einem Beharren auf der Spezifität von

Verwobenheiten. Ausgerechnet ein so abstraktes Konzept wie jenes der Bevölkerung einzusetzen widerspricht diesen Postulaten. Es ist in der Tat entscheidend, welche Konzepte Konzepte denken. »Bevölkerung« lässt sich kaum aus seinen vereinheitlichenden, rassistischen und anti-natalistischen Konnotationen herauslösen und läuft Haraways Projekt zuwider.

Unruhig bleiben und angrenzende Arbeiten führen aber auch Motive weiter, die bereits Haraways frühere Arbeiten geprägt haben. Besonders deutlich wird, dass sich die Ethik des Antwortens als Voraussetzung für politische Praktiken der Verknüpfung und sukzessiven Transformation begreifen lässt. Während einige Kommentator*innen die Hinwendung zur Ethik in späten Arbeiten als entpolitisierend kritisiert haben (vgl. Harrasser 2011; Battistoni 2017; Lewis 2017), begreife ich diese Ethik als *politische* Ethik. Haraways Konzeption einer Ethik des Antwortens muss konsequent als bedingt verstanden werden, das heißt als eingebettet in naturkulturelle Bedingtheiten. Unbedingt (ethisch im engen Sinne) ist allein die Haltung, die politischen Streit über ethische Maßstäbe und die sympoietische Gestaltung von speziesübergreifenden Beziehungen ermöglicht. Was eine durch die Ethik des Antwortens informierte feministische Politik der Verknüpfung und des Webens im Chthuluzän zu ihrem Ausgangspunkt macht, ist ein Ethos der Neugier und die Einsicht, nicht mit sich selbst identisch zu sein. Eine solche Aufhebung des Zwangs zur Selbstidentität wendet Haraway auch post-anthropozentrisch. Sie rückt die Unverfügbarkeit einer jeden Identität, Bezeichnung und Entität in den Fokus, die nicht nur dem Menschlichen eignet; vielmehr ist »das Menschliche« selbst nicht gesetzt, sondern artikuliert sich historisch und kontextgebunden spezifisch. Darin ist es nicht ablösbar von seinen Beziehungen mit heterogenen, auch nicht-menschlichen Anderen und ihren Vermögen. Ein Kern der Ethik des Antwortens und auf diese rekurrierenden politischen Praktiken ist demnach auch die Frage, was es heute und hier überhaupt bedeuten könnte, »Mensch« zu sein. Sich-verwandt-Machen heißt, auch das Mensch-Sein in seinen heterogenen Verwobenheiten neu zu erfinden und für lebbarere Zukünfte geltend zu machen.

Schluss

Von den wissenschaftshistorischen und -theoretischen Arbeiten über die Auseinandersetzung mit den Technowissenschaften und ihrer Analyse von Beziehungen der Ko-Konstitution, die sie als unweigerlich gemeinsames Leben, Sterben und Töten begreift, bis hin zu speziesübergreifenden Verwandtschaftsgefügen und den Praktiken der Neuknüpfung von Beziehungen – immer wieder setzt Haraways Werk neue Impulse für die Analyse und Kritik der Gegenwart. Dabei geht es ihr oft auch darum, Selbstkritiken anzustoßen und eingefahrene Wissensbestände zu irritieren, was für Wissenspraktiken in den Naturwissenschaften genauso gilt wie für solche in den Sozial- und Kulturwissenschaften.

Es macht die Dynamik von Haraways Werk aus, dass sie der sozial- und kulturwissenschaftlichen Forschung immer wieder neue Themenbereiche erschlossen, alte Fragen reformuliert, neue Verbindungen geknüpft und andere Fäden fallen gelassen hat. Ihr teilweise provokantes Schreiben, die experimentelle Begriffsbildung und der narrative Zugang zur Welt sind allerdings von problematischen Tendenzen nicht frei und laden teilweise zur verkürzten Rezeption geradezu ein. Während der Bruch mit Denkgewohnheiten und der Hinweis, dass ›wir‹ es uns bloß nicht zu gemütlich machen sollten, wichtige Impulse für die notwendigen Verortungsleistungen jeder Theoriebildung und kritischen Analyse liefern, drohen manche ihrer Provokationen immer dann problematische Tendenzen ein- oder mit sich zu führen, wenn sie selbst auf vereinheitlichenden Gesten basieren oder ihre normativen Voraussetzungen nicht ausweisen. Diese Schwierigkeit hatte ich besonders mit Blick auf die Thematik des Bevölkerungswachstums beschrieben. Eine kritische Verortungsleistung, dass nicht die Zahl der Menschen »an sich« das Problem ist, sondern wie »wir« leben, fehlt zuweilen an den Stellen, wo sie sich aus Haraways eigener Perspektive aufdrängen würde. Darüber hinaus stellt sich die Frage nach einer normativen Richtschnur, die Hinweise dafür liefert, welche Konzepte umzuarbeiten, welche zu verwerfen sind und an welchen festzuhalten ist. Haraway beweist in ihrem Werk zigfach eine Kreativität in Bezug auf neue Wortschöpfungen, die ihresgleichen sucht. Einige Begriffe will sie indes nicht neu erfinden, sondern kritisch »bewohnen«, nicht verwerfen, sondern umschreiben – wie etwa Objektivität, Verantwortung und eben Bevölkerung. Alle diese Begriffe haben komplexe und gewaltvolle oder herrschaftsstabilisierende Genealogien, sind allerdings nicht gleichermaßen korrumpiert und einer anti-relationalen Zählbarkeitslogik verhaftet wie jener der Bevölkerung. An diesen Stellen gilt es, expliziter zu machen, woran es sich festzuhalten lohnt und warum.

Darüber hinaus ergeben sich in Haraways Werk normative Unklarheiten, wenn ihr Anti-Zynismus in einen verklärenden Optimismus umschlägt. Einerseits vermag Haraway die unsichtbar gemachte Wirkmacht nicht-menschlicher Kollaborateur*innen in Laboren und Kunstprojekten herauszustellen. Andererseits droht durch diese »Ermächtigung« eine Harmonisierung als Symmetrierung, die bestehende Machtasymmetrien verdeckt. Dies hängt eng zusammen mit einem weiteren Problem, das den Stellenwert eines Denkens in Relationen betrifft. Werkübergreifend geht Haraway davon aus, dass analytisch nicht von Entitäten, sondern von Beziehungen auszugehen ist, dass Subjekte und Objekte in ihren Verhältnissen Bestimmtheit und Konturen erlangen, nicht in Isolation. Allerdings ist der normative Gehalt dieser These nicht immer deutlich bzw. wird er in der Rezeption von Haraways Arbeiten verkürzt. Es ist nicht an und für sich ›gut‹, dass wir uns die Welt besser als aus Relationen hervorgehend vorstellen denn als Puzzle, das sich aus vorgefertigten Teilen zusammensetzt. Freilich kann diese Annahme »bessere Darstellungen der Welt« (SW: 78) befördern, ethisch und politisch ist damit aber noch nicht viel gesagt. Weder folgt aus relationalem Denken eine radikaldemokratischere Politik des Streits und des Kampfes für lebbarere Welten, noch ist Relationalität per se gut oder gar ethisch. Vielmehr ist speziesübergreifende Relationalität von spannungsreichen Gleichzeitigkeiten geprägt: Ermächtigung und Oppression, Konstruktion und Destruktion liegen eng beieinander. Gerade hierin liegt die Spannung, die Haraways Werk exponiert, ohne sie allerdings tiefgehend genug zu theoretisieren. Ein Weiterdenken mit und nach Haraway kann an dieser Stelle einsetzen.

Eine der größten Stärken des Haraway'schen Werks liegt nämlich in einer Theoretisierung der Relationalität der Welt, die die Destruktivität und Negativität von Beziehungshaftigkeit explizit miteinbezieht und darin versucht, moderne Dualismen zu unterlaufen. Drei besondere Vorzüge ihrer Theoriebildung lassen sich daraus ableiten, die sich in epistemischer, ethischer und politischer Hinsicht niederschlagen und die für die weitere Auseinandersetzung mit ihren Arbeiten besonders interessant sein dürften. Auf der *epistemischen Ebene*, der Ebene der Wissensproduktion und Erkenntnis, bedeutet eine Betonung speziesübergreifender Relationalität die Verabschiedung einer souveränen Position des Menschen als Erkennendem, wobei eine Unterscheidung von Körper und Geist unterlaufen wird. Damit wird ein Abschied von der souveränen Wahrheit und eine Hinwendung zur immer umstrittenen und darin demokratischen Wahrheit theoretisch vollzogen und der epistemischen Praxis angeboten. Es geht dann um eine Erkenntnisproduktion, die ihre Vorläufigkeit begreift, sich anderen Wissensbeständen aussetzt und unterschiedliche Positionen potenziell verknüpft. So eine Praxis der Wissensproduktion geht nicht darin auf, dass ein souveränes Subjekt sich der Natur oder der Welt bemächtigt und diese einfach widerspiegelt, sondern sie ist positioniert. Wahrheit kann entsprechend als situierte Praxis und Errungenschaft verstanden werden, in der Körpern und Abhängigkeitsbeziehungen ein Platz zukommt. Damit verbunden ist der Hinweis, dass die Grenzen zwischen Expert*innen- und Laienwissen, zwischen Natur- und Sozialwissenschaften nicht immer klar zu ziehen sind. Situierte Wissensproduktion macht Irritierbarkeit und Offenheit gegenüber anderen zum wichtigsten Maßstab und sucht die Auseinandersetzung.

Ethisch folgt aus der Theoretisierung von Relationalität als Prozess des gemeinsamen Lebens, der notwendig Töten und Sterben umfasst, die praktische Bejahung der eigenen Bedingtheit und der geteilten, auch speziesübergreifenden Verwundbarkeit. Das Subjekt versteht sich nicht als losgelöst von seinen Beziehungen zur Welt, sondern als radikal »innerweltlich« (CM: 66). Dies übersetzt sich in eine ethische Haltung, die sich als verortet begreift und als nicht unberührt vom Anderen. Es geht dem Subjekt der Ethik des Antwortens darum, sich von Alteritätsinstanzen, die nie ganz auf den Begriff gebracht oder beherrscht werden können, hinterfragen zu lassen und dabei keine Haltung zu beanspruchen, die sich über das Andere erhebt oder immer schon eine abschließende Antwort auf dieses Andere parat hat. Deswegen zeichnet sich diese Ethik durch Offenheit und Neugier aus und übersetzt sich in eine fragende und sorgende Haltung, die das Andere – gerade auch das, was nicht unmittelbar präsent ist – an sich heranlässt, sich von diesem berühren, transformieren oder politisieren lässt. Die post-anthropozentrische Perspektive ermöglicht es, auch nicht-menschliche Andere in Betracht zu ziehen, die ›unser‹ Leben und Töten in der Welt ermöglichen und verunmöglichen. Unter welchen Bedingungen, zu welchem Preis wollen wir töten, leben und sterben? Was könnte es heißen, besser zu töten? Diese Fragen sind nur so lange provokant, irritierend oder »den Menschen« vergessend, wie nicht-menschliche Andersheit aus der ethischen Sphäre ausgeschlossen wird. Aber auch sie sind Instanzen, die zur Antwort rufen. Haraways Ethik des Antwortens fordert entschieden die notwendige Auseinandersetzung mit diesen und verwandten Fragen, die in Zeiten ökologischer Krisen ohne Zweifel einen Unterschied machen können.

Auch *politisch* hat dieses Denken in Relationen, das das Destruktive im Konstitutiven anerkennt, wichtige Konsequenzen und fordert ›uns‹ heraus, Notwendigkeit und Freiheit stärker zusammenzudenken. Haraways Perspektive auf speziesübergreifende Relationalität lädt dazu ein, ein rein negatives Freiheitsverständnis zu hinterfragen, das die politische Auseinandersetzung immer noch auffällig prägt. Damit meine ich ein Freiheitsverständnis, das Freiheit in einer Freiheit *von* Notwendigkeiten aufgehen lässt und sich – zugespitzt – in eine Art individualistische Willkürfreiheit übersetzt. Demgegenüber könnte es im losen Anschluss an Haraway und im Rahmen einer post-anthropozentrischen Öffnung der kultur- und sozialwissenschaftlichen Forschung darum gehen zu zeigen, in welchen Verhältnissen und Bedingtheiten sich unterschiedliche Formen von Freiheit realisieren lassen. Diese Verhältnisse dürften nicht länger auf der Verleugnung naturkultureller Abhängigkeitsbeziehungen aufbauen, sondern müssten anerkennen, dass in Gesellschaft zu leben bedeutet, in naturkultureller Verwobenheit zu leben. Eine der vielen Herausforderungen, mit denen gegenwärtige Gesellschaften konfrontiert sind, liegt darin, bessere Prozesse zu schaffen, in denen solche Zusammenhänge demokratisch erfahr- und gestaltbar gemacht werden. So können sukzessive – auch radikale – Transformationen angestoßen werden, die nicht die immer gleiche Mär von der »technischen Lösung« verbreiten oder Probleme externalisieren. Im Anschluss an Haraway weiterdenken bedeutet von Verortungsleistungen auszugehen, die es möglich machen, besser: und das bedeutet auch offensiver, mit Notwendigkeit, Dependenz und Endlichkeit umzugehen, anstatt Beherrschungsfantasien unhinterfragt, undemokratisch oder marktlogisch einzusetzen. Freiheit könnte sich dann in wohltuenden Begrenzungen realisieren; wohltuend, weil sie im besten Sinne des Wortes ›realistisch‹ sind, ihre konstitutiven Beziehungen – Lebensgrundlagen – nicht verleugnen und dadurch gefährden oder gar zerstören müssen, sondern beginnen, *mit* ihnen zu leben, sie zu gestalten und wirklich zu verstehen, dass das Andere in vielfältigen Weisen mit ›uns‹ zu tun hat.

Anhang

Anmerkungen

1 Alle Übertragungen aus dem Englischen stammen von mir.

2 Eine ausführliche – allerdings weniger einführende – Rekonstruktion von Haraways Werk habe ich in *Die Kraft der Revision. Epistemologie, Politik und Ethik bei Donna Haraway* (2021) vorgelegt. Einzelne Aspekte, die in dieser Einführung nur angerissen werden, können in den entsprechenden Kapiteln der Monografie vertiefend nachgelesen werden.

3 Die einschlägige Einführung von Joseph Schneider (2005) berücksichtigt das Spätwerk nur in Ansätzen, während in der knappen, ebenfalls einführenden Arbeit der Kulturanthropologin Anna Jabloner (2005) Haraways Texte nach 2003 gar keine Erwähnung finden.

4 Der Begriff des Aktanten wurde von Bruno Latour im Zusammenhang mit der von ihm und anderen begründeten Akteur-Netzwerk-Theorie geprägt. Das Konzept unterstreicht die Handlungsmacht nicht-menschlicher Entitäten innerhalb von Netzwerken sowie die Wirkmächtigkeit, die aus dem Zusammenwirken heterogener Entitäten – den Aktanten – resultiert, vgl. etwa Latour 2007: 122–127.

5 Das Konzept des Apparats der körperlichen Produktion wurde im Zuge des vermehrten Interesses an Neuen Materialismen (Hoppe/Lemke 2021) wieder vermehrt aufgegriffen. In enger Auseinandersetzung mit Haraway entwickelt Karen Barad (2007: 332–340), die als eine der wichtigsten Vertreter*innen der theoretischen Stoßrichtung gilt, ihren Apparatbegriff, vgl. dazu und zum Verhältnis von Barad und Haraway in diesem Zusammenhang Barla 2013; Hinton 2014.

6 Ich schreibe im Folgenden »die Cyborg«, wie *die* Figur. Haraway schreibt der Cyborg keine Geschlechtsidentität zu, versteht Cyborgs gewissermaßen als »weiblich« und »männlich« zugleich, vgl. CCD: 321–323.

7 Die Kybernetik ist die von Norbert Wiener begründete Wissenschaft der Regelung von Maschinen in Analogie zu lebenden Organismen. Wichtig sind in kybernetischen Systemen insbesondere Rückkopplungseffekte. Als »Geburtsstunde« des Begriffs ›Cyborgs‹ wird das in der Fachzeitschrift *Astronautics* erschienene Paper von Manfred Clynes und Nathan Kline (1960) angesehen, in dem die Autoren die Funktion des Cyborgs als Möglichkeit artifizieller Anpassungen menschlicher Körper an wechselnde Umwelten beschreiben. Besonders ging es um die Anpassung an die Bedingungen der Raumfahrt, das heißt des Alls; vgl. auch Singer 2001: 22f. Haraway selbst gibt in einem Interview die Auskunft, sie habe den Text von Clynes und Kline beim Verfassen des Manifests nicht gekannt und wisse nicht, woher sie den Terminus Cyborg kannte: »Ich erinnere mich nicht. Ich habe versucht, mich zu erinnern, und es fühlt sich an, als hätte ich mir das Wort ausgedacht, aber ich kann es mir nicht ausgedacht haben.« (CCD: 324)

8 Cyberfeminismus als Projekt ist selbstverständlich keineswegs auf diese Verkürzungen in der Haraway-Rezeption zu reduzieren und hat in den vergangenen Jahren wieder verstärkt, jedoch in verändertem Gewand von sich reden gemacht. Zu aktuellen Beiträgen vgl. etwa Avanessian/Hester 2015; Sollfrank 2018; Russell 2021.

9 Während die Übersetzer*in eines Aufsatzes Haraways den Terminus »anspruchslos« für die Übertragung von »modest« ins Deutsche gewählt hat (vgl. Haraway 1996), halte ich mich im Folgenden an »bescheiden«. Während »anspruchslos« vor allen Dingen eine Zurücknahme von mehr oder weniger bewussten Ansprüchen meint, scheint mir »bescheiden« breiter angelegt. Anders als bei »anspruchsvoll« steht hier nicht die Intentionalität der Zeug*innen im Zentrum, sondern es kann auch die Zurücknahme der eigenen Person, der eigenen Bedürfnisse und der Körperlichkeit gemeint sein. Aspekte, die für Haraway in der Reformulierung bescheidener Zeug*innenschaft eine entscheidende Rolle spielen.

10 »Wenn Spezies sich begegnen« im Titel der deutschen Übersetzung des Manifests ist kein Bestandteil des Titels im englischen Original *The Companion Species Manifesto. Dogs, People, and Significant Otherness* (2003), sondern der Titel von Haraways Monografie *When Species Meet*, der hier aus welchen Gründen auch immer hinzugefügt wur-

de. Im Titel des Buches wird außerdem nicht die Schreibweise »Gefährt*innenspezies« verwendet, die aber über den Text hinweg den überzeugenderen Übersetzungsvorschlag darstellt. Steht *Companion Species* doch gerade für eine queere Kategorie, wie Haraway immer wieder betont hat. Ich verwende daher im Folgenden die Schreibweise mit *.

11 Die Terminologie des *Becoming with* ist auch in feministisch-neomaterialistischen Ansätzen aufgegriffen worden, die im Anschluss an die Prozessontologie von Gilles Deleuze verfahren, vgl. exemplarisch Braidotti 2006.

12 Inwieweit sich Levinas' Überlegungen für eine post-anthropozentrische Ethik eignen, wird in der Philosophie und anderen Disziplinen leidenschaftlich diskutiert. Wichtig ist in diesem Zusammenhang etwa die Arbeit von Matthew Calarco (2008: 55–77). Er argumentiert, dass der Andere in Levinas' Philosophie keinem anthropologischen oder biologischen Konzept des »Menschen« entspricht. Zwar scheint der Andere als menschliches Wesen in Betracht zu kommen, allerdings sei die einzige Qualität, in der dieses Menschlich-Sein bestimmt wird, dass es sich um Seiende handle, »die nicht dazu in der Lage sind, gänzlich auf die Projekte Desselben oder objektive Intentionalität reduziert werden zu können« (ebd.: 65). Daher müsse das Menschliche als ethisches Konzept verstanden werden, das prinzipiell ausgeweitet werden könne auf all jenes, was menschliche Selbstsicherheit infrage stelle. Während daher Tiere durchaus dafür in Betracht kommen, ein Gesicht zu haben, sieht Calarco einen ethischen Gehalt oder Anspruch von Dingen bei Levinas nicht angelegt, da diese, selbst wenn sie einen irritierenden Effekt hätten, für menschliche Projekte vereinnahmt werden könnten (ebd.: 67). Diese Position ist produktiv von Silvia Benso (2000) zurückgewiesen worden, die für eine Ethik der Dinge im Anschluss an eine Lektüre von Levinas und Heidegger argumentiert.

13 Die Formulierung des »verantwortlichen Tötens« kann im deutschen Sprachraum – stärker als im englischsprachigen Kontext – zu Recht als korrumpiert gelten und stößt auf. Das NS-Regime mordete auch unter dem Deckmantel vergleichbarer Terminologien. Die nekropolitische Abspaltung ganzer Gruppen aus etwas wie dem ›Volkskörper‹ wäre gerade ein Beispiel für einen Mechanismus des Tötbar-Machens,

den auch Haraways Perspektive entschieden verurteilt, wie ich im Folgenden erläutern werde. Die historische Verortung und ein vorsichtiger Umgang mit diesem Konzept sind aber freilich äußerst wichtig.

14 Derrida bringt damit eine ethische Dimension des Essens zur Geltung, die mit der Notwendigkeit als ontologischer Dimension verknüpft ist. Im ›wohl essen‹ liegt das ›es muss sein‹ und ›es soll gut sein‹ eng beieinander. Im französischen Original steht *bien* für diese Doppeldeutigkeit. »Il faut bien manger«, siehe auch die Anmerkung der Übersetzer*innen in Derrida 1998: 419.

15 Im Zusammenhang mit den Trainingssituationen mit ihrem Hund nutzt Haraway auch an einigen Stellen die Slogans »Run fast, bite hard!« (MG: 11) und »Shut up and train«; vgl. dazu etwa UB: 161. »Der Hund ist mein Ko-Pilot« scheint mir aber für die analytischen und normativen Implikationen der in diesem Kapitel vorgestellten Arbeiten die wichtigste Formel.

16 Die Wahl von ›Art-Genoss*innen‹ für die Übertragung von *Companion Species* ins Deutsche begründet die Übersetzerin von *Unruhig bleiben*, Karin Harrasser, damit, dass das zu *Companion* nahe deutsche Äquivalent ›Kumpan‹ zu weit wegführe von der Bedeutung von ›cum panis‹, was das Teilen von Brot umschreibt, auf das Haraway hier ihres Erachtens anspielt. Die Wahl von ›Genoss*in‹ soll »das Wortfeld des gemeinsamen Genießens mit seinen sozialistischen Nebenbedeutungen« (UB: 232) bewahren. Während die Entscheidung für Genoss*innen vor diesem Hintergrund plausibel wird, sehe ich ein Problem darin, den Art- statt den Speziesbegriff zu wählen, da Haraway Wert auf die Etymologie von Spezies legt, das sich von lateinisch *specere* – ›sehen‹ ableitet. Im Regelfall nutze ich daher Gefährt*innenspezies, in wörtlichen Zitaten belasse ich Art-Genoss*innen.

17 Mit dieser Veränderung in der Schreibweise will Haraway auch die Nähe zu H.P. Lovecrafts Science-Fiction-Monster »Cthulu« vermeiden. Lovecraft hatte diese Figur in seiner 1928 publizierten Geschichte »The Call of Cthulu« aufgegriffen und damit – in Haraways Augen – eine Monstrosität kreiert, deren »scheußliche unterirdische, chthonische Schlangen [...] nur im patriarchalen Modus schrecklich« (UB: 238) waren. Haraways Umschrift in »Chthulu« zeigt eine stärkere Treue zur altgriechischen Herkunft der Bezeichnung an und beinhalte »andere Ängste« (UB: 238), und zwar solche, die einer anderen als

der patriarchalen Logik gehorchen. Vgl. zu dieser Begriffswahl auch kritisch Lewis 2017 sowie Barla 2021b.

18 Siehe für Impressionen und aktuelle Informationen zum Projekt http://crochetcoralreef.org/, letzter Zugriff 12.05.2022.

Siglen

Häufig zitierte Werke Donna Haraways

AS I »Animal Sociology and a Natural Economy of the Body Politic, Part I: A Political Physiology of Dominance«, in: *Signs: Journal of Women in Culture and Society* 4(1), 1978, S. 21–36.

AS II »Animal Sociology and a Natural Economy of the Body Politic, Part II: The Past Is the Contested Zone: Human Nature and Theories of Production and Reproduction in Primate Behavior Studies«, in: *Signs: Journal of Women in Culture and Society* 4(1), 1978, S. 37–60.

BP »Die Biopolitik postmoderner Körper. Konstitutionen des Selbst im Diskurs des Immunsystems«, in: Donna Haraway, *Die Neuerfindung der Natur. Primaten, Cyborgs und Frauen*, Frankfurt am Main/New York: Campus Verlag 1995, S. 160–199.

CCD »Cyborgs, Coyotes, and Dogs: A Kinship of Feminist Figurations and ›There are always more things going on than you thought!‹ Methodologies as Thinking Technologies«, in: *The Haraway Reader*, London/New York: Routledge, S. 321–341.

CFF *Crystals, Fabrics, and Fields. Metaphors That Shape Embryos*, Berkeley: North Atlantic Books 2004. Erstmals 1976 New Haven: Yale University Press.

CiC »Companions in Conversation«, in: *Manifestly Haraway*, Minneapolis/London: University of Minnesota Press 2016, S. 200–296 (Gespräch mit Cary Wolfe).

CM »Ein Manifest für Cyborgs. Feminismus im Streit mit den Technowissenschaften«, in: Donna Haraway, *Die Neuerfindung der Natur. Primaten, Cyborgs und Frauen*, Frankfurt am Main/New York: Campus Verlag 1995, S. 33–72.

HLL *How Like a Leaf. An Interview with Thyrza Nichols Goodeve*, London/New York: Routledge 2000.

M »›Wir sind immer mittendrin‹ – Ein Interview mit Donna Haraway«, in: Donna Haraway, *Die Neuerfindung der Natur. Primaten, Cyborgs und Frauen*, Frankfurt am Main/New York: Campus Verlag 1995, S. 98–122.

MG *Das Manifest für Gefährten. Wenn Spezies sich begegnen – Hunde, Menschen und signifikante Andersartigkeit*, Berlin: Merve 2016.

MKC »Making Kin in the Chthulucene: Reproducing Multispecies Justice«, in: Adele E. Clarke und Donna Haraway (Hg.), *Making Kin Not Population*, Chicago: Prickly Paradigm Press 2018, S. 67–99.

MV »Monströse Versprechen. Eine Erneuerungspolitik für un/an/geeignete Andere« in: Donna Haraway, *Monströse Versprechen. Die Gender- und Technologie-Essays*, Hamburg: Argument Verlag 2017, S. 35–123.

M_W *Modest_Witness@Second_Millenium. FemaleMan©_Meets_OncoMouse™. Feminism and Technoscience*, London/New York: Routledge 1997.

PV *Primate Visions. Gender, Race, and Nature in the World of Modern Science*, London/New York: Routledge 1989.

SF »Das Abnehme-Spiel. Ein Spiel mit Fäden für Wissenschaft, Kultur, Feminismus«, in: Donna Haraway, *Monströse Versprechen. Die Gender- und Technologie-Essays*, Hamburg: Argument Verlag 2017, S. 242–257.

SNP »Im Streit um die Natur der Primaten. Auftritt der Töchter im Feld des Jägers 1960–1980, in: Donna Haraway, *Die Neuerfindung der Natur. Primaten, Cyborgs und Frauen*, Frankfurt am Main/New York: Campus Verlag 1995, S. 123–159.

SW »Situiertes Wissen. Die Wissenschaftsfrage im Feminismus und das Privileg einer partialen Perspektive«, in: Donna Haraway, *Die Neuerfindung der Natur. Primaten, Cyborgs und Frauen*, Frankfurt am Main/New York: Campus Verlag 1995, S. 73–97.

UB *Unruhig bleiben. Die Verwandtschaft der Arten im Chthuluzän*, Frankfurt am Main/New York: Campus Verlag 2018.

WSM *When Species Meet*, Minneapolis/London: University of Minnesota Press 2008.

Literatur

Adam, Alison (1998): *Artificial Knowing. Gender and the Thinking Machine*, London/New York: Routledge.

Adams, Carol J. (2006): »An Animal Manifesto. Gender, Identity, and Vegan-Feminism in the Twenty-First Century. Interviewed by Tom Tyler«, in: *Parallax* 12(1), S. 120–128.

Adorno, Theodor W. (1969): »Zur Logik der Sozialwissenschaften«, in: ders., Hans Albert, Ralf Dahrendorf, Jürgen Habermas, Harald Pilot und Karl R. Popper (Hg.): *Der Positivismusstreit in der deutschen Soziologie*, Neuwied/Berlin: Luchterhand, S. 125–143.

Adorno, Theodor W. (1970): *Negative Dialektik / Jargon der Eigentlichkeit*, Frankfurt am Main: Suhrkamp.

Adorno, Theodor W. (2003): »Beitrag zur Ideologienlehre«, in: ders., *Soziologische Schriften I*, Frankfurt am Main: Suhrkamp, S. 457–477.

Alaimo, Stacy (1994): »Cyborg and Ecofeminist Interventions. Challenges for an Environmental Feminism«, in: *Feminist Studies* 20(1), S. 133–152.

Alaimo, Stacy; Hekman, Susan J. (Hg.) (2008): *Material Feminisms*. Bloomington/Indianapolis: Indiana University Press.

Albernaz, Joseph (2018): »Speculum of the Other Cene: Donna Haraway's Staying with the Trouble: Making Kin in the Chthulucene«, in: *qui parle* 27(1), S. 233–250.

Altvater, Elmar (2017): »Kapitalozän: Warum die Rettung des Planeten keine technische Frage ist«, in: *LuXemburg* (2-3), S. 108–117.

Åsberg, Cecilia (2010): »Enter Cyborg: Posthumanities and the Ontological Turn of Feminist Theory«, in: *International Journal of Feminist Technoscience*, S. 1–25.

Åsberg, Cecilia; Lykke, Nina (2010): »Feminist Technoscience Studies«, in: *European Journal of Women's Studies* 17(4), S. 299–305.

Avanessian, Armen; Hester, Helen (Hg.) (2015): *dea ex machina*, Berlin: Merve Verlag.

Barad, Karen (2007): *Meeting the Universe Halfway. Quantum Physics and the Entanglement of Matter and Meaning*, Durham/London: Duke University Press.

Barad, Karen (2012): *Agentieller Realismus. Über die Bedeutung materiell-diskursiver Praktiken*, Berlin: Suhrkamp.

Barla, Josef (2013): »Apparate körperlicher Produktion und die Materialität der Figuration«, in: Tobias Goll, Daniel Keil und Thomas Telios (Hg.): *Critical Matter. Diskussionen eines neuen Materialismus*, Münster: edition assemblage, S. 148–164.

Barla, Josef (2019): *The Techno-Apparatus of Bodily Production. A New Materialist Theory of Technology and the Body*, Bielefeld: transcript.

Barla, Josef (2021a): »Beyond Reflexivity and Representation: Diffraction as a Methodological Sensitivity in Science Studies«, in: *Distinktion: Journal of Social Theory*, S. 1–23.

Barla, Josef (2021b): »Feministische spekulative Fabulation und die Frage der Bevölkerung im Anthropozän«, in: Birgit Blättel-Mink (Hg.): *Gesellschaft unter Spannungen. Verhandlungen des 40. Kongresses der Deutschen Gesellschaft für Soziologie 2020, Deutsche Gesellschaft für Soziologie*.

Battistoni, Alyssa (2017): »Monstrous, Duplicated, Potent. On Donna Haraway«, in: *n+1*, 28. Online verfügbar unter https://nplusonemag.com/issue-28/reviews/monstrous-duplicated-potent/, zuletzt geprüft am 28.05.2022.

Baureithel, Ulrike (2018): »Was den Planeten rettet? Die Entgrenzung der Arten«, *Tagesspiegel*, 08.08.2018. Online verfügbar unter: https://www.tagesspiegel.de/kultur/donna-haraway-unruhig-bleiben-was-den-planeten-rettet-die-entgrenzung-der-arten/22880768.html, zuletzt geprüft am 16.05.2022.

Becker-Schmidt, Regina (1998): »Trennung, Verknüpfung, Vermittlung. Zum feministischen Umgang mit Dichotomien«, in: Gudrun-Axeli Knapp (Hg.): *Kurskorrekturen. Feminismus zwischen Kritischer Theorie und Postmoderne*, Frankfurt am Main/New York: Campus Verlag, S. 84–125.

Becker-Schmidt, Regina (2004): »Zur doppelten Vergesellschaftung von Frauen. Divergenzen und Brückenschläge zwischen Privat- und Erwerbssphäre«, in: dies., *Pendelbewegung. Annäherung an eine feministi-*

sche Gesellschafts- und Subjekttheorie. Aufsätze aus den Jahren 1991–2015, Opladen: Barbara Budrich, S. 77–90.

Benjamin, Ruha (2019): *Race After Technology. Abolitionist Tools for the New Jim Code*, Cambridge/Medford: Polity Press.

Benso, Silvia (2000): *The Face of Things. A Different Side of Ethics*, Albany: State University of New York Press.

Berg, Anne-Jorunn (2019): »The Cyborg, Its Friends and Feminist Theories of Materiality«, in: Ulrike Tikvah Kissmann und Joost van Loon (Hg.): *Discussing New Materialism*, Wiesbaden: Springer, S. 69–86.

Betcher, Sharon (2001): »Putting My Foot (Prosthesis, Crutches, Phantom) Down: Considering Technology as Transcendence in the Writings of Donna Haraway«, in: *Women's Studies Quarterly* 29(3/4), S. 35–53.

Boltanski, Luc; Chiapello, Ève (2006): *Der neue Geist des Kapitalismus*, Konstanz: UVK.

Bostrom, Nick (2005): »A History of Transhumanist Thought«, in: *Journal of Evolution & Technology* 14(1), S. 1–25.

Braidotti, Rosi (2006b): *Transpositions. On Nomadic Ethics*, Cambridge/Malden: Polity Press.

Braidotti, Rosi (2014): *Posthumanismus. Leben jenseits des Menschen*, Frankfurt am Main/New York: Campus Verlag.

Brand, Ulrich; Muraca, Barbara; Pineault, Éric; Sahakian, Marlyne; Schaffartzik, Anke; Novy, Andreas; Streissler, Christoph; Haberl, Helmut; Asara, Viviana; Dietz, Kristina; Lang, Miriam; Kothari, Ashish; Smith, Tone; Spash, Clive; Brad, Alina; Pichler, Melanie; Plank, Christina; Velegrakis, Giorgos; Jahn, Thomas; Carter, Angela; Huan, Qingzhi; Kallis, Giorgos; Martínez Alier, Joan; Riva, Gabriel; Satgar, Vishwas; Teran Mantovani, Emiliano; Williams, Michelle; Wissen, Markus; Görg, Christoph (2021): »From Planetary to Societal Boundaries: An Argument for Collectively Defined Self-Limitation«, in: *Sustainability: Science, Practice and Policy* 17(1), S. 264–291.

Braun, Kathrin (1998): »Mensch, Tier, Chimäre. Grenzauflösungen durch Technologie«, in: Gudrun-Axeli Knapp (Hg.): *Kurskorrekturen. Feminismus zwischen Kritischer Theorie und Postmoderne*, Frankfurt am Main/New York: Campus Verlag, S. 153–177.

Braverman, Harry (1974): *Labor and Monopoly Capital. The Degradation of Work in the Twentieth Century*, New York/London: Monthly Review Press.

Butler, Judith (1991): *Das Unbehagen der Geschlechter*, Frankfurt am Main: Suhrkamp.

Butler, Judith (1995): »Contingent Foundations«, in: Seyla Benhabib, dies., Drucilla Cornell und Nancy Fraser (Hg.): *Feminist Contentions: A Philosophical Exchange*, London/New York: Routledge, S. 35–58.

Butler, Judith (1997): *Körper von Gewicht. Die diskursiven Grenzen des Geschlechts*, Frankfurt am Main: Suhrkamp.

Butler, Judith (2001): *Psyche der Macht. Das Subjekt der Unterwerfung*, Frankfurt am Main: Suhrkamp.

Caixeta, Luzenir; Gutiérrez Rodriguez, Encarnación; Tate, Shirley; Vega Solis, Cristina (2007): »Politiken der Vereinbarkeit verqueren oder ›... aber hier putzen und pflegen wir alle‹. Heteronormativität, Einwanderung und alte Spannungen der Reproduktion«, in: *Kurswechsel. Zeitschrift für gesellschafts-, wirtschafts- und umweltpolitische Analysen* 2, S. 21–32.

Calarco, Matthew (2008): *Zoographies. The Question of the Animal from Heidegger to Derrida*, New York: Columbia University Press.

Cassidy, Rebecca (2006): »›I Want to Know about the Dogs‹. The Companion Species Manifesto: Dogs, People, and Significant Otherness by Donna Haraway«, in: *Theory, Culture & Society* 23(7–8), S. 324–328.

Chakrabarty, Dipesh (2009): »The Climate of History: Four Theses«, in: *Critical Inquiry* 35(2), S. 197–222.

Christie, John R.R. (1993): »A Tragedy for Cyborgs«, in: *Configurations* 1(1), S. 171–196.

Clark, Nigel; Yusoff, Kathryn (2017): »Geosocial Formations and the Anthropocene«, in: *Theory, Culture & Society* 34(2–3), S. 3–23.

Clarke, Adele E. (2018): »Introducing Making Kin Not Population«, in: dies. und Donna Haraway (Hg.): *Making Kin Not Population*, Chicago: Prickly Paradigm Press, S. 1–39.

Clarke, Adele E.; Haraway, Donna (Hg.) (2018): *Making Kin Not Population*, Chicago: Prickly Paradigm Press.

Clynes, Manfred E.; Kline, Nathan S. (1960): »Cyborgs and Space«, in: *Astronautics*, S. 26–76.

Coleman, William (1982): *Death is a Social Disease. Public Health and Political Economy in Early Industrial France*, Madison: University of Wisconsin Press.

Collins, Patricia Hill (1990): *Black Feminist Thought: Knowledge, Consciousness and the Politics of Empowerment*, London: Harper Collins Academic.

Coole, Diana H.; Frost, Samantha (Hg.) (2010): *New Materialisms. Ontology, Agency, and Politics*, Durham/London: Duke University Press.

Crosby, Christina (1989): »Commentary. Allies and Enemies«, in: Elizabeth Weed (Hg.): *Coming to Terms. Feminism, Theory, Politics*, New York/London: Routledge, S. 205–208.

Crutzen, Paul J. (2002): »Geology of Mankind«, in: *Nature* 415, S. 23.

Crutzen, Paul J.; Stoermer, Eugene F. (2000): »The ›Anthropocene‹«, in: *Global Change Newsletter* 41, S. 17–18.

Dalla Costa, Mariarosa; James, Selma (Hg.) (1973): *Die Macht der Frauen und der Umsturz der Gesellschaft*, Berlin: Merve Verlag.

Daston, Lorraine; Galison, Peter (2017): *Objektivität*, Berlin: Suhrkamp.

Davis, Angela (1983): *Women, Race, & Class*, New York: Vintage Books.

DeCook, Julia R. (2020): »A [White] Cyborg's Manifesto: The Overwhelmingly Western Ideology Driving Technofeminist Theory«, in: *Media, Culture & Society* 43(6), S. 1158–1167.

Dekoven, Marianne (2006): »›Jouissance‹, Cyborgs, and Companion Species: Feminist Experiment«, in: *PMLA* 121(5), S. 1690–1696.

Dempster, Beth (2000): »Sympoietic and Autopoietic Systems: A New Distinction for Self-Organizing Systems. Proceedings of the World Congress of the Systems Sciences and ISSS 2000«. Online verfügbar unter http://www.bethd.ca/pubs/isss-as-sys.pdf, zuletzt geprüft am 12.03.2018.

Derrida, Jacques (1972): *Die Schrift und die Differenz*, Frankfurt am Main: Suhrkamp.

Derrida, Jacques (1998): »›Man muss wohl essen‹ oder die Berechnung des Subjekts«, in: ders.: *Auslassungspunkte. Gespräche*, Wien: Passagen Verlag, S. 267–298.

Derrida, Jacques (2000): *Politik der Freundschaft*, Frankfurt am Main: Suhrkamp.

Derrida, Jacques (2010): *Das Tier, das ich also bin*, Wien: Passagen Verlag.

Deuber-Mankowsky, Astrid (2011): »Diffraktion statt Reflexion. Zu Donna Haraways Konzept des situierten Wissens«, in: *Zeitschrift für Medienwissenschaft* 3(4), S. 83–91.

Dionisius, Sarah C. (2021): *Queere Praktiken der Reproduktion. Wie lesbische und queere Paare Familie, Verwandtschaft und Geschlecht gestalten*, Bielefeld: transcript Verlag.

Doane, Mary Ann (1989): »Commentary. Cyborgs, Origins, and Subjectivity«, in: Elizabeth Weed (Hg.): *Coming to Terms. Feminism, Theory, Poltics*, New York London: Routledge, S. 209–214.

Dolphijn, Rick; van der Tuin, Iris (Hg.) (2012): *New Materialism: Interviews & Cartographies*, Ann Arbor: Open Humanities Press.

Doty, William G.; Hynes, William J. (1993): »Introducing the Fascinating and Perplexing Trickster Figure«, in: dies. (Hg.): *Mythical Trickster Figures: Contours, Contexts, and Criticisms*, Tuscaloosa: University of Alabama Press, S. 1–12.

Draude, Claude (o. J.): »Introducing Cyberfeminism«, Online verfügbar unter http://www.obn.org/inhalt_index.html, zuletzt geprüft am 08.08.2017.

Dwyer, June (2007): »A Non-companion Species Manifesto: Humans, Wild Animals, and ›The Pain of Anthropomorphism‹«, in: *South Atlantic Review* 72(3), S. 73–89.

d'Eaubonne, Françoise (1975): *Feminismus oder Tod*, München: Verlag Frauenoffensive.

Fausto-Sterling, Anne (1990): »›Primate Visions‹, a Model for Historians of Science?«, in: *Journal of the History of Biology* 23(2), S. 329–333.

Fedigan, Linda (1997): »Is Primatology a Feminist Science?«, in: Lori Hager (Hg.): *Women in Human Evolution*, London/New York: Routledge, S. 56–75.

Ferrando, Francesca (2013): »Posthumanism, Transhumanism, Antihumanism, Metahumanism, and New Materialisms. Differences and Relations«, in: *Existenz. International Journal in Philosophy, Religion, and the Arts* 8(2), S. 26–32.

Firestone, Shulamith (1975): *Frauenbefreiung und sexuelle Revolution*, Frankfurt am Main: Fischer Verlag.

Flick, Sabine; Hoppe, Katharina (2021): »Reflexivität als Mantra? Voraussetzungen und Grenzen partizipativer Forschung«, in: Sabine Flick und Alexander Herold (Hg.): *Zur Kritik der partizipativen Forschung. Forschungspraxis im Spiegel der Kritischen Theorie*, Weinheim: Beltz Juventa, S. 18–40.

Folkers, Andreas; Marquardt, Nadine (2017): »Die Kosmopolitik des Ereignisses. Gaia, das Anthropozän und die Welt ohne uns«, in: Corinna Bath, Hanna Meißner, Stephan Trinkaus und Susanne Völker (Hg.): *Verantwortung und Un/Verfügbarkeit. Impulse und Zugänge eines (neo) materialistischen Feminismus*, Münster: Westfälisches Dampfboot, S. 96–112.

Folkers, Andreas; Opitz, Sven (2019): »Symbiose als Begriff und Gegenstand der Soziologie. Für eine Analyse von Biosozialität im Zeitalter des Mikrobioms«, in: Nicole Burzan (Hg.): *Komplexe Dynamiken globaler und lokaler Entwicklungen. Verhandlungen des 39. Kongresses der Deutschen Gesellschaft für Soziologie in Göttingen 2018.*

Foucault, Michel (1969): *Archäologie des Wissens*, Frankfurt am Main: Suhrkamp.

Foucault, Michel (1977): *Der Wille zum Wissen. Sexualität und Wahrheit I*, Frankfurt am Main: Suhrkamp.

Foucault, Michel (2005a): »Subjekt und Macht«, in: ders.: *Dits et Ecrits, Schriften Bd. IV, 1980–1988*, Frankfurt am Main: Suhrkamp, S. 269–294.

Foucault, Michel (2005b), »Zur Genealogie der Ethik: Ein Überblick über laufende Arbeit«, in: ders.: *Dits et Ecrits, Schriften Bd. IV, 1980–1988*, Frankfurt am Main: Suhrkamp, S. 747–776.

Franklin, Sarah (2017): »Staying with the Trouble: Making Kin in the Chthulucene by Donna Haraway«, in: *American Anthropologist* 119(3), S. 555–556.

Fraser, Nancy; Nicholson, Linda J. (1990): »Social Criticism without Philosophy. An Encounter Between Feminism and Postmodernism«, in: Linda J. Nicholson (Hg.): *Feminism – Postmodernism*, New York/London: Routledge, S. 19–38.

Freud, Sigmund (1975): »Fetischismus«, in: ders.: *Psychologie des Unbewußten. Studienausgabe, Bd. III*, Frankfurt am Main: Fischer Verlag, S. 379–388.

Gaard, Greta (2012): »Speaking of Animal Bodies«, in: *Hypatia* 20(3), S. 520–526.

Gardey, Delphie (2014): »The Reading of an Œuvre: Donna Haraway. The Poetics and Politics of Life«, in: *Feministische Studien* 14(1), S. 86–100.

Geertz, Clifford (1973): *The Interpretation of Culture. Selected Essays*, New York: Basic Books.

Gilbert, Scott F.; Sapp, Jan; Tauber, Alfred I. (2012): »A Symbiotic View of Life: We Have Never Been Individuals«, in: *The Quarterly Review of Biology* 87(4), S. 325–341.

Gilbert, Scott F.; Sarkar, Sahotra (2000): »Embracing Complexity: Organicism for the 21st Century«, in: *Developmental Dynamics* 219(1), S. 1–9.

Gilligan, Carol (1982): *In a Different Voice. Psychological Theory and Women's Development*, Cambridge: Harvard University Press.

Gransee, Carmen (1998): »Grenz-Bestimmungen. Erkenntniskritische Anmerkungen zum Naturbegriff von Donna Haraway«, in: Gudrun-Axeli Knapp (Hg.): *Kurskorrekturen. Feminismus zwischen Kritischer Theorie und Postmoderne*, Frankfurt am Main/New York: Campus Verlag, S. 126–152.

Gransee, Carmen (1999): »Geschlecht als ›artefaktische Natur‹? Anmerkungen zum identitätskritischen Ansatz von Donna Haraway«, in: Britta L. Behm, Gesa Heinrichs und Holger Tiedemann (Hg.): *Das Geschlecht der Bildung – Die Bildung der Geschlechter*, Wiesbaden: VS Verlag, S. 203–217.

Grebowicz, Margret; Merrick, Helen (2013): *Beyond the Cyborg. Adventures with Donna Haraway*, New York: Columbia University Press.

Griffin, Susan (1987): *Frau und Natur. Das Brüllen in ihr*, Frankfurt am Main: Suhrkamp.

Grillmayr, Julia (2020): »Wilde Spekulationen. Feministisch-ökologische Wissenschaftskritik und spekulative Fiktion«, in: Marie-Luise Angerer und Naomie Gramlich (Hg.): *Feministisches Spekulieren. Genealogien, Narrationen, Zeitlichkeiten*, Berlin: Kulturverlag Kadmos, S. 149–161.

Gross, Paul R.; Levitt, Norman (1994): *Higher Superstition. The Academic Left and its Quarrels with Science*, Baltimore/London: Johns Hopkins University Press.

Hacking, Ian (1996): *Einführung in die Philosophie der Naturwissenschaften*, Stuttgart: Reclam Verlag.

Hacking, Ian (2004): *Historical Ontology*, Cambridge: Harvard University Press.

Hamilton, Jennifer Mae (2017): »The Trouble with Babies«, in: *Cultural Studies Review* 23(1), S. 185–188.

Haraway, Donna (1981): »In the Beginning Was the Word: The Genesis of Biological Theory«, in: *Signs: Journal of Women in Culture and Society* 6(3), S. 469–481.

Haraway, Donna (1987): »Geschlecht, Gender, Genre. Sexualpolitik eines Wortes«, in: Kornelia Hauser (Hg.): *Viele Orte. Überall? Feminismus in Bewegung. Festschrift für Frigga Haug*, Hamburg: Argument Verlag, S. 22–41.

Haraway, Donna (1990): »Investment Strategies for the Evolving Portfolio of Primate Females«, in: Mary Jacobus, Evelyn Fox Keller und Sally Shuttleworth (Hg.): *Body/Politics. Women and the Discourses of Science*, London/New York: Routledge, S. 139–162.

Haraway, Donna (1991): »The Actors are Cyborg, Nature is Coyote, and the Geography is Elsewhere. Postscript to ›Cyborgs at Large‹«, in: Constance Penley und Andrew Ross (Hg.): *Technoculture*, Minneapolis: University of Minnesota Press, S. 21–26.

Haraway, Donna (1996): »Anspruchsloser Zeuge@Zweites Jahrtausend. FrauMann© trifft OncoMouse™«, in: Elvira Scheich (Hg.): *Vermittelte Weiblichkeit. Feministische Wissenschafts- und Gesellschaftstheorie*, Hamburg: Hamburger Edition, S. 347–389.

Haraway, Donna (2000): »Morphing in the Order: Flexible Strategies, Feminist Science Studies, and Primate Revisions«, in: Shirley C. Strum und Linda Fedigan (Hg.): *Primate Encounters. Models of Science, Gender, and Society*, Chicago: University of Chicago Press, S. 398–420.

Haraway, Donna (2001): »Genfetischismus«, in: *Das Argument. Zeitschrift für Philosophie und Sozialwissenschaften* 43(4/5), S. 601–614.

Haraway, Donna (2003): »Cloning Mutts, Saving Tigers. Ethical Emergents in Technocultural Dog Worlds«, in: Sarah Franklin und Margaret Lock (Hg.): *Remaking Life and Death. Towards an Anthropology of the Biosciences*, Santa Fe/Oxford: School of American Research Press, S. 293–327.

Haraway, Donna (2004a): »Introduction: Formal Obligations«, in: dies.: *Crystals, Fabrics, and Fields. Metaphors that Shape Embryos*, Berkeley: North Atlantic Books, S. xvii–xx.

Haraway, Donna (2004b): »Introduction. A Kinship of Feminist Figurations«, in: dies.: *The Haraway Reader*, London/New York: Routledge, S. 1–6.

Haraway, Donna (2006): »Encounters with Companion Species: Entangling Dogs, Baboons, Philosophers, and Biologists«, in: *Configurations* 14(1–2), S. 97–114.

Haraway, Donna (2007): »Hunde mit Mehrwert und lebendiges Kapital«, in: jour fixe initiative Berlin (Hg.): *Gespenst Subjekt*, Münster: Unrast Verlag, S. 81–103.

Haraway, Donna (2017a): »Andersweltliche Konversationen; irdische Themen; lokale Begriffe«, in: dies.: *Monströse Versprechen. Die Gender- und Technologie-Essays*, Hamburg: Argument Verlag, S. 147–183.

Haraway, Donna (2017b): »Anthropozän, Kapitalozän, Plantagozän, Chthuluzän: Making kin, sich Verwandte machen«, in: dies.: *Monströse Versprechen. Die Gender- und Technologie-Essays*, Hamburg: Argument Verlag, S. 24–34.

Haraway, Donna; Bhavnani, Kum-Kum (1994): »Shifting the Subject. A Conversation between Kum-Kum Bhavani and Donna Haraway 12 April 1993, Santa Cruz, California«, in: *Feminism & Psychology* 4(1), S. 19–39.

Haraway, Donna; Franklin, Sarah (2017): »Staying with the Manifesto: An Interview with Donna Haraway«, in: *Theory, Culture & Society* 34(4), S. 49–63.

Haraway, Donna; Gane, Nicholas (2006): »When We Have Never Been Human, What Is to Be Done? Interview with Donna Haraway«, in: *Theory, Culture & Society* 23(7–8), S. 135–158.

Haraway, Donna; Kenney, Martha (2015): »Anthropocene, Capitalocene, Chthulucene«, in: Heather Davis und Etienne Turpin (Hg.): *Art in the Anthropocene: Encounters Among Aesthetics, Politics, Environments and Epistemologies*, London: Open Humanities Press, S. 255–270.

Haraway, Donna; Reti, Irene (2007): »Edges and Ecotones: Donna Haraway's Worlds at UCSC«, in: UC Santa Cruz, 09.08.2021, https://escholarship.org/uc/item/9h09r84h.

Harding, Sandra (1990): »Primate Visions: Gender, Race, and Nature in the World of Modern Science by Donna Haraway«, in: *NWSA Journal* 2(2), S. 295–298.

Harding, Sandra (Hg.) (2004): *The Feminist Standpoint Theory Reader. Intellectual and Political Controversies*, New York/London: Routledge.

Harding, Sandra; Hintikka, Merrill B. (Hg.) (1983): *Discovering Reality. Feminist Perspectives on Epistemology, Metaphysics, Methodology, and Philosophy of Science*, Dordrecht u.a.: Reidel.

Hark, Sabine; Villa, Paula-Irene (2015): »›Eine Frage an und für unsere Zeit‹. Verstörende Gender Studies und symptomatische Missverständnisse«, in: dies. (Hg.): *Anti-Genderismus. Sexualität und Geschlecht als Schauplätze aktueller politischer Auseinandersetzungen*, Bielefeld: transcript, S. 15–39.

Harrasser, Karin (2011): »Donna Haraway. Natur-Kulturen und die Faktizität der Figuration«, in: Stephan Moebius und Dirk Quadflieg (Hg.): *Kultur. Theorien der Gegenwart, Bd. 2*, Wiesbaden: Springer VS, S. 580–594.

Hartmann, Betsy (1996): *Reproductive Rights and Wrongs. The Global Politics of Population Contro*l, Boston: South End Press.

Hartsock, Nancy (1983): »The Feminist Standpoint. Developing the Ground for Specifically Feminist Historical Materialism«, in: Sandra Harding und Merrill B. Hintikka (Hg.): *Discovering Reality. Feminist Perspectives on Epistemology, Metaphysics, Methodology, and Philosophy of Science*, Dordrecht u.a.: Reidel, S. 283–310.

Hayles, N. Katherine (2006): »Unfinished Work. From Cyborg to Cognisphere«, in: *Theory, Culture & Society* 23(7–8), S. 159–166.

Hesse, Mary B. (1965): »The Explanatory Function of Metaphor«, in: Yehoshua Bar-Hillil (Hg.): *Logic, Methodology, and Philosophy of Science*, Amsterdam: North-Holland Publishing, S. 249–259.

Hinton, Peta (2014): »›Situated Knowledges‹ and New Materialism(s). Rethinking a Politics of Location«, in: *Women: A Cultural Review* 25(1), S. 99–113.

Holland-Cunz, Barbara (2014): *Die Natur der Neuzeit. Eine feministische Einführung*, Opladen u.a.: Barbara Budrich.

Hoppe, Katharina (2017): »Don't Silence Feminist Science!«, in: *Feministische Studien Blog*, http://blog.feministische-studien.de/2017/06/dont-silence-feminist-science/, zuletzt geprüft 28.05.2022.

Hoppe, Katharina (2021): *Die Kraft der Revision. Epistemologie, Politik und Ethik bei Donna Haraway*, Frankfurt am Main/New York: Campus.

Hoppe, Katharina; Lemke, Thomas (2021): *Neue Materialismen zur Einführung*, Hamburg: Junius.

Horn, Eva; Bergthaller, Hanno (2019): *Anthropozän zur Einführung*, Hamburg: Junius.

Hustak, Carla; Myers, Natasha (2012): »Involuntary Momentum: Affective Ecologies and the Sciences of Plant/Insect Encounters«, in: *differences. A Journal of Feminist Cultural Studies* 23(3), S. 74–118.

Ihde, Don; Selinger, Evan (Hg.) (2003): *Chasing Technoscience. Matrix of Materiality*, Bloomington/Indianapolis: Indiana University Press.

Jabloner, Anna (2005): *Implodierende Grenzen. Ethnizität und »Race« in Donna Haraways Technowissenschaft*, Wien: Passagen.

Kalender, Ute (2012): »Queere Potentiale? Zur Queerness von Reproduktionstechnologien aus der Perspektive materialistischer Feminismen und kritischer Disability Studies«, in: *Feministische Studien* 30(2), S. 198–211.

Kay, Lily E. (2005): *Das Buch des Lebens. Wer schrieb den genetischen Code?*, Frankfurt am Main: Suhrkamp.

Keller, Evelyn Fox (1986): *Liebe, Macht und Erkenntnis. Männliche oder weibliche Wissenschaft?*, München/Wien: Hanser.

Keller, Evelyn Fox (2001): *Das Jahrhundert des Gens*, Frankfurt/New York: Campus.

King, Katie (1988): »Audre Lorde's Lacquered Layerings: The Lesbian Bar as a Site of Literary Production«, in: *Cultural Studies* 2(3), S. 321–342.

Knapp, Gudrun-Axeli (2001): »Dezentriert und viel riskiert. Anmerkungen zur These vom Bedeutungsverlust der Kategorie Geschlecht«, in: dies. und Angelika Wetterer (Hg.): *Soziale Verortung der Geschlechter. Gesellschaftstheorie und feministische Kritik*, Münster: Westfälisches Dampfboot, S. 15–62.

Kuhn, Thomas S. (1962): *Die Struktur wissenschaftlicher Revolutionen*, Frankfurt am Main: Suhrkamp.

Kuni, Verena; Reiche, Claudia (Hg.) (2004): *Cyberfeminism. Next Protocols*, New York: Autonomedia.

Landau, Misia (1991): »Primate Visions: Gender, Race, and Nature in the World of Modern Science: By Donna Haraway«, in: *Journal of Human Evolution* 20(5), S. 433–437.

Latour, Bruno (1987): *Science in Action. How to Follow Scientists and Engineers Through Society*, Milton Keynes: Open University Press.

Latour, Bruno (2007): *Eine neue Soziologie für eine neue Gesellschaft. Einführung in die Akteur-Netzwerk-Theorie*, Frankfurt am Main: Suhrkamp.

Latour, Bruno (2008): *Wir sind nie modern gewesen. Versuch einer symmetrischen Anthropologie*, Frankfurt am Main: Suhrkamp.

Latour, Bruno (2018): *Das terrestrische Manifest*, Berlin: Suhrkamp.

Laufenberg, Mike (2011): »Auf der Suche nach Wirklichkeit. Epistemologie, Ontologie und die Kritik des Konstruktivismus bei Bruno Latour«, in: Tanja Bogusz und Estrid Sørensen (Hg.): *Naturalismus / Konstruktivismus. Zur Produktivität einer Dichotomie (Berliner Blätter, 55)*, S. 46–59.

Laufenberg, Mike (2012): »Communities of Care: Queere Politiken der Reproduktion«, in: *LUXEMBURG – Gesellschaftsanalyse und linke Praxis* 14(4), S. 96–101.

Lemke, Thomas (2000): »Immunologik. Beitrag zu einer Kritik der politischen Anatomie«, in: *Das Argument. Zeitschrift für Philosophie und Sozialwissenschaften* 236, S. 399–411.

Levinas, Emmanuel (1986): *Ethik und Unendliches. Gespräche mit Philippe Nemo*, Wien: Passagen Verlag.

Levinas, Emmanuel (1987): *Totalität und Unendlichkeit. Versuch über die Exteriorität*, Freiburg/München: Karl Alber Verlag.

Lewis, Sophie (2017): »Cthulhu Plays No Role For Me«, in: *Viewpoint Magazine*. Online verfügbar unter https://www.viewpointmag.com/2017/05/08/cthulhu-plays-no-role-for-me/, zuletzt geprüft am 28.05.2022.

Loh, Janina (2018): *Trans- und Posthumanismus zur Einführung*, Hamburg: Junius.

Loick, Daniel (2017): »Mach es nicht selbst. Zu Donna Haraways ›Staying with the Trouble‹«, in: *Texte zur Kunst* (105), S. 186–189.

Lorde, Audre (1984): *Sister Outsider. Essays and Speeches*, Berkeley: The Crossing Press.

Lövbrand, Eva; Beck, Silke; Chilvers, Jason; Forsyth, Tim; Hedrén, Johan; Hulme, Mike et al. (2015): »Who Speaks for the Future of Earth? How Critical Social Science Can Extend the Conversation on the Anthropocene«, in: *Global Environmental Change* 32, S. 211–218.

Love, Heather (2018): »Die Versuchungen. Donna Haraway, feministische Objektivität und die Frage der Kritik«, in: Kathrin Busch, Christina Dörfling, Kathrin Peters und Ildikó Szántó (Hg.): *Wessen Wissen? Materialität und Situiertheit in den Künsten*, Paderborn: Wilhelm Fink, S. 115–134.

Lovelock, James E.; Margulis, Lynn (1974): »Atmospheric Homeostasis by and for the Biosphere. The Gaia Hypothesis«, in: *TELLUS* 26(1–2), S. 2–10.

Löw, Christine; Volk, Katharina; Leicht, Imke; Meisterhans, Nadja (Hg.) (2017): *Material Turn. Feministische Perspektiven auf Materialität und Materialismus*, Leverkusen: Barbara Budrich.

Lugones, María (1994): »Purity, Impurity, and Separation«, in: *Signs. Journal of Women in Culture and Society* 20(4), S. 458–479.

MacKinnon, Catharine A. (1982): »Feminism, Marxism, Method, and the State: An Agenda for Theory«, in: *Signs: Journal of Women in Culture and Society* 7(3), S. 515–545.

Marchart, Oliver (2010): *Die politische Differenz. Zum Denken des Politischen bei Nancy, Lefort, Badiou, Laclau und Agamben*, Berlin: Suhrkamp.

Margulis, Lynn (2017): *Der symbiotische Planet oder Wie die Evolution wirklich verlief*, Frankfurt am Main: Westend Verlag.

Marx, Karl (1972): *Das Kapital. Kritik der politischen Ökonomie, Bd. 1. MEW Bd. 23*, Berlin: Dietz Verlag.

Merchant, Carolyn (1987): *Der Tod der Natur. Ökologie, Frauen und neuzeitliche Naturwissenschaft*, München: Beck.

Mohanty, Chandra Talpade (1984): »Under Western Eyes: Feminist Scholarship and Colonial Discourses«, in: *boundary 2* 12/13, S. 333–358.

Moore, Jason W. (2015): *Capitalism in the Web of Life. Ecology and the Accumulation of Capital*, London: Verso.

Moore, Jason W. (2017): »The Capitalocene, Part I: On the Nature and Origins of our Ecological Crisis«, in: *The Journal of Peasant Studies* 44(3), S. 594–630.

Moore, Jason W. (2018): »The Capitalocene Part II: Accumulation by Appropriation and the Centrality of Unpaid Work/Energy«, in: *The Journal of Peasant Studies* 45(2), S. 237–279.

Moya, Paula (1997): »Postmodernism, ›Realism‹, and the Politics of Identity: Cherríe Moraga and Chicana Feminism«, in: M. Jacqui Alexander und Chandra Talpade Mohanty (Hg.): *Feminist Genealogies, Colonial Legacies, Democratic Futures*, New York/London: Routledge, S. 125–150.

Munster, Anna (1999): »Is there Postlife after Postfeminism? Tropes of Technics and Life in Cyberfeminism«, in: *Australian Feminist Studies* 14(29), S. 119–129.

Murphy, Michelle (2017): *The Economization of Life*, Durham/London: Duke University Press.

Nagl-Docekal, Herta/Pauer-Studer, Herlinde (Hg.) (1993): *Jenseits der Geschlechtermoral. Beiträge zur feministischen Ethik*, Frankfurt am Main: Fischer.

Nast, Heidi J. (2006): »Critical Pet Studies?«, in: *Antipode* 38(5), S. 894–906.

Nastold, Friederike (2020), »Cyborgs, Göttinnen und humanimals im rituellen Tanz. Eine Neuverhandlung im Haraway'schen Garten voller Verflechtungen«, in: Marie-Luise Angerer und Naomie Gramlich (Hg.): *Feministisches Spekulieren. Genealogien, Narrationen, Zeitlichkeiten*, Berlin: Kulturverlag Kadmos, S. 135–148.

Neimanis, Astrida (2016): »Staying with the Trouble: Making Kin in the Chthulucene«, in: *Australian Feminist Studies* 31(90), S. 515–519.

Noddings, Nel (1986): *Caring. A Feminine Approach to Ethics and Moral Education*, Berkeley: University of California Press.

Nordmann, Alfred (2005): »Was ist TechnoWissenschaft? Zum Wandel der Wissenschaftskultur am Beispiel von Nanoforschung und Bionik«, in: Torsten Rossmann und Cameron Tropea (Hg.): *Bionik. Aktuelle Forschungsergebnisse in Natur-, Ingenieur- und Geisteswissenschaft*, Berlin/Heidelberg: Springer Verlag, S. 209–218.

Outram, Dorinda (1991): »Fat, Gorillas, and Misogyny. Women's History in Science«, in: *The British Journal for the History of Science* 24(3), S. 361–367.

Plant, Sadie (1995): »The Future Looms. Weaving Women and Cybernetics«, in: *Body & Society* 1(3–4), S. 45–64.

Plant, Sadie (1998): *Nullen + Einsen. Digitale Frauen und die Kultur der neuen Technologien*, Berlin: Berlin Verlag.

Pyyhtinen, Olli; Tamminen, Sakari (2011): »We Have Never Been only Human: Foucault and Latour on the Question of the Anthropos«, in: *Anthropological Theory* 11(2), S. 135–152.

Reeve, Donna (2011): »Cyborgs, Cripples and iCrip: Reflections on the Contribution of Haraway to Disability Studies«, in: Dan Goodley, Bill Hughes und Lennard J. Davis (Hg.): *Disability and Social Theory: New Developments and Directions*, London: Palgrave Macmillan, S. 91–111.

Reynolds, Vernon (1991): »Primate Visions. Gender, Race, and Nature in the World of Modern Science. by Donna Haraway«, in: *Man* 26(1), S. 167–168.

Rodman, Peter S. (1990): »Flawed Vision. Deconstruction of Primatology and Primatologists«, in: *Current Anthropology* 31(4), S. 484–486.
Ross, Andrew (Hg.) (1996): *Science Wars*, Durham/London: Duke University Press.
Ross, Loretta J. (2016): »Preface«, in: Alexis Pauline Gumbs, China Martens und Mai'a Williams (Hg.): *Revolutionary Mothering. Love on the Front Lines*, Oakland: PM Press, S. xiii–xviii.
Russ, Joanna (1975): *The Female Man*, New York: Bantam Books.
Russell, Legacy (2021): *Glitch Feminismus*, Berlin: Merve.
Rutherford, Charlotte (1991): »Reproductive Freedoms and African American Women«, in: *Yale Journal of Law & Feminism* 4(2), S. 255–290.
Said, Edward (1981): *Orientalismus*, Frankfurt am Main: Ullstein.
Sandoval, Chela (2000): *Methodology of the Oppressed*, Minneapolis: University of Minnesota Press.
Sasser, Jade S. (2018): *On Infertile Ground. Population Control and Women's Rights in the Era of Climate Change*, New York: New York University Press.
Saupe, Angelika (2002): *Verlebendigung der Technik. Perspektiven im feministischen Technikdiskurs*, Bielefeld: Kleine.
Scharping, Michael (Hg.) (2001): *Wissenschaftsfeinde? »Science Wars« und die Provokation der Wissenschaftsforschung*, Münster: Westfälisches Dampfboot.
Scheich, Elvira (1991): »Primate Visions: Gender, Race, and Nature in the World of Modern Science«, in: *American Historical Review* 96(3), S. 829–830.
Scheper-Hughes, Nancy (1993): *Death Without Weeping. The Violence of Everyday Life in Brazil*, Berkeley: University of California Press.
Schneider, Joseph (2005): *Donna Haraway. Live Theory*, New York London: Continuum.
Schueller, Malini Johar (2005): »Analogy and (White) Feminist Theory: Thinking Race and the Color of the Cyborg Body«, in: *Signs. Journal of Women in Culture and Society* 31(1), S. 63–92.
Schultz, Susanne (2006): *Hegemonie, Gouvernementalität, Biomacht. Reproduktive Risiken und die Transformation internationaler Bevölkerungspolitik*, Münster: Westfälisches Dampfboot.

Schultz, Susanne (2020): »Der gefährliche Geist der ›Bevölkerung‹ in der Klimadebatte«, in: *Femina Politica – Zeitschrift für feministische Politikwissenschaft* 29(2), S. 23–36.
Shapin, Steven; Schaffer, Simon (1985): *Leviathan and the Air-Pump. Hobbes, Boyle, and the Experimental Life*, Princeton: Princeton University Press.
Singer, Mona (2001): »Cyborg – Körper – Politik«, in: Karin Giselbrecht und Michaela Hafner (Hg.): *Data / Body / Sex / Machine. Technoscience und Sciencefiction aus feministischer Sicht*, Wien: Turia + Kant, S. 20–44.
Smuts, Barbara B. (1985): *Sex and Friendship in Baboons*, New York: Aldine.
Sofoulis, Zoë (2002): »Cyberquake. Haraway's Manifesto«, in: Darren Tofts, Annemarie Jonson und Alessio Cavallaro (Hg.): *Prefiguring Cyberculture. An Intellectual History*, Cambridge: MIT Press, S. 84–101.
Sollfrank, Cornelia (Hg.) (2018): *Die schönen Kriegerinnen. Technofeministische Praxis im 21. Jahrhundert*, Wien: transversal texts.
Soper, Kate (1999): »Of Oncomice and Femalemen. Donna Haraway on Cyborg Ontology«, in: *Women: A Cultural Review* 10(2), S. 167–172.
Spivak, Gayatri C. (1996): *The Spivak Reader. Selected works of Gayatri Chakravorty Spivak*, New York/London: Routledge.
Stabile, Carol A. (1994): *Feminism and the Technological Fix*, Manchester/New York: Manchester University Press.
Steffen, Will; Broadgate, Wendy; Deutsch, Lisa; Gaffney, Owen; Ludwig, Cornelia (2015): »The Trajectory of the Anthropocene: The Great Acceleration«, in: *The Anthropocene Review* 2(1), S. 81–98.
Steffen, Will; Richardson, Katherine; Rockström, Johan; Cornell, Sarah E.; Fetzer, Ingo; Bennett, Elena M.; Biggs, Reinette; Carpenter, Stephen R.; de Vries, Wim; de Wit, Cynthia A.; Folke, Carl; Gerten, Dieter; Heinke, Jens; Mace, Georgina M.; Persson, Linn M.; Ramanathan, Veerabhadran; Reyers, Belinda; Sörlin, Sverker (2015): »Planetary Boundaries: Guiding Human Development on a Changing Planet«, in: *Science*, 347(6223).
Stengers, Isabelle (2008): *Spekulativer Konstruktivismus*, Berlin: Merve.
Strathern, Marilyn (1991): *Partial Connections*, Savage: Rowman & Littlefield.
Strum, Shirley C.; Fedigan, Linda (Hg.) (2000): *Primate Encounters. Models of Science, Gender, and Society*, Chicago: University of Chicago Press.

Swanson, Heather; Bubandt, Nils; Tsing, Anna L. (2015): »Less Than One But More Than Many. Anthropocene as Science Fiction and Scholarship-in-the-Making«, in: *Environment and Society* 6(1), S. 149–166.

Thompson, Charis (2005): *Making Parents. The Ontological Choreography of Reproductive Technologies*, Cambridge: MIT Press.

Treusch, Pat (2020): *Robotic Knitting. Re-Crafting Human-Robot Collaboration Through Careful Coboting*, Bielefeld: transcript Verlag.

Tronto, Joan C. (1993): *Moral Boundaries. A Political Argument for an Ethic of Care*, New York/London: Routledge.

Tsing, Anna Lowenhaupt; Swanson, Heather Anne; Gan, Elaine; Bubandt, Nils (Hg.) (2017): *Arts of Living on a Damaged Planet. Ghosts and Monsters of the Anthropocene*, Minneapolis: University of Minnesota Press.

Tuana, Nancy (Hg.) (1989): *Feminism & Science*, Bloomington/Indianapolis: Indiana University Press.

Vanderwees, Chris (2009): »Companion Species Under Fire. A Defense of Donna Haraway's The Companion Species Manifesto«, in: *NEBULA: A Journal of Multidisciplinary Scholarship* 6(2), S. 73–81.

Wajcman, Judy (2006): *TechnoFeminism*, Cambridge/Malden: Polity Press.

Weber, Jutta (2003a): *Umkämpfte Bedeutungen. Naturkonzepte im Zeitalter der Technoscience*, Frankfurt am Main/New York: Campus Verlag.

Weber, Jutta (2003b): »Turbulente Körper und emergente Maschinen. Über Körperkonzepte in neuerer Robotik und Technikkritik«, in: dies. und Corinna Bath (Hg.): *Turbulente Körper, soziale Maschinen. Feministische Studien zur Technowissenschaftskultur*, Opladen: Leske + Budrich, S. 119–136.

Weber, Jutta (2006): »From Science and Technology to Feminist Technoscience«, in: Kathy Davis, Mary Evans und Judith Lorber (Hg.): *Handbook of Gender and Women's Studies*, London: Sage, S. 397–414.

Weber, Jutta (2014): »Donna Haraway: Technoscience, New World Order und Trickster-Geschichten für lebbare Welten«, in: Diana Lengersdorf und Matthias Wieser (Hg.): *Schlüsselwerke der Science & Technology Studies*, Wiesbaden: Springer VS, S. 155–164.

Weber, Jutta; Bath, Corinna (Hg.) (2003): *Turbulente Körper, soziale Maschinen. Feministische Studien zur Technowissenschaftskultur*, Opladen: Leske + Budrich.

Werlhof, Claudia v.; Mies, Maria; Bennholdt-Thomsen, Veronika (1983): *Frauen, die letzte Kolonie. Zur Hausfrauisierung der Arbeit*, Reinbek bei Hamburg: Rowohlt.

Wertheim, Margaret; Wertheim, Christine (2015): *Crochet Coral Reef. A Project*, Los Angeles: Institute for Figuring.

Whitehead, Alfred N. (1979): *Prozeß und Realität. Entwurf einer Kosmologie*, Frankfurt am Main: Suhrkamp.

Wilson, Kalpana (2012): *Race, Racism, and Development. Interrogating History, Discourse, and Practice*, London: Zed Books.

Wolfe, Cary (2010): *What is Posthumanism?*, Minneapolis: University of Minnesota Press.

Woolf, Virginia (1978): *Ein Zimmer für sich allein*, Berlin: Gerhardt.

Wynter, Sylvia (1994): »No Humans Involved. An Open Letter to My Colleagues«, in: *N.H.I. Forum: Knowledge for the 21. Century* 1(1), S. 42–73.

Yong, Ed (2016): *I Contain Multitudes. The Microbes Within Us and a Grander View of Life*, New York: Ecco.

Young, Bob (1977): »Science is Social Relations«, in *Radical Science Journal* 5, S. 65–129.

Young, Iris Marion (1991): »Is Male Gender Identity the Cause of Male Domination?«, in: dies.: *Throwing Like a Girl and Other Essays in Feminist Philosophy and Social Theory*, Bloomington/Indianapolis: Indiana University Press, S. 36–61.

Young, Robert M. (1985): »Is Nature a Labour Process?«, in: Les Levidow und ders. (Hg.): *Science, Technology, and the Labour Process. Marxist Studies, Vol. 2*, Atlantic Highlands: Humanities Press, S. 206–232.

Yusoff, Kathryn (2018): *A Billion Black Anthropocenes or None*, Minneapolis: University of Minnesota Press.

Zalasiewicz, Jan; Williams, Mark; Smith, Alan; Barry, Tiffany L.; Coe, Angela L.; Bown, Paul R.; Brenchley, Patrick; Cantrill, David; Gale, Andrew; Gibbard, Philip; Gregory, F. John; Hounslow, Mark W.; Kerr, Andrew C.; Pearson, Paul; Knox, Robert; Powell, John; Waters, Colin; Marshall, John; Oates, Michael; Rawson, Peter; Stone Philip (2008): »Are We Now Living in the Anthropocene?«, in: *GSA Today* 18(2), S. 4–8.

Personen- und Sachregister

Katharina Hoppe ist wissenschaftliche Mitarbeiterin am Institut für Soziologie der Goethe-Universität Frankfurt. Ihre Lehr- und Forschungsschwerpunkte liegen in den Bereichen der soziologischen und feministischen Theorie sowie der allgemeinen Soziologie mit Schwerpunkten in der Wissenschaftsforschung und Soziologie sozialer Ungleichheit. Veröffentlichungen u.a.: Die Kraft der Revision. Epistemologie, Politik und Ethik bei Donna Haraway, Frankfurt am Main/New York: Campus 2021. Neue Materialismen zur Einführung, Hamburg: Junius 2021 (gemeinsam mit Thomas Lemke).